网络教育与网络学习

（第二版）

WANGLUO JIAOYU YU WANGLUO XUEXI

主　编：范太华
主　审：廖　耘　曹中一
副主编：赵　军　余社平
编　者：朱　颖　陈峥滢
　　　　何　芳　彭健俐
　　　　杨　静　孙春芳
　　　　刘　浩

中南大学出版社
www.csupress.com.cn

前 言

　　三千多年前的商朝，我们的先人还在农业和手工业时代，他们除了能制造出精美绝伦的青铜器和巧夺天工的玉石器外，还有用网罟捕捉鸟兽鱼鳖的高超技能，于是有人把一个象形字"网"刻在了龟甲上。到了几百年后的周朝，随着医学的发展，本意为棉花絮的"络"字被借用来指穿行于肌肉深处的血管系统。没有人会估计到，这两个字的组合在今天各领域成为使用频度最高的词之一。被简称为"网络"进而进一步简称为"网"的计算机网络，已经植入我们工作、学习和生活的所有方面，如果哪一天由于某种原因无法上网，人们就会觉得空落落的，极不适应：很多事不知道，很多人找不着，很多活干不成。

　　蒸汽机、电力、无线电的使用，人类历史上每一场重大的生产技术革命对教育都产生了巨大影响。计算机网络应用也是人类历史上一场深刻的生产技术革命，它不仅带来了全新的教育技术和教育手段，而且有力地促进了教育观念——包括教和学的观念的变革。计算机网络应用促使教育观念发生的变革反映在两个方面，一个是终身教育，一个是个性化教育，合起来说，就是实现公众的个性化终身教育。这是校园教育难以做到的，因此可以说是网络教育使传统教育发生了质的飞跃。网络教育因其教与学的非实时性、学习资源的海量性与多媒体性、学习终端设备的多样性、不受地域限制的交互性等特点，具备了实现对公众的个性化终身教育的能力。

　　任何变革从出现到成熟都需要时间，尤其需要蜕变的机会。就如电影刚出现的时候只是对舞台戏剧进行"活动照相术"记录，直至"蒙太奇"（即镜头影像再创作技术）出现后，才成为有独立特色的艺术形式，把剧院观众拉到了电影院。电视刚出现的时候，除了新闻也是只转播电影，直到推出实时节目、系列节目、娱乐节目等电影不可能表现的节目后，才把观众从电影院拉到电视机前。网络教育也要经历这样的过程，这个过程将是一场长期的教育革命。

　　当前，网络教育还是初创期，尚存在不少问题，究其根本原因，不是设备落后，也不是技术落后，而是观念落后。网络教育正在寻找自己的"蒙太奇"，正在探索自己为公众的个性化终身教育服务的新途径，包括新的人才观、新的教育质量观、新的学习观、新的讲授观，等等。最理想的网络教育模式是泛在学习，又称为普适学习，这是一种普遍的、无所不在的学习模式，是不同年龄段、不同职业、不同背景和需要的学习者自己选择合适的时间和合适的地点，学习自己所需要的东西。这才是教育最基本的功能，即通过传承文化来开发人的潜能，提高人的素质和能力，改善人们的生活，并通过创造文明推动社会进步。

实现这种变革，需要教与学双方的共同努力。学校网络教育应当努力为学生的终身学习和个性化发展提供服务，而不是将传统的校园课堂简单地"移植"到电脑屏幕上去；学生也应当努力树立终身学习和个性化发展的思想并自觉参与网络教育，而不是把校园教育单向地"移植"到家中来。这两个方面哪一个都不能缺少。我们有一起为达到这个目标而努力的机会，是很荣幸的事情。我们已经看到，这个变革的步伐正在加快，例如高水平高质量的公开课正在大批开发之中，"教育超市""学分银行"等正从概念步入实践，多种网络终端进一步普及，公众的网络应用水平迅速提升。

本书内容分为网络教育介绍和网络学习介绍两个部分，前者侧重于观念方面的讨论，集中在第一章中，在其余各章中也有所穿插，后者则侧重于方法(主要是网络学历教育)方面的讨论，分见于各具体章目中。观念指导方法，方法体现观念，两者是思与为、知与行的关系，它们之间没有楚河汉界。

要谈网络教育，就不可能不论及校园教育，有时需要进行一些两者之间的比较，目的是要说明某些问题，而不是评判谁对谁错、孰是孰非。网络教育和校园教育的教育使命和教育对象都不相同，没有平行的可比性，却又都是人类教育极其重要的形式。它们一个是密林中的虎，一个是旷原上的狮，一方面，作为种群它们各有自己的生活领地和生存策略，另一方面，它们又都在生物链的最顶端控制着生命大系统的平衡、稳定与进化。网络教育和校园教育谁也不否定谁，谁也代替不了谁，谁要越俎代庖，结果只能是帮蝶破茧。所以，两者都应该坚持自身的特色，相互取长补短，和谐、健康地在学习型社会的大环境中互惠共生。

本书的出发点是讨论，而不是用户指南(尽管书中有针对学习平台的部分操作介绍)，不是文件汇编(尽管书中有学校的管理规章附录)，不是研究论文(尽管提到一些国外的情况)，也不是通常概念中的教科书(尽管也以章节排版)，所以读者会发现本书有些"发散"的、与主题"无关"的、可讨论的内容。这些内容，很可能是一处精华，也可能是一道瑕疵，请读者评判。如果被认为是精华，我们自然会受到鼓舞而继续探索，细心雕琢；如果被视为瑕疵，我们也会虚心听取批评，认真完善。我们希望本书不仅仅对学生参加网络学历教育有所帮助，更希望对树立终身学习思想有所启发。本书不涉及计算机和网络应用的基本知识和初步技能方面的介绍，有关这些方面的内容，读者可以阅读专门的书籍。

　　本书由廖耘、曹中一担任主审，范太华担任主编，赵军、余社平担任副主编。参加本书编写的人员有范太华、赵军、余社平、陈峥滢、朱颖、何芳、彭健俐、杨静、孙春芳、刘浩。中南大学网络教育学院的其他老师为本书的编写也做了许多工作，在此一并致谢！

目 录

第 1 章　网络教育概述

1.1　网络教育

1.1.1　文明与学习

　　人和动物的区别在于人类具有文明，而动物没有。那么，文明是什么呢？文明就是文化。人类创造了文化，拥有文化，也使自己不再只是自然意义上的动物。广义的文化是人类物质财富和精神财富的全部，狭义的文化是通过意识形态所创造的精神财富。一个人所拥有的精神财富越充足，他的文明水平就越高，他就越文明。

　　人的文明不是先天的。狼孩、熊孩、犬孩等都具备人的本体，但在回归人类社会之前，他们都学着他们的义亲四肢爬行、穴居嗥叫、嗅物觅食。他们只有人类的基因，却没有人类的文明。文明是通过学习建立的，一个人要终身文明就需要终身学习。

　　在以前，终身学习说起来容易但要做到却很难，因为终身教育在以往受到太多客观条件的约束，主要是获得学习资源的成本太高，也就是说，学习资源太匮乏，让人心有余而力不足，望而生畏，举步维艰。但到了今天，技术方面，世界已被织进无处不在的网络中，各种终端和多种媒体让我们随时登上"文明云"；资源方面，人们已经想明白，公开成果共享文明的无形价值远胜于死守知识产权的微弱回报，大量资料共享在网络上可无偿使用。终身学习、终身文明，已是每一个懂得生命意义的人想做、需要做而且能做到的事情。

　　例如想了解贝多芬的某部作品，在以往就要花尽精力去打听哪里有唱片磁带，这可不是简单的事情，好不容易打听到了还未必借得回家，借回家欣赏了还未必能领悟这位作曲大师的内心独白。而现在，只要在键盘上敲几下，就可以立即上网欣赏了，网上还有许多帮助我们理解这部作品的文章。又如想了解某种疾病的新型疗法，在以往就要到专门的图书馆去查阅相关杂志或论文集，犹如大海捞针，而现在只是击几下键盘，那些需要的材料就显示在电脑屏幕上。可以说，只要你勤快加熟练，很多知识瞬间就可以获得。

网络使以往难以做到的事情变得容易做到了，以往要花大量时间才做得到的事情现在能迅速完成了，这在效果上直接扩大了人的生命空间、间接延长了人的生存时间。同样，在教育领域里，网络教育并不是简单地把课堂虚拟化、把讲授电子化、把黑板屏幕化、把笔记U盘化，而是一种扩大空间、延伸时间且非常优越的教育手段和学习模式，是教育手段和学习模式的革命。

从长远看，就像18世纪的蒸汽机技术(第一次工业革命)、20世纪的流水线生产(第二次工业革命)变革了世界的教育一样，网络和3D技术必定渗入所有教育类型和全部教育过程中，从而引发教育观念的变革，继而引发教育的全面变革。网络教育最大的优势是能实实在在地为终身学习创造条件、为人们的终身学习服务，这仅靠校园教育是做不到的。我们之所以说网络学习是生长素，就是因为通过参加网络教育学习可以学会学习，至少可以养成学习的良好习惯。反之，如果我们把学习当作一件被安排的、被逼无奈的任务来完成，那么即便做到了善始善终，即便获得了毕业证书和学位证书，这样的学习也没有多大意义。在这种被动的状态中，学习是一种负担、一个包袱，甚至会是一种折磨、一种煎熬，学完了考过了就是卸载，就是解放。在这种被动的状态中，网络教育的长处和优点完全被摒弃，短处和缺点倒展现得淋漓尽致。

因此，正确、全面地认识自己所参加的这种形式的教育，是非常有必要的，无论对当下还是对未来，都是有益的。以下，我们就谈网络教育和网络学习，而且要从教育谈起。

1.1.2　教育

教育这个词，对于我们每个人都是再熟悉不过的了。从小学开始到初中、高中，十多年的时间我们都在接受学校的教育，不论是严厉的老师还是慈祥的老师，都给我们留下了深刻印象，或许我们曾经还给他们取过一些有趣的或是好笑的绰号。除了学校教育外，还有家庭教育和社会教育，这些教育都让我们掌握了许多知识，知道了许多道理，在纷繁错杂的是非关口面前能做出自己的抉择，在坎坷曲折的生活道路面前能坚定自己的意志。要说广义的教育，是从人的出生就开始的。我们的所有思考、言谈、行为、情绪，都是教育的结果。教育的作用是传承知识、技能、道德和思想，通过教育这种形式，人可以最迅速、最有效地获得本领、理解世界、掌握文明。教育是指一切增进人们的知识和技能、影响人们的思想品德、提高人们的生活趣味和品质的活动。

也可以反过来说，只要能使人懂得了先前未知的道理、掌握了先前不会的技能，只要能使人的思想有所变化、对同样的事物有不同的见解，只要能使人的生活变得有滋味、满意、美好，就是发挥了教育的功效。人离不开社会环境，人的一切活动——不论是肌体活动还是思维活动——都建立在社会大平台上，平台的任何变化——即便是一个极其轻微的颤动——都会使你原先的状态发生倾斜或不稳，于是你必须重新平衡，平衡过程中或者是某门技术有了进步、或者是有了新的想法、或者是觉得日子过得有点不同了、或者是这几种变化都有，教育于是就发生了。如购用私家车的过程：首先从自身需要或他人怂恿及对周围的观察而诱发购车动机(认识)，然后通过学习和训练考得驾照(技能)，最后获得驾车的喜悦与烦恼(生活质量)。这是个典型的教育过程。教育不但很普遍，许多时候还很简单、很细微，甚至可以在受教育者无感知的情况下完成。例如他人的一道笑容、一个眼神、一声叹息，或者是毫无反应，都可能让我们细细审视自己的行为与语言。教育还可以是自主的，固守或顺变、坚持或放弃、仿效或鄙夷，都交织着自主教育。社会处在永恒的变化与发展中，教育也就成为人须臾不离的终身伴侣。

有人说，我就是不喜读书，就是喜欢做我所喜欢的另外一些事情，且能不为外界议论所左右，总该算没有教育了吧。其实不然，因为这个人以读书为苦，以拒绝接受教育为乐，满足了上述教育定义中"有不同见解"那一条，所以他已经接受了某种教育——拒绝教育本身就是一种教育。只不过这种教育是肤浅的、低级的、躲避的，是以降低生活质量为代价的。

教育和学习同时发生，是同一件事的两个方面。教育是推进学习，学习是迎接教育；教育是输出，学习是输入；教育是供方，学习是需方。在一些场合，实施教育和学习的可以是同一个人。好比用餐，你可以去餐馆，要来菜单点几道菜，此时餐馆是供方，你是需方；你也可以在家自己下厨，油盐酱醋，想怎么弄就怎么弄，此时供需双方都是你，这就是自我教育。

在后文中，我们要注意网络教育和网络学习两个用词之间的区别，网络教育的主体是学校等提供教育服务的机构和学生双方，网络学习的主体是学生。

1.1.3　学校教育和自主教育

当今，人们接受教育的主要途径有三种：学校教育、自主教育和社会教育。学校教育包括普通教育和业余教育，普通教育又称全日制教育或脱产教育，业余教育又称非全日制教育或在职教育。

学校教育是严格按照学校规定的要求进行的，有教学计划、课程大纲、教师授课、规定作业、实验实习、测验考试，等等，其中的普通教育还有课表、到课考勤，等等。普通教育的教师和学生都听着铃声行动，绝大多数大学生的食宿都在固定的校园里，因此还有晚自习、班团活动等环节。普通教育的所有环节，或显或隐，都有教师和辅导员的身影。在学校教育的每个环节中，教师的作用是主体也好，是主导也好，最终都要由教师对学生接受教育的情况作一个评价。评价的依据可以是考试，也可以是其他形式，但以考试为最流行、最常用。评价的呈现方式可以是精确定量的(例如百分制)，可以是模糊定性的(例如二级制、四级制)，也可以是文字叙述的(例如论文评语、毕业鉴定)。学校教育是规范的、系统的教育，即义务教育范围以外的学校教育都是有偿的教育。

自主教育是学习者根据自身需求或兴趣进行的，既没有专门的教师，也没有大纲计划，更没有课表。阅读、思考、实践、讨论、求教等所有过程完全由学习者自己去设计、调整和完成。自主教育没有固定的、规范的形式，不会有人告诉你应该如何做或不应该如何做。任何时候、任何场合，自主教育都可以进行。在地铁上，你可以站着读完一份报纸上全部感兴趣的内容和全部不感兴趣的文章的标题；在小餐馆等着上菜的时候你可以研究菜谱，还可以站到厨房门边偷学到一两道家常菜的烹制手艺；如果你家里的吸顶灯不亮了，而你又是一个爱自己动手解决问题的人，你就会翻开产品说明书，成功使得房间恢复一片光明。对于深感兴趣的事物的全神投入，更是可令自主教育达到忘我的境界。伏在台灯下从网络上查找资料，细细研读，当茅塞顿开而欣喜不已时抬目窗外，才知残月已隐、东方已白。这些资料可能和你的职业有关，也可能毫无关联而只是兴趣。一个机械师沉迷于交响乐，一个小提琴手喜欢印章收藏，一个篆刻家热衷于发明永动机，都是很正常的事。我们自己就有与职业无关的爱好。自主教育没有最终评价，这是因为自主教育既没有终点，又没有评价标准。

学校教育与自主教育各有自己的用武之地，我们不能去简单断言它们谁优谁劣。学校教育犹如宴席，有规矩，有气氛，讲究形式，席中诸人有明显不同的身份，而且菜单是宴会主人根据他的喜好、对宾客口味的估计以及价格等多种因素来确定的。菜单一定，就不容更改，客人最多提出饮料需求，还得征得主人同意。学校教育甚至还不能这样简单地比方为我们习见的宴席，学校教育比通常的宴席多一个要求：每位来宾必须品尝每道菜，而且必须吃下规定的量，否则就得不到较高的评价。这个要求对于一些人来说比较苛刻，所以有些人不喜欢学校教育。例如喝酒，在学校教育这个包间里，不论你能不能喝，都必须喝下规定的最少量，这个量对有些人而言很可能是不堪的痛苦。谁把酒偷偷泼到地上就是舞弊，请人帮喝就是替考，不喝、喝少了都是不合格，下学期开学后就要在规定时间内补喝或重喝，也就是我们常说的补考或重考。如果有人对这个比方不太明白，那么只要将"喝酒"两字换成"学英语"，就一切都清楚了。自主教育则如自助餐，主动、随意、灵活、不拘形式，没有太多规矩。你喜欢的菜品可以尽量多吃，不喜欢的可以看都不看，碰都不碰；你还可以把冰激凌抹在咸鸭蛋上，只要你乐意，没人说你错；你起身去添菜，回来时可能还会发现邻座已经换了一个人在喝兑了肉汤的咖啡。但我们同样也不能这样简单地把自主教育比方为习以为常的自助餐，自主教育这餐自助允许"浪费"，而且因为没有教师指导，浪费现象还非常普遍且非常严重。例如我们得到一本书，心想这次可一定要好好地把它读完，但最终真正能读完这本书的没几个人，多数人是读过前几页就再也不去翻看了。这就是"浪费"，浪费意味着低效、无功。自主教育这自助餐还有一个问题，就是因为没人向你推荐，你很可能会错过最好的、最值得品尝的菜。别看你碟子里的菜堆得比别人高一倍，一算价格可能还不及别人的一半。付出了却没有收到本应有的回报，在本质上看，也是一种浪费。

学校教育是一种系统化的教育，自主教育是一种离散化的教育。

学校教育高效、整齐，有一个质量"标签"，犹如从流水线上下来的产品，可互换，可储备。尽管接受教育之前的人并不是待加工的毛坯，接受过教育的人也不是工业产品，但在工业化环境中生活的人认可这种方式，因为它有快速、简单且可比的优点。例如考试，谁都知道凭一纸试卷就断言一个人的水平的方法是十分粗糙的，甚至是很鲁莽的，但在需要评判且又没有更佳的可操作的办法时，大家还是选择了考试。考试是不甚科学的，但现在找不到比考试更科学的办法。有些家长跟子女说："你看人家某某，学习成绩年级排名第二，学习多好啊！"准确地说，排名第二的应该是考试成绩，而不是学习成绩。历史上以及现实中，考试成绩平平而实际生活中颇有业绩者不在少数。例如"中国现代数学之父"华罗庚读完初中就因贫辍学；据媒体报道，获得 2012 年诺贝尔文学奖的莫言的"正规"学历是小学五年级，他在 36 岁时获得的硕士学位是研究生班的，没有学历文凭。片面追求学历文凭是学校教育的最大问题，也是我们的学校培养不出杰出人才的主要原因之一。不过，我们不能因此而批评学校教育，表面上问题体现在学校，却不是学校的原因，工业化时代的学校只能如此。

自主教育则恰好相反，这种形式的具体呈现完全因人而异，具有强烈的个人探索或个人修炼的色彩。自主教育在方向上是非常明确的，但在方法上往往是很迷茫、很涣散的，在环境上是很孤独、很寂寞的。在学校里十分钟就能得到良好解决的某一个学习中的问题，在自主教育中恐怕要花一整天的时间，而且解决得未必透彻，有点"雾霾"的感觉。不过，学校教育收获的只是结果，自主教育收获的除了结果之外还有过程，结果只养身，过程还养性。从自主教育走出来的人，群体烙印不鲜明，反倒特立独行，有点另类，一旦放入群体，很快显得与众人格格不入。犹如一颗一般螺帽拧不上的螺栓，如果不是放在专门的地方，他就毫无用处。他还拿不出公众追问的质量标签——学历文凭，他若想证明自己的水平和价值，就必须有舞台和灯光，还要有懂得他的表演倾诉的观众，有时还需要有配合默契的助演。于是，机会、同伴和知音对于他尤为重要。自主教育在克服了学校教育缺点的同时，也失去了学校教育的优点。

我们在这里之所以用这么多文字来谈学校教育和自主教育，是因为网络教育跟这两者都有关，而且关系非常密切。

1.1.4　成人教育和远程教育

1. 成人教育

网络学历教育对象是被限定为"成人从业人员"的，所以，我们就谈一谈成人教育。成人教育是以成年人为主的、非全日集中在校的、有组织的学校教育。这种组织方式使得成人教育兼有学校教育和自主教育两种特点。通过这个教育过程，使社会成员中被视为成年的人能更新思想、陶冶性情、增长能力、丰富知识、提高技术和获得专业资格。

成人学习的特点是很明显的。第一，成人学习的动力是内在的，不论其目的是文凭、技能、修养还是愉悦，都是个人的愿望，不是别人的安排，即便是不得已，也是个人认可并愿意接受的。第二，成人最关注他认为需要学习的东西，需要越迫切，学习热情就越高，对其他的东西则没有过多的好奇心，也就是说，学习选择性比较强。例如学习道路工程专业的成人学生会很关注新型路面材料的施工要点，但对微积分的推导就往往兴趣索然；老年病房的护士会下工夫学习最新的老年病护理技术，却不会去深入研究刚推介的新生儿护理技巧。第三，成人学习常常受经验或个人认识的影响。经验有助于理解既有知识，但也可能抗拒新的观念，对经验以外的事物态度谨慎，对颠覆经验的东西惯于否定。例如对于动物权利保护、脑死亡标准、性文化的态度等，都反映出经验的影响。第四，成人学习往往更相信实在和现实的东西，对于描述性或憧憬性的东西多有怀疑。例如，要说人是古猿进化来的，大家都能够接受，因为人和猿的骨骼在结构上差得不太多；但要说宇宙是大爆炸形成的，很多人就会摇着头问："那么，大爆炸之前是什么呢?"听说的不如看见的，看到的不如亲历的——实证压倒思辨。第五，成人学习比儿童还在乎得到肯定，这是因为成人的自尊心远强于儿童。奖励证书在儿童眼中不过是一张纸，过几天就忘得干干净净了，而成人会将获得的奖励证书放在专门的一个地方，并会不断地在日后各种个人表格中展示这一项荣誉。

成人教育在人类教育史上是最古老的形式，是教育文明的发轫之步。孔子举办的教育是典型的成人教育，学生中，子路小孔子9岁，颜路比孔子小6岁，曾点只比孔子小4岁。孔子带着他的学生四处游历，即兴讲课，没有教学计划，没有教学大纲，没有课表，不布置作业，也没有考试，当然，也没有毕业证书。据传他和学生一起用土堆起一个小平台，种了一株小银杏，他就坐在土堆上"弦歌鼓琴"，学生则围在边上各读各的书，所以后人将"杏坛"（图1－1）比喻教育。那时候还没有纸张，所谓的书其实是一捆一捆的竹简，或许这也是没有作业、没有考试的原因。学生有什么问题就问孔子，孔子当场回答。有些问题和读书有关，有些问题和生活、为人等有关，这些问答被学生记了下来，留下不朽的著作《论语》。《论语》实际上是中国古代成人教育的教学案例。150年后，鬼谷子在河南鹤壁云梦山（图1－2）设立的中国最古老的军校也是成人教育的尝试，培养了苏秦、张仪、孙膑、庞涓、毛遂等一批军事家，纵横捭阖、田忌赛马、增兵减灶、围魏救赵、毛遂自荐等事件传诵千古。宋代时，湖南长沙岳麓书院、江西庐山白鹿洞书院、河南登封嵩阳书院、河南商丘睢阳书院合称四大书院，也具有浓重的成人教育特征，当时前来学院听学的有官吏、文士、商贾、武夫，甚至有附近的野老乡民，人多了没有座位，许多人就站着听，流连忘返。

新中国成立初期，成人教育的主要任务是培养工农知识分子，同时还负责青壮年扫盲。到了十年"文革"期间，"知识越多越反动"的谬论肆虐横行，于是，"出身好"的闹造反，"出身不好"的搞卫生，知识分子进牛棚，知识青年下农村，后期的"复课闹革命"也是学工学农学军，反正没人读书，也不让人读书，成人教育自然也中断了。1987年国务院批转的国家教委《关于改革和发展成人教育的决定》成为我国成人教育发展史上的重要里程碑。此后，各级各类成人教育迅速兴起,尤其是随着20世纪末网络教育的兴起,成人教育已成为教育领域一道花枝招展的靓丽风景。2013年,全国共有职工高等学校、农民高等学校、管理干部学院、教育学院、教师进修学院以及独立设置的函授学院297所,普通高等学校也普遍设有成人教育学院或继续教育学院开展成人高等教育工作;同年,成人高等教育(包括网络学历教育和广播电视大学的开放教育)在校学生1241万人,约为普通高等教育在校学生人数的50%。

图1-1　孔子及曲阜杏坛

图1-2　鬼谷子及云梦山

2. 远程教育

远程教育又称为远距离教育,是学生和教师在空间上分离或"准分离"的教育形式,在日常的教学过程中,师生是互不见面或基本不见面的,教学信息要通过某种媒介来传递。采用的媒介不同,远程教育的形式就不同;随着媒介技术的日益进步,远程教育也在不断的进步与发展之中。

最早的远程教育是函授教育。18世纪,英国在密林一般的烟囱浓烟里和巨兽一般的蒸汽机轰鸣声中迅速崛起为世界上最强大的工业国家,交通运输业、印刷业、出版业、书刊零售业等也空前发达。1840年,英国发行了世界上首枚邮票,被后人称为"黑便士"(图1-3),创造了世界上首个国家邮政服务系统。将贴上邮票的信函作为媒介,学校把讲义、作业题寄给学生,学生把完成的作业附带学习中遇到的问题寄给学校,学校再把批阅过的作业和对问题的解答寄回给学生,师生每年有若干天见面,这就是函授。1849年,伦敦大学首创了校外学位制度,允许所有英联邦国家的学生报考伦敦大学的校外学位,远程高等教育由此诞生并向世界推广。

中国的第一枚邮票在1878年(清光绪四年)问世,现称为"薄纸大龙",国家邮政系统开始运转。最早创办函授教育的机构是上海的商务印书馆,

1910 年，该馆创办了师范讲习社，以通信方式开展教育，图 1-4 为该社颁发的函授毕业证书。新中国成立后的第 8 天发行了新中国第一套邮票（图 1-5），同年 11 月成立中央人民政府邮电部。中国人民大学于 1952 年开创的大学函授教学（图 1-6），是新中国远程高等教育也是中国远程高等教育的开端。举办函授教育的高等学校在校外设立函授站，函授站受学校委托对学生进行日常管理。如今，学生的学习形式主要是自学和定期到函授站集中参加学校派来的教师的集中面授，"函"字已徒有其名，但函授教育的名称还在使用，学生的毕业证书上还有"函授"二字。

图 1-3　黑便士

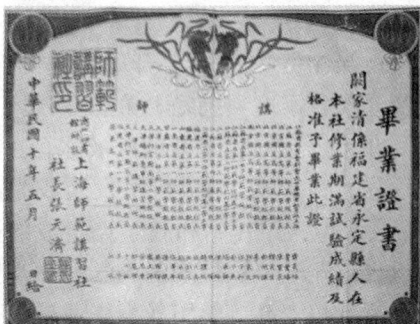

图 1-4　师范讲习社的毕业证书

图 1-5　新中国首枚邮票

图 1-6　新中国初期的中国人民大学函授部

将电视作为传播教学资源的媒介，是远程教育登上的第二个大台阶。新中国的第一个电视台是北京电视台，于 1958 年开播。后来各地陆续建了一批电视台，播出的节目基本是新闻和电影，偶尔也转播几场戏剧。每天播出约 3 个小时。"文化大革命"爆发后，节目审查制度越发严厉，"造反派"控制了广电大权，电视被扼住咽喉，最后绝大多数电视台停播。"文革"结束后，电视媒体受到重视，1978 年，在原北京电视台的基础上组建了中央电视台，此时的电视大学则是中央电视台电教部的节目。在此前 1 年即 1977 年，邓小平就倡导要利用电视手段加快教育事业发展。于是，1978 年筹建中央广播电视大学，直属于国家教育部。中央电大于 1979 年 2 月开课，第一堂课是华罗庚讲授的高等数学。在当时，我国百姓家中有电视机的为极少数，只有大一点的企事业单位的会议室里才有，而且多是 14 英寸的黑白电视机，为改善收视效果，还不得不在户外接上鱼骨天线或者是俗称为"锅"的碟形天线，如图 1-7 所示。

电视媒介是从 1983 年开始崛起的，利用卫星传送各类节目促进了电视的普及。代表家庭富有程度的缝纫机、自行车、手表、收音机(即"三转一响")，在十余年的时间里迅速被冰箱、洗衣机、空调、电视机取代。如今在广电远程教育领域，电大已经发展成为由中央电大、省级电大、地市级电大分校、县级电大工作站和教学点组成的遍及全国城乡的远程教育教学系统，这是世界上在学人数最多的大学——当然不是通常意义的大学。至今，全国的电大累计培养高等学历教育毕业生一千余万人，并有注册在校学生近四百万人。图 1-8 为位于北京的中央广播电视大学主楼。和函授教育的"函"字一样，广播电视大学的"广播电视教育"六个字在今天也仅仅是一个沿用的历史名称。2012 年，在中央广播电视大学的基础上组建的"国家开放大学"是教育部直属的高等学校，它以现代信息技术为支撑，主要面向成人开展远程开放教育，可以向学生授予学士学位。同时，北京、上海、江苏、广东、云南5 所省级广播电视大学分别更名为开放大学。

图 1-7　早期电视机及各种室外天线　　　图 1-8　中央广播电视大学主楼

　　"文革"前还有一种远程中等学历教育形式，是利用无线电广播进行的，广播电台有专门的上课频道，学生围着收音机听课，这是真的"听"课。这种形式现在还用在面向农村开展农科普及和农技培训。

　　电大兴起约二十年后，一种全新的传播方式出现，它使教学资源和师生交互以几何级数增长的速度和连锁性的穿透能量冲击了传统的"函"和"电"，它就是密如蛛网的计算机网络。这是我们在后面各章节中要谈的内容。

1.1.5　网络教育

1. 网络教育的起源与发展

　　1946 年，世界上第一台电子计算机在美国东部的宾夕法尼亚州问世，它的名字叫 ENIAC，中文名字是"埃尼阿克"（图 1 – 9）。ENIAC 是一个庞然大物，占地 170 平方米，重 28 吨，逻辑元件采用电子管，当时主要为军事上的弹道计算而设计制造，运算速度是每秒 5000 次加法运算。计算机的发展速度让人惊讶，12 年后出现了晶体管计算机，运算速度提高了 20 倍达到每秒10 万次；又过了 6 年，集成电路计算机诞生，运算速度又比晶体管计算机提高 50 倍达到每秒 500 万次；再过 6 年，大规模集成电路计算机研究成功，运算速度再次提高 20 倍达到每秒亿次。也就是说，ENIAC 要算 5.5 小时的问题，现在一般的电脑只要 1 秒钟就解决。中国于 2010 年研制的"天河一号"超级计算机的运算速度是每秒 2570 万亿次，是世界上速度最快的超级计算机（图 1 – 10）。这是什么概念呢？就是说，"天河一号"计算 1 秒钟的工作量，不说让年老的 ENIAC 去做，即便换成最富朝气的双核高档 PC 机，也要620 年。从 2012 年开始研制、目前已正式投入运行的"天河二号"的运算速度是"天河一号"的 12 倍。

　　一个数据如果要在两台独立的计算机之间共享，就要借助磁盘等物质载体来搬运，这对于远距离来说，是极不方便的。就好像发明电话之前一样，要传话得靠函牍或请人捎口信。能不能让计算机也像电话那样直接连通呢？这就是开发计算机网络的初衷。1969 年，美国加利福尼亚大学的计算机教授伦纳德·克伦洛克给斯坦福大学的同事发送了世界上第一个电子邮件。伦纳德原打算将"LOG"（意思是"记录"）三个字母发过去，但只发到"O"的时候，系统就瘫痪了，"G"没有发出去。这封只写着"LO"两个字母的邮件，开辟了如今遍布全球并发展为无线网络乃至云技术的第一条通道，从此，人类实质性地跨进了信息时代的新纪元。还有一种说法是，电子邮件是麻省理工学院的汤姆林逊于 1971 年研究成功的，第一封邮件是他自己发给自己的，当然，发送和接收分别是在两台电脑上。邮件要有收件人的姓名和地址，电子邮件收件人的姓名和地址是在一行中写完的，两者之间必须有分隔符，这个分隔符既要便于识别，又不会出现在人名和地名中。汤姆林逊选择了键盘上的"@"。@这个符号在国内有"圈a""埃塔""猴标"等多种读法，正确的应是英语单词"at"的读音，原意就是英语单词"at"，即"在"的意思，例如邮箱名称"A@B"，意思就是"地址为B的A先生"。如今"@"已成为电子邮件的专门符号乃至是计算机网络的特定符号。据考，我国的第一封电子邮件是1986年8月从北京的海军部队某研究所用一台IBM的PC电脑发往瑞士的西欧核子研究中心的邮件。

图1-9　ENIAC电子管计算机

图1-10　"天河一号"超级计算机

到20世纪90年代，网络开始用于教育，并迅速推广。网络用于教育，只需要满足两个条件：有资源，可交互。世界上究竟是哪个国家哪所学校首先使用网络授课，已经无法确认。我国的网络学历教育始于1998年，其标志是清华大学、浙江大学、湖南大学和北京邮电大学被教育部指定为网络学历教育试点高校。后来的几年里又陆续批准了65所大学试办网络学历教育。

21世纪初，我国的计算机网络基础设施还很不完善，大多数人对网络还很陌生，能在家里通过电话座机拨号上网是一件非常时尚的事情。所以，在当时举办网络教育面临的最大问题是网络条件。那时候，就连医院之间的远程会诊都是借用电话线，电话线一旦发生故障，电脑屏幕上就是乱跳的白点。当时的网络教育实际上是卫星实时转播课堂教学，例如京外某学校的网络教育课堂要上课了，就在教室里放一台摄像机摄录教师的讲课，光信号通过计算机转换成电子信号经由缆线送到北京的某信号传输公司，该公司的某台发射机将这些信号不断地送上租用的卫星，卫星再在其覆盖区域内将信号发回，至此，原先是一个点上的信号变成了一个面上的信号。接下来是接收，地面的卫星信号接收器（也就是我们通常说的"锅"）收到信号后，通过计算机进行解码，并转换回光信号在屏幕上呈现。这样，只要卫星信号能达到的地方，只要安装了"锅"，并且有解码系统，就都能看到这堂课。如果接收点观看的人数较多，就要使用投影仪，像是一间小型的电影室。这种方式是典型的信息传输方式，即：信息—编码—传输—解码—信息。由于教师就像是站在卫星上上课，这样就有两个不便。第一是实时性强，卫星上课跟看电视节目差不多，开机晚了就看不到前面的部分，所以要有课表，要按时到堂，听课间也不能随意离开去做别的事。第二是交互性差，学生只能在屏幕前坐着听，而不能提问，卫星只有下行信号，而学生的提问是上行。再说了，听课的学生有数千计，大一点的课甚至有上万人，怎么可能让你一人提问而中断课程。此外，租用卫星频道的费用较高，由于技术原因的信号中断是常有的事。这些弊端使利用卫星直播的技术方法很快就从教育领域消遁，取而代之的是如今的互联网。

互联网传播信号与卫星传播信号相比，形式上是用服务器代替了卫星，本质上是实现了资源存储。卫星的作用只是传输信号，就像一个变电站；互联网不仅有传输信号的功能，它还有存储、加工、复现信号的功能，就像一个电力枢纽。互联网的信息存储性质使它实现了信息生产和提取的异时性，又称非实时性，这是网络教育所有要求的基础。网络教育要求教育服务提供方在其服务范围内，对位于任何地方的任何服务对象在任何时间提出的任何要求作出反应。

为与函授教育、广播教育、电视教育等其他传统形式的远程教育区分，网络教育特称"现代远程教育"，在境外华语中又有远距教育、隔空教育、远端教育、遥距教育、网上教育等叫法，最常用的英文名称是"e-learning"。字母"e"兼有电子化（electronic）、网络（network）、在线（on-line）、远距离（distance）等多种含义，这些单词中都含有字母 e。

计算机和网络技术无疑是人类历史上迄今为止普及得最迅速、最深入的技术。它可以进入家庭，而且使用简单，容易学会。键盘上就只有那么多键，即便一天只熟悉一个，两个半月后也能成为盲打的熟手。许多人上网并没有经过专门培训，都是靠自己摸索。摸索中最糟糕的结果无非是死机，只要重启就一切 OK，所以很快就学会了。现在，许多老先生都能戴着老花镜上网看新闻写邮件玩股票。据统计，2000 年我国网民只有 2250 万人。截至2015 年 6 月，我国网民已达 6.68 亿人；手机网民达 5.94 亿人，占网民的89%，超过了台式机上网人数，网络使用从桌上搬到衣袋中。如今，不会上网无异于以前的文盲。在互联网上开展教育，不但可以实现非实时，而且可以建立学习者与教师之间以及学习者与学习者之间的联系，这让卫星教育望尘莫及。智能手机 iPhone、平板电脑 iPad 等的出现是近年的事，其价格不断下行，它们的推广与流行推动了网络从平面向空间延展，形成一个看不见的立体网系，只要附近有热点或基站就能上网。无线上网的人数将持续增加，网络教育终将从固定的计算机终端向移动教育即 m-learning(mobile learning)转向。

现代远程教育不只用于学校，在农业技术推广、人员在岗继续教育、党员教育、军人教育、劳动技能培训、文化及艺术素质培养等领域，也普遍应用现代远程教育手段。于是，网络教育又被专指为学校举办的、利用网络技术开展的教育，包括学历教育和其他培训。对于教育部批准的试点大学而言，在没有特别强调的情况下，网络教育就是网络学历教育。

2. 网络学历教育

网络学历教育有什么特点呢？首先，网络学历教育是教育，它具有教育的所有特点；其次，从形式来看，这种教育基于网络，而且是可交互的；第三，这种教育是学历教育，它和普通的校园学历教育一样，以学生通过接受教育获得毕业证书为学业终结的标志。

在我国，网络学历教育被限于继续教育范围。所谓继续教育，指已经脱离正规教育，或已有劳动职业和负有成人责任的人所接受的教育。这个范围就是成人教育的范围，国际上所称的继续教育就是我们的成人教育，这是边劳动边读书、利用劳动的空闲时间读书的学习。对于网络教育试点大学来说，网络学历教育最标准的名称应当是"成人网络学历高等教育"。

先说考试。网络学历教育既然是在网络上实现的学校教育，就有无法去除的学校教育胎记，其中最明显的就是考试。所有课程都要考试，考试形式有闭卷、半闭卷、开卷等多种，有网考，也有笔试。考试是有难度的事情，难就难在事先不知道要回答什么问题，而且还被规定了回答时间。于是，考前总有焦躁感，战战兢兢，坐立不安，就是常说的出现应激状态。出现这种状态大致有两种原因：一种是对自己的得分要求较高，所有考题的作答都不能有大的错误，这样，难度自然就增加；另一种是对自己平时的学习准备信心不足，能否通得过考试需要运气。所以，我们只要不抱希望于吉星高照，在平时多花点时间，多下点工夫，考试时心态平和一些，能拿高分则拿，拿不到也不纠结，这样考试就没有什么难度可言了。

由于网络学历教育的入学考试是由学校自行组织的，缺乏社会认可的基础，为提高其公信度，国家规定凡参加本科层次的网络学历教育的学生（除有文件规定者外，这个问题在第 5 章中介绍）都要参加部分基础课程的国家统一考试。统考不合格者不能毕业。

再说文凭。网络学历教育学生的毕业证书信息在"中国高等教育学生信息网"（通常简称为"学信网"）上公布，凡在学信网上能查到的，均为国家认可的毕业证书，具有与其他类型毕业证书相同的地位与作用。虽然毕业证书上有"网络教育"的标记，但持证人可以报名攻读研究生、可以应聘同等学力要求的职务职称，等等。各个学校还制定了向网络教育本科毕业生授予学士学位的具体办法，一般是授予成人高等教育学士学位。学位问题我们在第 7 章中细谈。

还要说说学习优势。网络教育因其普遍采用多媒体技术、网络技术和现代通信技术而优势彰显。学生白天上班，晚上、双休日和节假日时间都可以安排到课程学习上来，这些时间原来是用作休息、休闲或娱乐的，所以没有突出的工学矛盾。我们不妨细算一下，假定工作日每天用 3 个小时、双休日每天用 6 个小时来学习，那么 1 年累计起来就有 1400 个小时。而校内学生除去寒暑假后 1 年中只有 200 天有课，假定他们每天用于学习的时间为 7 个小时，累计也是 1400 个小时。所以，在学习时间的可用量上，网络教育并没有明显的劣势。网络教育的课件存放在服务器中，任何时间都可以点击浏览，还可以反复浏览、或从某个位置开始浏览，视频课件上的老师不会有疲倦的时候，也不会投给你异样的眼光。反过来，有些课程内容如果我们已经很熟悉的话，可以直接跳过。网络教育还具有良好的交互功能，学生把问题投放到网络学习平台专门安排的地方，在学校承诺的时间内，学生就能得到回答。对得到的回答不满意还可以继续追问，直到满意为止。这样的交互还可以在学生之间进行，学生之间的讨论也可以邀请教师参加。

经过十多年的实践与推广，网络教育已被社会普遍接受。图 1 - 11 反映了 2002—2013 年这 11 年间，高等教育中普通教育、成人教育和网络教育三类在校生的发展状况。从图中可以看出，这 11 年里，普通教育在校学生人数的平均增加率是 10.2%，成人学历教育为 - 0.5%，而网络学历教育为 17.2%，是普通教育的 1.7 倍。从图中还可以看出，这 11 年里，网络学历教育学生人数占全部高等教育学生人数的比例从 6.9% 提高到 16.6%，提高了 2.4 倍多。

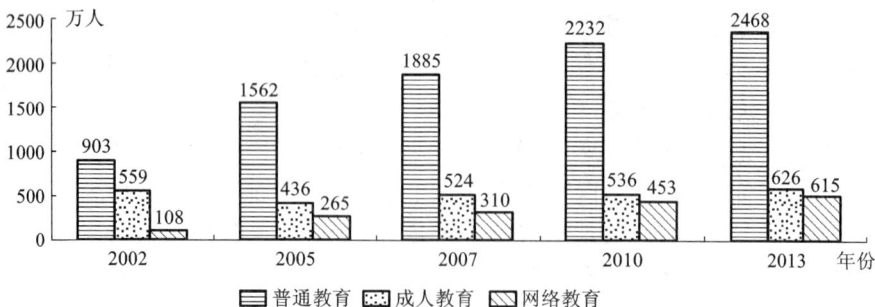

图 1 - 11　历年各类高等教育在校学生人数(数据来源:教育部网)

1.2　网络教育校外学习中心

　　网络学历教育涉及招生报名、领取教材、实践教学、集中考试、毕业答辩等学生必须集中、且有专人负责安排的地方。学生不可能涉万水越千山回到学校,不可能为了几个小时的考试而向所在单位请几天的假,主办高校也不可能在校外各地设立"网络教育××分部"派人长期驻守,于是就需要有一个能在学生所在地代理部分学校管理工作的单位或机构。

　　主办高校找到了能胜任代理工作的单位,单位安排某个部门具体负责此项工作,这个部门就是校外学习中心,这个单位则称为依托单位。例如某主办高校与某电大合作举办网络学历教育,此电大指定由其下属的教务办来具体负责操作,那么,教务办就是该主办高校的校外学习中心,该电大便是学习中心的依托单位。可见,主办高校与学习中心的关系是因对学生开展教育服务而约定的合作。从行政管辖关系而言,教育部是主办高校的上级,主办高校设立网络教育学院(或远程教育学院、继续教育学院等),学院的科部(学院办公室、教学部、技术部等)是网络教育的实施部门;而当地的省教育厅是依托单位的上级,依托单位的下属部门即学习中心配合网络教育学院各科部的工作。图 1 - 12 展示了这个管理体系的结构。

　　对这个关系,我们不妨如此简单理解:校外学习中心接受主办高校网络教育学院的指令,在当地组织网络学习的各环节活动,并提供必要的教学辅助服务。它们是网络教育学院和学生之间的桥梁,在桥的这一端,校外学习中心代表网络教育学院直接与学生联系,用学校的口吻跟学生说话,在桥的另一端,校外学习中心又代表学生向网络教育学院反映建议和要求,用学生的口吻跟学校说话。

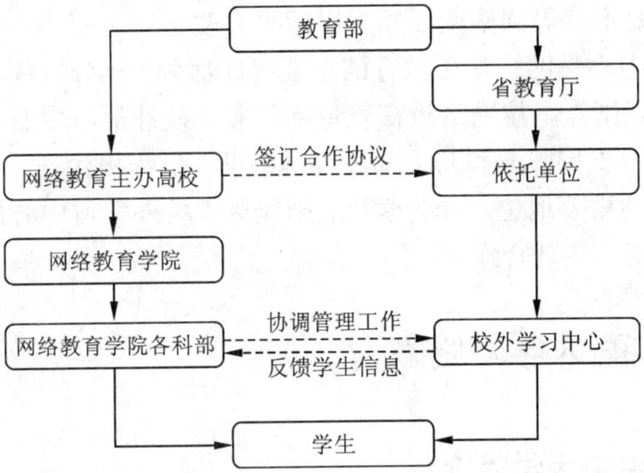

图 1－12　网络学历教育管理体系

　　在学习中心提供的教学辅助服务中，有一项极其重要却又常常被忽略的，就是为学生建立协同学习网络。我们强调自主教育，须知自主教育不是孤独教育，不是"孤舟蓑笠翁"，不是闭门坐禅，不是"独钓寒江雪"。非但不是，反而非常强调自主教育中要有协同、交流和讨论，自学只是自主教育的形式之一。虽然网络教育没有班级，但网络教育有同学，同学之间的关系就像围绕在恒星周围的行星，看上去各行各轨，相互独立，实际上任何两颗星之间都有引力的联系，正是这种联系，使行星得以平衡，使星系得以稳定。我们应当在学习中心的帮助下编织起一张联系网，通过这张网让彼此多多接触，多多了解。我们不应当成为网络教育星系中的流星过客。

　　作为学生，应当经常主动地和学习中心沟通，有事没事都可以拨个电话或是到学习中心坐上几分钟，这样有利于建立基于有形物的归宿感，学校概念不再那么模糊，学习过程也不再那么寂寞。我们可以帮助学习中心做些网络学习管理方面力所能及的事情。网络教育没有班级但有同学，通过学习中心你可以找到和你一样正在孤独地学习的同学，他住的地方离你家或许没隔几条街。

　　个人信息如有变化，如换了手机号、搬了家、换了工作单位等，除了及时在学校的学籍管理系统上修改以外，一定要在第一时间告诉学习中心，以免到时联系不上。个人姓名千万不要去改，入学注册后的学籍信息一旦上报到教育部就不能更改。一旦改姓名，连带要做的事很多，有些相关的配套工作还有点难办。如果名字非改不可,请务必在入学注册之前,连同第二代身份证也换好,要不就等到毕业证领了以后再去改。

校外学习中心是网络学历教育的重要组成部分,充分发挥校外学习中心的作用,关系到试点高校网络教育质量的落实。校外学习中心也应通过为学生全面提供学习支持服务和与主办高校网络学院的积极沟通,显示出其在网络学历教育中的重要地位。作为学生,则应尊重校外学习中心的工作人员和他们提供的服务,主动合作。

1.3　中南大学网络教育

1.3.1　中南大学简介

中南大学坐落在湖南长沙。2000 年 4 月 29 日,经国务院批准,由直属于教育部的中南工业大学、直属于卫生部的湖南医科大学、直属于铁道部的长沙铁道学院合并组建成立中南大学。中南工业大学的前身是中南矿冶学院,1952 年由武汉大学、中山大学等 6 所院校的矿冶类学科组建而成,1960年即成为全国重点大学之一,当时全国只有 64 所重点大学。中南工业大学这个名字是 1985 年更换的。湖南医科大学的前身是 1914 年中华民国湖南省政府与美国雅礼协会合作创办的湘雅医学专门学校,是中美合作创办高等医学教育的首例,后曾更名为湘雅医科大学、湘雅医学院、湖南医学院。长沙铁道学院于 1953 年由原武汉大学、湖南大学等 7 所院校的土木、建筑和铁道专业合并建立,当初的名称是中南土木建筑学院,1960 年铁道系分出另辟校址成立了长沙铁道学院。

中南大学是一所学科齐全、工学和医学见长、具有优良办学传统的教育部直属全国重点大学,是首批进入国家"211 工程"重点建设的高校,也是国家"985 工程"部省重点共建的高水平大学。此外,中南大学还是全国 31 所中央直管的大学之一,这 31 所大学的党委书记由中央组织部任命、校长由国务院任命。

中南大学现有工学、理学、医学、文学、法学、经济学、管理学、哲学、教育学、历史学、艺术学等 11 大学科门类,辐射军事学。下设 31 个二级学院,有 97 个本科专业、33 个博士学位授权一级学科、58 个硕士学位授权一级学科、32 个博士后科研流动站。学校拥有中国科学院院士 2 人,中国工程院院士 16 人。学校有来自全国 31 个省市和世界 30 多个国家与地区的全日制在校学生共 5.5 万多名。

　　中南大学的校训是"知行合一、经世致用"。虽然只有 8 个字，但内涵十分丰富，且儒学意味浓重。"经世致用"的治学思想是南宋的吕祖谦最先提出的，明清时代得到顾炎武、黄宗羲、王夫之、魏源、康有为等人的推动振兴，成为一种学风，是湖湘文化的精华。"经世"指要有远大理想，志存高远，胸怀天下；"致用"指要理论联系实际，脚踏实地，注重实效。"经世致用"的总体意思就是要看得远，做得实。中南大学的校风是"向善、求真、唯美、有容"，这比较容易理解。中南大学校名用的是王羲之字体，如图 1-13 所示。校徽图案是其英文名称"Central South University"的首字母缩写 CSU 的纽状变形体，如图 1-14 所示。

图 1-13　中南大学主校区

图 1-14　中南大学校徽

　　中南大学在地质学、金属材料、矿物加工、概率论、医学等领域均拥有世界级的学派。学校拥有机械工程、土木工程、矿业工程、管理科学与工程、交通运输工程、材料科学与工程、概率论与数理统计、有色金属冶金、病理学与病理生理学、控制理论与控制工程、地球探测与信息技术、遗传学、药理学、神经病学、外科学（胸心外）、耳鼻咽喉科学、精神病与精神卫生学、内科学（内分泌与代谢病）等国家重点学科，其中前 6 个是一级学科国家重点学科，其余为二级学科国家重点学科。中南大学拥有国家重点实验室、国家工程研究中心、国家工程实验室、国防重点实验室、国家临床医学研究中心共 14 个。中南大学的超高速材料研究在国内处于绝对领先地位，碳/碳复合材料研究的成果，使我国成为继美、英、法之后，世界上第四个掌握碳/碳复合材料刹车副制造技术的国家。中南大学的生殖与遗传研究在国际上是领先的，人工合成生命、基因诊断与基因治疗等方面的研究也取得了瞩目的成绩。我国首例供胚移植试管婴儿于 1988 年诞生在中南大学的湘雅医院。中南大学拥有世界上最好的高速列车碰撞实验室，实验室可以在 0.5 秒内把高速列车模型加速到每小时 500 公里，按要求碰撞以后取得各项数据，用于高速铁路设计与建造规范。这样的实验室全世界只有两个，另一个在英国。

中南大学培养了一大批人才，对国家作出了巨大的贡献。例如从湘雅医学专门学校毕业的汤飞凡，他于 1955 年首次分离出沙眼衣原体，是世界上发现重要病原体的第一个中国人，他生产了中国自己的狂犬疫苗、白喉疫苗、牛痘疫苗和世界首支斑疹伤寒疫苗。采用了他的研究方法后，中国比世界提前了 16 年成功消灭天花病毒。为了纪念科学家的卓越贡献，邮电部于 1992 年发行了《中国现代科学家》纪念邮票，这套邮票中一共有 4 位人物，除了汤非凡外，其他三位是数学家熊庆来、建筑学家梁思成、内科专家张孝骞。张孝骞是中国消化病学的奠基人，也是湘雅医学专门学校的毕业生。再如原中南矿冶学院的陈国达，他的主要贡献是在 1960 年前后创立了与板块理论具有同等科学地位的地洼学说。地洼学说在指导找矿、建坝选址、地震预报方面都有许多成功的案例。在商企领域，中南大学校友也是群星闪耀。胡润中国大陆百富排行榜中，2009 年首富比亚迪股份有限公司董事长兼总裁王传福、2011 年首富三一重工股份有限公司董事长梁稳根都毕业于中南大学。

图 1-15　中南大学新校区图书馆　　　图 1-16　中南大学新校区体育场

中南大学总占地面积 5886 亩，建筑面积 276 万平方米，有主校区（原中南工业大学所在地）、新校区、湘雅医学院（原湖南医科大学所在地）、铁道校区（原长沙铁道学院所在地）和南校区这 5 个校区，还有湘雅医院等 3 家"三级甲等"附属医院。三级甲等医院又简称为"三甲医院"，是国家特殊医院以外的最高等级的医院。中南大学新校区的体育场很具规模，有 2 万多个观众席，被称为"中南鸟巢"。图 1-15 至图 1-18 依次为中南大学的新校区图书馆、新校区体育场、铁道校区、湘雅医院。

图 1 - 17　中南大学铁道校区

图 1 - 18　中南大学湘雅医院

　　还应该再专门介绍一下湘雅医院，它是亚洲单体面积最大的医疗区，医院建有直升机起降坪，日门诊量常达 1 万人次以上。医院创立时名为"雅礼医院"，由美国耶鲁大学雅礼协会建立于 1904 年（清光绪三十年），是中国最早建立的西医医院之一。1925 年，孙中山先生为湘雅医科大学题词"学成致用"（图 1 - 19）。据考这是他的绝题，题词后一个多月，先生就逝世了。还有一件颇令湘雅医院感到自豪的事情，1952 年 10 月，毛泽东写信劝其堂兄不要去北京看病而应去湘雅医院就诊，信中说："……可到长沙湘雅医院诊治，如湘雅医院诊不好，北京也就诊不好了。"如图 1 - 20 所示。

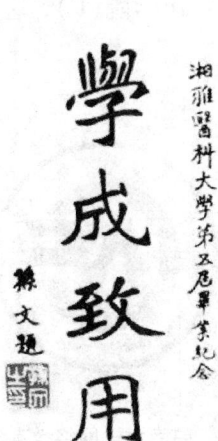

图 1 - 19　孙中山的题词

图 1 - 20　毛泽东的信迹

1.3.2 中南大学网络教育学院概况

中南大学于 2001 年 1 月 5 日被教育部批准为网络教育试点高校,同年 8 月 8 日成立独立建制的网络教育学院。当年,法学、汉语言文学两个专业在湖南省招收专科起点本科生约 260 人,这是中南大学网络教育正式起步的标志。此后,网络教育专业逐渐增加,到 2015 年,发展到 14 个本科专业,17 个专科专业,覆盖工学、医学、文学、法学、管理学,一些本科专业之下设有若干专门方向。随着学校网络教育的发展,开设的专业数将逐步增加,以满足社会的需要。学院已在除川、宁、青、新、藏、台和京、津、沪、港、澳外的 20 多个省区设有校外学习中心,学生规模不断扩大。网络教育招生人数于 2006 年过万,2008 年以后超过 2 万人。至 2007 年,在校学生将近 3 万人,2009 年超过 5 万人,2010 年起超过 6 万人。

中南大学网络教育学院的院名由中国工程院院士、原中南工业大学校长何继善题写(图 1 - 21)。何先生专攻地球物理科学,但对砚墨的钟爱不亚于地球仪。我们将院名漆成绿色而不是通常使用的红色、黑色或金色,寓意是祈愿它如春草般旺盛于原野而不艳冶于温坛、如松杉般倔立于林壑而不自恃于寒巅。学院的院徽图案是学院英文名称"College of Network Education"的缩写 CNE 的造型,如图 1 - 22 所示,图案中,N 用力将 E 推出 C 形成的环,意思是通过网络(N)将教育资源与教学服务(E)推送出学院(C),这正是学校网络教育的使命、理念和特色。

图 1 - 21 中南大学网络教育学院标石

图 1 - 22 中南大学网络教育学院院徽

中南大学网络教育学院原在校本部校区,2010 年乔迁新校区。邮政地址是"湖南长沙—中南大学新校区网络楼—网络教育学院",邮政编码为 410083。

　　网络教育学院（图 1 - 23）设有招生办、教学部、资源部、技术部和学院办公室，另外还有自管的服务器等全套设备（图 1 - 24）。招生办主持招生工作及与学习中心的联系；教学部负责学籍、教材、教务、考务、毕业、统考、学位、档案等，管理从学生入学注册到毕业发证的所有教学环节；资源部负责教学资源开发与制作，我们在网络学院学习平台上看到的课件、作业、复习资料以及其他素材的制作都是这个部门完成的；技术部负责管理平台和学习平台的设计、开发和运行维护，并参与和数据库相关的管理工作；学院办公室负责学院行政管理、校外学习中心建设与联系，同时还负责招生和学费管理工作。简单地说，技术部的工作集中在"网络"二字上，教学部和资源部则全力开展"教育"，学院办公室要做的事是确保"学院"有序运行，5 个部门合在一起，就是"网络—教育—学院"。各部门各岗位的负责老师及其邮箱和电话等联系方式都可以在网站的"学院概况/机构设置"中找到，在那上面还可以看到老师们亲切的面容。

图 1 - 23　中南大学网络教育学院　　　　　　图 1 - 24　计算机房

　　再归纳一下，如果碰到学习过程（如学籍、考试、毕业、学位等）中的问题，就和教学部联系；如果遇到网络上的问题（如无法登录、密码遗失等）就找技术部的老师；要是对课件有疑问或者对网上资源有什么建议，电话请打到资源部；其他的事情（如费用查询、意见投诉等）可以向学院办公室的老师反映，他们都会热心而负责地回答你的问题。但最好先与学习中心沟通，效率可能会高一些，当然，不方便沟通的除外。

第2章　网络教育学习入门

从本章起，我们集中介绍网络学历教育学习问题，后文所说的网络教育都专指网络学历教育。

2.1　中南大学网络教育学习平台简介

任何一所网络教育高校都有自己的学习平台，学生可以通过这个专门的平台开展学习。中南大学网络教育学习平台可通过下列两个地址进入：公网 www. cnecsu. cn，教科网 cne. csu. edu. cn。不论哪个地址，都指向图 2-1 所示的中南大学网络教育学习平台。

图 2-1　中南大学网络教育平台首页

网页左上角为 logo，其余部位可分为 10 个功能区，如图 2-2 所划分。各区的基本功能如下：
①公告搜索/分类登录区

图 2 - 2　中南大学网络教育平台功能分区

　　在公告搜索栏中输入关键字可快速查询相关公告通知,分类登录则为管理人员、教师、报名新生、在读学生及已毕业学生提供快速登录服务。

　　②基本导航区

　　本区提供学院基本情况、管理制度、学习中心、招生报名、统考、毕业组织、学位、开放资源、交流反馈等学习过程中的常用服务,展开栏目如图 2 - 3 所示。我们会在后几章中较详细地介绍其中的常用功能。

　　③展示窗

　　这是网络教育学院的宣传窗口,同时起到活跃页面的作用。

　　④常用平台登录区

　　在线学习、视频答疑、课程考试、统考、BBS 论坛、信息管理等二级平台可从此处进入。我们在后面章节中会专门介绍其中的常用平台。

　　⑤常见问题区

　　在本区,以问答形式列出招生、学生管理、毕业等各环节中通常会遇到的问题。

　　⑥公告通知区

　　网络教育学院在本区发布教学过程中各阶段的安排,这是本平台一个重

基本导航
├─ 学院概况：本色中南、学院简介、机构设置、中南大学介绍……
├─ 政策文件：上级文件、管理制度、文件下载……
├─ 学习中心：学习中心检索、申报程序、设立细则……
├─ 招生专栏：专业介绍、证书样本、录取查询……
├─ 统考之窗：统考公告、统考辅导、统考报名、统考免考申请……
├─ 毕业学位：毕业基本流程、毕业资源下载、学位申请条件……
├─ 开放资源：开放课程、视频资源、复习讲座、常用文档下载……
└─ 交流反馈：院长信箱、BBS论坛、调查问卷……

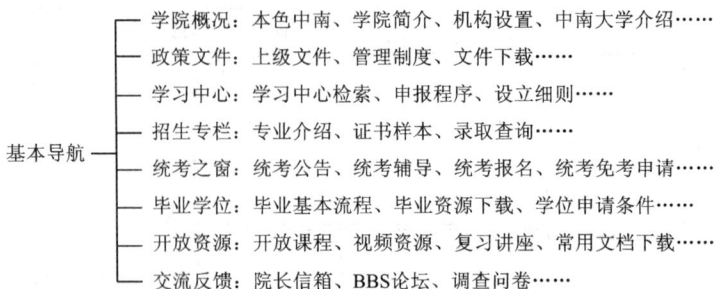

图 2-3　基本导航区栏目一览

要的区域，因此安排在网页的正中位置，各位同学一定要留心在本区发布的最新通知。本区还有发布网络教育动态信息的功能，主要是让用户了解学校内外网络教育的新政策、新动向，及时安排、调整工作。

⑦教学教务专区

这一区主要是为校外学习中心提供工作指导，将教学信息、教学安排按内容进行分类，便于快速查询相关信息和通知，包括教学计划、教学月历、教学通知、辅导通知、考务通知等。

⑧联络区

本区列出了网络教育学院和校外学习中心有关管理人员的联系方式，方便教师和学生与网络教育学院招生、教学管理、技术开发等人员以及校外学习中心工作人员进行联系。

⑨校园文化区

本区有精品课程、教学名师、优秀网络教育学生介绍及中南讲坛报告选登等，是在线学习活动的扩展。

⑩常用链接区

本区是常用网站栏，方便教师、学生和管理人员进入相关网站。

由此可以知道，对于学生来说，最常用的功能区有两个。第一个是公告通知区，我们通过这里的信息安排学习(包括作业、考试、毕业论文等)的进度，避免误时误事。第二个是常用平台区，我们的学习资源、复习资料、在线作业、课程答疑、在线考试、统考复习及申请等都在这个区内。此外还有三个功能区可能会用到。第一个是基本导航区，其中的"开放资源"里有一些我们可能需要下载的文档和表格，如学籍异动、评选优秀等。第二个是教学教务专区，在那里，各类通知已经进行分类，方便查找，另外，"教学月历""教学计划"对我们制定学习计划也有帮助。第三个是联络区，我们遇到一些问题需要求解时可从这里找到联系方式。

各区中的部分功能有重复，例如统考在基本导航区和常用平台区都有入口，开放课程在基本导航区和校园文化区也都有入口。这样设计的目的，主要是方便一些常用这些功能的用户。

有必要提一下"基本导航区—开放资源"中的"开放课程"。通常情况下，网上课程只对在籍学生开放，因此需要注册认证才能浏览，而开放课程（包括精品课程）是向社会免费公开的。开放课程的内容多为较大众化的课程，且授课教师都是专业造诣较深、教学效果较好的教师，浏览这些课程不失为提高全面素质的捷径。本区的开放课程有《工程测量》《生理学》《会计管理信息系统》《生活方式与健康饮食》《食品安全》《心理评估》《文学与文学理论》等二十余门。

2.2 网络教育学习过程统述

2.2.1 网络教育学习基本过程

网络教育的整个过程与普通教育相比，不同之处是学习形式是自学，没有现实的教室，见不到现实的教师，也没有同桌。同样是以自学为主要学习形式，网络教育和函授教育、自考的不同之处，是网络教育拥有丰富的网络教学资源，而不仅仅只有一本教材。图 2-4 为网络教育学习基本过程图。

1. 准备阶段

这是从被录取到正式进入网络教育学习之前的阶段。因为你已经读到此处，说明你准备阶段的工作都已基本完成。

要是还没有进行网上注册，那你就还不能进入课程学习平台。第 3 章会告诉你如何注册。如果你经常上各种网站，有查阅资料、网上交易、在线娱乐等经验，那么注册就是极平常的事情，好比进入某个单位时要在门卫那里做个登记一样简单。

2. 课程学习阶段

课程学习阶段指学生开始进行课程学习至毕业综合实践前的阶段。图 2-4 较详细地说明了本阶段中的各个环节，简单地说就是读书—听课—作业—复习—考试。我们的学习有好几个学期，每个学期的各环节基本相

```
┌──────────────┐   ┌──────────────┐   ┌──────────────┐
│   准备阶段    │──▶│  课程学习阶段 │──▶│   毕业阶段    │
└──────┬───────┘   └──────┬───────┘   └──────┬───────┘
       ▼                  ▼                  ▼
┌──────────────┐   ┌──────────────┐   ┌──────────────┐
│网上缴费,获取学号│   │查看关于教学安排的通知│   │查看毕业阶段安排│
└──────┬───────┘   └──────┬───────┘   └──────┬───────┘
       ▼                  ▼                  ▼
┌──────────────┐   ┌──────────────┐   ┌──────────────┐
│到学习中心报到,缴│   │每学习阶段制定学习计划│   │完成毕业综合实践│
│纳教材费,领取教材│   └──────┬───────┘   └──────┬───────┘
└──────┬───────┘          ▼                  ▼
       ▼           ┌──────────────┐   ┌──────────────┐
┌──────────────┐   │登录中南大学网络教育"学│   │办理毕业手续│
│登录中南大学网络│   │生学习平台"     │   └──────┬───────┘
│教育网站       │   └──────┬───────┘          ▼
└──────┬───────┘          │           ┌──────────────┐
       ▼                  │           │符合学位条件的专升本│
┌──────────────┐          │           │学生可申请学士学位│
│   网上注册    │          │           └──────────────┘
└──────────────┘          ▼
```

图中课程学习阶段下方分列:

阅读教材 | 浏览课件 | 完成作业 | 参与答疑 | 参与讨论

查看考试安排、辅导通知,专升本学生还要查看统考安排

考前复习

参加考试

查询考试成绩

进入下一学习阶段

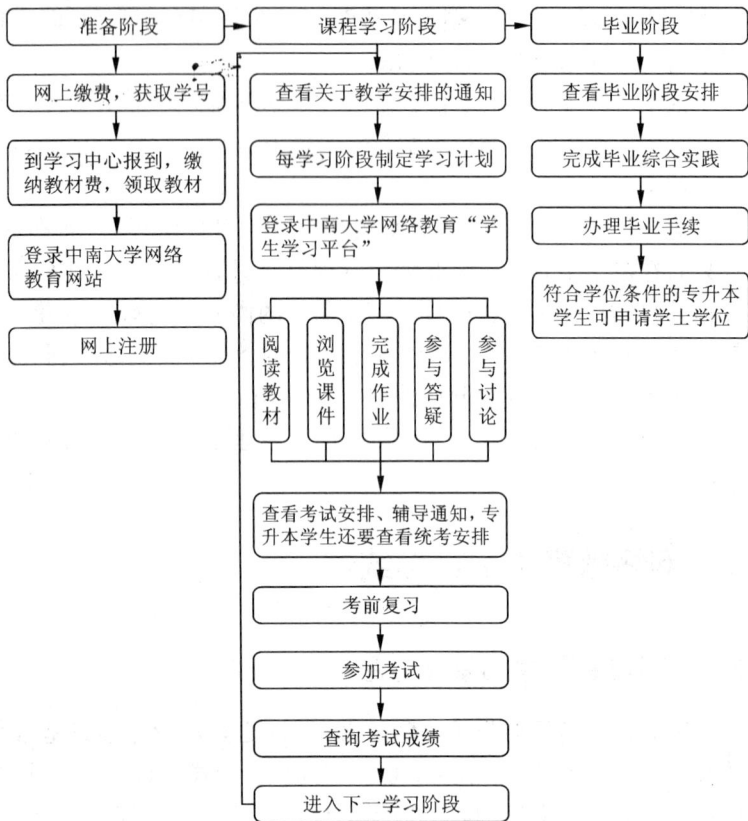

图 2-4 网络教育学习基本过程

同,周而复始,只是时间不同,我们只要按部就班地按进度要求和质量要求完成就行。

提醒学生在学习中必须注意以下几个事项。

(1)关注各类教学通知

由于阶段学习过程是实行信息系统管理的,因此时限性很强。一件工作如果在规定时间内没有完成,就要至少等上半年,因为系统已经关闭,数据已经打包。这就像没有赶上当班列车的人,不可能让列车退回来接你,只有签票后去耐心地等待下一班车。而误车的原因就在于不知道列车时刻表。

关注各类教学通知要成为习惯,不可期盼会有人专门为你送去提醒。

（2）要制定各学习阶段的学习计划

无论大事小事，做任何事情都要有计划。特别是有时间规定、有质量要求的事情，必须做到有计划。"计"字从言从十，就是讨论数字，是测量、核算的意思；划的繁体字为"劃"，就是把一幅图用刀裁齐，引申意义为设计。计划就是根据内外条件，提出在未来一定时期内要达到的组织目标以及实现目标的方案途径。

网络教育学习目标明确，教学大纲告诉你应当重点掌握什么，一般知道什么。网络教育学习时间精确，在每学期开始时，学校就告诉你，某月某日几点几分到几点几分考试。这种近乎机械的安排，必须有近乎机械的计划应对。过早完成学习，到了考试时对一些细节性的内容已经忘得差不多；考试来临还没完成学习，考试等同于脑筋急转弯。因此，一个好的学习计划不但有效率，还有效益。如何制定学习计划的问题，我们在下一节中详细谈。

（3）教材和课件

课件是根据教学大纲的要求并配合教材制作的课程学习软件，通过计算机调出浏览。课件充分考虑了学生学习的需求与便利，以多种媒体的表现方式和超文本结构制作而成，因此不同于课堂教学录像。

中南大学网络教育学习平台提供两种格式的课件。一种是 Web 格式的课件，如图 2-5 所示，这种课件以文字和图片为主，叙述精练扼要。另一种是流媒体格式的课件，如图 2-6 所示，这种课件以视频、音频和演示稿的形式呈现，是网络上的讲课。

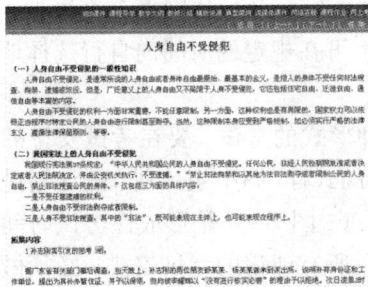

图 2-5　Web 课件界面　　　　　图 2-6　流媒体课件界面

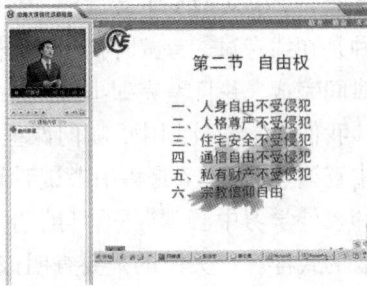

这样，我们就有教材、Web 课件和流媒体课件三种主要资源可以用来学习。三种资源各有特点：教材叙述详尽，便于携带，是开卷考试的重要资料，

但文字比较枯燥;Web 课件叙述简单,重点突出,但不易透彻理解;流媒体课件讲解生动,声色并茂,但较占时间。根据这些特点,学生可以针对自己的条件选定学习策略。如果你有读书习惯但学习时间紧张,就可以先阅读教材,然后浏览一遍 Web 课件,如果还有地方不是很明白,就去打开对应部分的流媒体课件听一遍讲解。如果你觉得自己更适应视听刺激而且也有时间,就可以先看流媒体课件,然后翻一遍教材,最后以浏览 Web 课件作为总结。如果由于职业、兴趣等原因你对某门课程已经比较熟悉,就可以先读 Web 课件,然后翻阅一遍教材。总之,这三种资源是相互配合的,要合理利用,各尽其能。

(4)作业

作业的作用是检验理解、巩固掌握、尝试运用,是"学习"中的"习"。《论语》开篇首句就是"学而时习之,不亦乐乎",可见作为一种重要温习方式的"做作业",应是一件很快乐的事情。绝大部分课程都布置作业,有的课程作业是下载题目后手写完成的;有的作业是在线提交的。作业成绩会按一定的百分比计入课程最终成绩,所以大家一定要按时、认真完成。

(5)课程考试

对于学历教育,课程考试的重要性不言自明。有关课程考试的更多介绍放在第 3 章中,这里只说最基本、最应注意的地方。

第一,课程考试安排在学习阶段开始时发布在公告通知区中。

第二,课程考试分集中笔试、形成性考试两类。集中笔试就是最通常的坐在教室里完成的考试。形成性考试的考核方式分两种,一种类似于一次大型作业,学生从网上下载试题,在规定时间内完成后,从网上提交答卷;另一种是在线考试,考试时长为 90 分钟,学生可在规定的时间内自行选择地点和时间完成,并且考完即出成绩。

我们的教学计划中,哪门课程采用何种形式的考试,要在考试安排的通知中查询。图 2 - 7 是集中考试时间安排表的式样(图中主计划、辅计划是学院和校外学习中心掌握的,与学生没有关系);图 2 - 8 是形成性考试时间安排表的式样。最关键的是要查明该学习阶段所有课程的考试安排,必须做到无一遗漏。

第三,考试结束大约一个月后可以在网上查询成绩。

第四,如果考试成绩不合格则要参加重考,重考随半年后的考试进行,学校不专门安排补考。

本科主计划　本科辅计划　专科主计划　专科辅计划

本科主计划----2015年12月计算机科学与技术专业考试时间安排表

101:计算机科学与技术	102:土木工程(建筑工程方向)	103:土木工程(铁道工程方向)	104:土木工程(公路工程方向)
105:机械设计制造及其自动化	106:机械设计制造及其自动化(机械电子工程方向)	107:机械设计制造及其自动化(铁道机车方向)	108:机械设计制造及其自动化(铁道车辆方向)
109:机械设计制造及其自动化(动车组方向)	201:工商管理	202:交通运输(铁道运输方向)	203:会计学
204:交通运输(公路运输方向)	205:行政管理	206:交通运输(城市轨道交通方向)	301:法学
302:法学(卫生法学方向)	401:护理学	402:药学	501:汉语言文学
601:自动化(铁道供电技术方向)	602:自动化(铁道通信信号方向)	810:安全工程	812:物流工程

考试时间安排	2015秋入学	2015春入学	2014秋入学	2014春入学	2013秋入学
2015年12月12日08:30-10:00	高等数学		微机原理与汇编语言		
2015年12月12日10:30-12:00	电路理论		算法分析与设计		
2015年12月12日13:30-15:00			数据结构		
2015年12月12日15:30-17:00		C++程序设计	数据库原理与技术		
2015年12月13日08:30-10:00		计算机组成原理	计算机网络		
2015年12月13日10:30-12:00		操作系统		面向对象程序设计	
2015年12月13日13:30-15:00		电子技术		数字通信原理	
2015年12月13日15:30-17:00		编译原理		软件工程	

图 2-7　集中考试时间安排表

序号	学习层次	专业	学习模块	使用对象	课程名称	考试类型
6	高起专	工商管理	2	2014年春正考及重考学生	公共关系学	A2(在线考试)
7	高起专	法学	3	2014年秋正考及重考学生	行政法与行政诉讼法	A2(在线考试)
8	高起专	工商管理	3	2014年秋正考	组织行为学	A2(在线考试)
9	高起专	公共课	3	2014年秋正考及重考学生	大学语文	A2(在线考试)
10	高起专	汉语言文学(专科)	3	2014年秋正考及重考学生	中国现当代文学作品选读	A2(离线完成,在线提交)
11	高起专	行政管理	3	2014年秋正考	秘书学	A2(离线完成,在线提交)

图 2-8　形成性考试时间安排表

3. 毕业阶段

毕业阶段指课程学分基本修满、专升本层次的学生开始着手毕业论文、专科学生开始着手毕业综合训练,一直到获得毕业证书的阶段。

这个阶段要做的事情是查看毕业工作通知、完成毕业综合实践、办理毕业手续。学生对这三件事的熟悉程度远不如课程学习阶段中的环节,加上这些事情基本上离不开网络,因此尤应重视。

查看毕业工作通知不仅是知道各工作环节的时间点,更重要的是掌握每件工作的具体要求,即要做什么事、如何做、怎样才算做完。毕业阶段的工作一环套着一环,是一个整体,所以也应该制定自己的时间表,要有通盘的、详细的、具体的计划。毕业综合实践指本科的毕业论文或毕业设计,这项工作我们专门在第6章中谈。毕业手续的重点是填写《毕业生登记表》,表格填报在网上完成,经校外"学习中心"审核后报学校,学校统一打印《毕业生登记表》并盖章后装入学生档案。以往有些学生的学分已经修满,毕业论文和答辩也已经通过,但是因为没有填写或没有按要求填写《毕业生登记表》,最终没能及时拿到毕业证书。

2.2.2 学习日程计划

1. 制定学习日程计划的必要性

我们专门说说学习计划问题。关于学习计划,有两个意思必须说清楚。

第一,计划的本质是一个工作安排表或路线图。因此,只有可预见的、可控制的工作才谈得上计划。计划就是在多个可行的方案中,经比较、衡量后取出一个相对而言最合理、最可行的方案。例如我们想去某个地方,就可以根据已有的条件(交通工具类型、运行时刻表、资金准备等)制定详细日程计划,我们无论如何也不会把航天器或轮滑鞋安排进来。如果明显存在不确定、不可控的事情,且无法制定计划的,不能叫计划。例如计划在某一年发掘出新种类的恐龙完整化石、计划在某一年发明由细胞构成的有机电脑等,只有科幻作家才能完成。广义的学习是既不可预见、也不可控制的,拿到某本书,进入某个学科领域,因为完全陌生,谁都不知道需要多少时间才能够读完弄懂,可能是一年,也可能要穷一生之精力。想要制定计划,是无稽之谈。

第二,学历教育是一种非常特殊的教育学习形式。这个特殊在于学习内容已经被组织成体系,学生要做的事情只是在理解的基础上把这个体系"复制"到大脑中,没有质疑的必要,也没有创新的要求。这是一种经过实践及统计分析后,规定的一种具有可预见性、可控制性的行为,就像第1章里说的,是在流水线输送带上加工零件。例如某门课程,虽然新学生没有学过,但已经有成千上万的老生学过,老生们的经历证明,这种安排(如教学大纲要求、学时数、考试难度等)是可以在限定的时间内完成的。由此看来,学历教育的学习是可以制定计划的。

我们制定学习计划的意图异常明确,就是必须控好且一定能控好时间。网络学历教育是一种以学生为中心的个别化自主学习模式,它依赖于学习者的学习主动性和自觉性,而主动也好、自觉也罢,最根本的体现是有效学习时间的注入——包括阅读教材的时间、看课件的时间、做作业题的时间、复习的时间。因此制定学习计划是很有必要的。

是不是没有学习计划就一定不能完成学历教育呢? 这因人而异。但我们依然提倡大家都制定一个学习日程计划,有一个计划监控与保证,对于有惰性者是悬镜自励,对自觉者是锦上添花,总之,是有百利而无一弊的事情。学习计划能使我们从容一些,学习起来也潇洒一些。

2.怎样制定学习日程计划

知道了为什么要制定学习日程计划，那么，如何制定这个计划就不再是问题了。学校制定的教学计划已经较清晰地部署了整个学习过程的进度，我们要做的只是把进度进一步细化。

教学计划将课程划分成"模块"，一个模块就是半年中的课程。每门课程都有"学分"数，每个模块的总学分数是不一样的，少的有 10 个左右学分，多的可能超过 20 个学分。一般来说，1 学分对应 16 学时，即要投入 16 个小时的学习时间。对于专升本的专业，注有星号的课程是学位课程，1 学分对应20 学时左右。这就是我们制定学习日程计划的依据。

图 2 - 9 所示的是专升本某专业第一模块教学计划，总共有 20 个学分的课程，其中某专业课 B 是学位课程，那么这个阶段要求的学时就是 $13 \times 16 + 7 \times 20 = 348$ 学时。

学习模块	课程序号	课程编号	课程名称	学分	考核方式
第一模块	1-1	A0001	思政类课一	1	形成性考核
	1-2	B0001	某专业基础课 A	3	考试
	1-3	C0001	某统考课	9	国家统考
	1-4	B0002	某专业课 B*	7	考试
	合　计			20	
	1-2	A0002	思政类课一	1	形成性考核

图 2 - 9　教学计划格式(局部)

如果我们用 5 个月即 150 天的时间完成学习，那么平均每天至少要花2.3 个小时，然后将时间分配到各门课程中，得到每门课应投入的时间；再看一下每门课程教材的总页数，最后可以决定每小时至少要阅读的页数，如表 2 - 1所示。这样，学习计划的轮廓已经大体出现。

表 2 - 1　学习时间及学习量预算表

	学分	学时	教材页数	平均每学时阅读页数	一天应读完的页数	读完全书所需天数
思政类课一	1	16	300	19	44	7
某专业基础课 A	3	48	400	8	18	22
某统考课	9	144	500	3.5	8	63
某专业课 B *	7	140	600	4.3	10	60
合计	20	348				152

如果星期日实在想休息一下，那么其余 6 天平均每天就要花 2.7 小时，多了 25 分钟。表 2-1 的数据尽管是假设，但与实际情况相差不会太远。五六百页的书已经是比较厚的书了。从这个表可以看到，只要平日里坚持，每天的读书量不会太大。

在表 2-1 的基础上，把任务分解到每一天中，如表 2-2。于是，一个学习日程计划就定出来了。因为学习计划主要是控制学习时间的，所以所谓计划就是时间安排。表 2-2 只是计划表的一种格式，我们还可以设计其他格式。

表 2-2　学习日程计划表示例

日期	课程 1	课程 2	课程 3	课程 4	完成情况
n 月 1 日	1.1~1.3	1.1~1.2			
n 月 2 日	1.4~1.5	1.3	1.1		
n 月 3 日	2.1~2.2	1.4	1.2~1.3		
⋮					
m 月 i 日			7.2~7.4	第 1 章	
m 月 i+1 日	复习第 1 章			2.1~2.4	
⋮					

安排计划前应先了解该学习阶段的考试时间，学习应在考前 10 天左右结束。安排计划还要有弹性，因为我们完全是按所有课程难度相等的假设进行安排的，实际上有的课程易学一些，就像看文件，读一页还不用三分钟，而有的课程则比较艰涩，需要逐行逐句地揣度理解，有的课程还有一定的计算、绘图或上机训练。在学习过程中，时间利用的不确定性依然是存在的。我们必须为计划实施中可能发生的变化留出调整余地来，方法就是尽量把时间往前赶。

前面所说的，是按两年半完成学习来举例的。如果时间比较紧张，可以在 3~5 年的时间长度中安排。

3. 学习日程计划的价值在于实施

制定一个学习日程计划并不难，只一个简单的四则计算和按日分配，制定一个好的学习日程计划也不会很难，只是需要算好分好。难的是落实，最难的是将计划坚持落实到最后。

我们见到过不少高中生在准备高考时买了一大堆资料回来，咬牙发誓要把题目全部做完，但到高考前基本上是每本书只翻过头几页。我们也见过许多大学生放寒暑假回家的行囊中塞了一摞教科书，大有度一个不休之假的雄心，而等到了假期结束返校时，那堆书竟一页都没动过。这是为什么呢？有很多原因，也似乎都说得过去。但有一个最简单、最根本，也最说不过去的理由：那计划是自己定的，做不做都无所谓。

　　一切计划，包括网络教育学习日程计划，只要不实施，就毫无价值可言。要实施一个计划，最关键是要有切身感和紧迫感，要真真切切地有"不实施就会错过"的惊慌。"劝君莫惜金缕衣，劝君惜取少年时。花开堪折直须折，莫待无花空折枝。"你读这首《金缕衣》是一种什么感受？如果你觉得这不过是劝人及时行乐，少年过后就只有空枝可折，那么就不用费时间去制定什么学习计划了，因为少年早已留在身后难见之处，已是不可再及的天边毫光，所谓计划只是自欺欺人；如果你觉得这是提醒人们要把握好稍纵即逝的机会，机会是可遇而不可求的缘分，时不我待，那么你就应当有一个学习计划，计划会使你拾到一个满手花香的少年时代。

　　大凡可有可无的东西，最终都不会有，即便有了也会失去，学习计划也一样。一个最终不能落实的计划，规划得再好也不如没有。你的学习计划会是这样的吗？

2.3　网络教育学习方法建议

　　如果在 10 年前，对"在网络上应该如何学习"这个话题确实有很多话可以说，主要是说如何上网、如何输入汉字、如何使用搜索引擎、如何发送电子邮件等等。到了今天，这些话中的许多已成为多余。十多年前我们十分强调网络教育学习者须具备计算机和网络应用能力，今天如果还说这样的话就显得很外星、很唐宋。然而这是事实：十多年前，能上网的地方主要是高校、企业单位办公室，还有就是街边的网吧。当年有的学生就是去网吧浏览学校课件的。现在，还要通过网吧才能上网的情况只在极偏远的地方才有，而常看到的是忙得不亦乐乎的网购送货员。统计表明，截至 2014 年底，我国网络购物用户规模达到 3.61 亿，其中手机网上购物用户约 2.36 亿。网络使用普及到这样的程度：许多软件不用说明，一看就知，一试就会，一用就熟。网络教育也一样，学习平台的设计开发已经做到最大限度方便学生。本书后几章中依然有一些关于界面使用的介绍，这主要是考虑到部分地区的学生有这方面需求。但这些都是学习平台使用方法，而不是学习方法。

　　学习真的像缝纫、烹饪、酿造那样有既定的方法吗？答案是显然的：没有。为什么没有？因为学习方法是指"通过学习实践，总结出的快速掌握知识的方法"，但什么叫"快速掌握"，特别是什么叫"掌握"，又是无法定义标准的。在学历教育中，最通用的标准就是考试成绩：能花较少学习时间获得较高考试成绩的，就是学习方法好。那么，我们就来简单梳理一遍在网络上的学习方法。这些方法尽管有针对考试的嫌疑，但好在不仅仅只针对考试。

　　网络上的学习方法，归纳起来有以下六个方面是值得强调的。

1. 教材与课件

　　首先是对教材、课件都要过一遍目。感兴趣的自然会精读，还可以找来大量资料辅读，不太感兴趣或者根本没兴趣的，也要泛读。泛读是相对于精读而言的，即阅读可以粗略一些，但绝不是一目十行那种心不在焉的高速"扫描"。泛读也要读完整本书，只是其中一些地方可以"不求甚解"，待再次遭遇时才来细究。就如读小说，精读时能体验作者的情绪，品味作者的文采，跟随故事进入每个人物的内心世界，像是欣赏了一出大戏，而泛读者只知道故事的大体情节，好比只看了剧情简介，知道个大概。如果连泛读过程都没有，就完全摸不着头脑了。

　　读书看课件中我们会发现自己记不住很多内容，就说这本书，才读到这里，或许第1章中的不少内容已经记不起来了。不要着急，随着年龄增长，记忆力减退是很正常的现象。记忆的生理基础是大脑皮层细胞发生变化并固定下来。简单地举个例，我们看到一个公式或听到一个术语后，这个公式或术语被转换成信号刺激视觉神经或听觉神经，神经就产生生物电。生物电在人的大脑皮层不断地反响振荡，最后停止。这个振荡的结果有两种可能：一种是很快就消退平息，好像什么都没发生过，另一种是促成大脑皮层某些细胞的形态、结构等发生变化。如果是第一种结果，那么当生物电停止振荡后，这个公式或名字就忘得干干净净，再拍红脑门、绞尽脑汁也无法找回，这就是短时记忆；如果是第二种结果，你就记住了这个公式或名字，想忘都忘不了，于是成为长时记忆。一个事物能否被长久记忆，取决于：(1)其引起的生物电的强度，要强到能够改变脑细胞的形态。(2)大脑皮层细胞具有必要的可塑性，能够发生一定的变化。神经受刺激后产生的电流有多强、脑细胞能有多大程度的变化，都不是我们的主观意志所能完全操纵的，也不是吃几个核桃、吞几口菠菜或者到某处做个头部按摩就能解决的。

　　随着年龄增加，人会变得稳重和淡泊。"不该"的是，神经细胞也跟着稳重且淡泊了，同量的刺激下激发的生物电再也不如年轻人那么强大。此外，大脑皮层细胞的"脾气"和人一样也在逐年变得执拗,变得难以改造。这两个因素都使得记忆力远不如以往。这是自然规律,我们不必沮丧。我们可以扬长避短,"短"固然是指记忆力,而"长"是指理解力。理解力是记忆的综合作用,既有的记忆越多,经验就越丰富,理解力就越强。理解力有助于记忆,凡是理解了的东西,就能记得迅速、准确、全面而牢固。有个叫艾宾浩斯的德国心理学家做过实验,如果要记住 12 个无意义的音节,平均需要重复16.5 次;记住 36 个无意义的音节,平均需重复 54 次;而记住 6 首诗中的480 个音节,平均只需要重复 8 次。所以,我们不要太低估了自己的记忆能力。

如果对自己的记忆能力实在没有信心,不妨对新知识组织"标签型"的记忆。因为我们有大量的既有记忆,可以把它们动员组织起来,记住记忆对象的基本要素,即标签。例如"十年生死"这首词背不下来,这没关系。只记住"宋词""苏轼""悼亡""生死",基本上就可以了,这些词在我们头脑中是现存的。若因某种原因要看全词,就掏出手机上网,输入"十年生死"点击搜索,立马看到"两茫茫,不思量",由于需求产生的生物电的强度大于平常,这次搜索所读到的,真可谓是"自难忘"了。当然,我们可以主动一些,不断地训练记忆,坚持有意识地去记背一些东西,不怕遗忘,忘了又背,再忘再背,对于保持大脑的记忆功能是极有好处的。

记忆力再差,读过书也会留下浅浅的记忆;记忆再浅,也和没读过书的情况完全不一样。又不读教材又不看课件,没有对象的学习是不可能发生的,记忆就根本无从谈起了。

2. 作业

做作业的目的是检验理解、巩固掌握、尝试运用,这在前文已经说过,所以大家在读书后要做一遍作业,而且要及时做。

我们是否理解了书本的内容,可以通过作业进行核查。例如学习《现代汉语》的句子成分,读书并不难,无非是主谓宾定状补,但拿到一个句子进行成分分析时,就往往没有那么简单。又如学习《工程力学》的约束条件,也只有简单接触约束、铰链约束、固定端约束、柔体约束几类,但面对一个具体结构时,又常常会把约束反力漏画错画,以致整个计算错误。作业能通过具体应用的方式发现并纠正我们理解中有偏差或不完整的地方。

做作业还有巩固记忆,尽量减少遗忘、延缓遗忘的作用。从生理学角度说,就是再次强化大脑皮层细胞的变化。还是那位艾宾浩斯,通过记忆无意义音节的实验总结出遗忘的规律(表 2-3)。他发现,遗忘从记忆后就立刻开始了，而且一开始的时候忘得又多又快，20 分钟后就忘了 40%，1 天后就只记得 1/3 了。但随着时间推进，遗忘的速度减慢，剩下的 1/5 不会忘了。

表 2－3　艾宾浩斯实验的遗忘速度

时间间隔	0 分钟	20 分钟	1 小时	8 小时	1 天	2 天	6 天	30 天
记忆量	100%	58.2%	44.2%	35.8%	33.7%	27.8 %	25.4%	21.1%

　　根据这个规律画出的曲线称为"艾宾浩斯遗忘曲线"，如图 2－10 中的 A 线，a 是遗忘后的剩余记忆。如果及时复习，只要花很少的时间就能将遗忘曲线抬升。图 2－10 中的 B 线是复习一次后的遗忘曲线，b 是遗忘后的剩余记忆。C 线则是多次复习后的遗忘曲线，显然，其剩余记忆 c 是 a 的几倍。有一个实验，让甲乙两组学生学习同一篇课文，甲

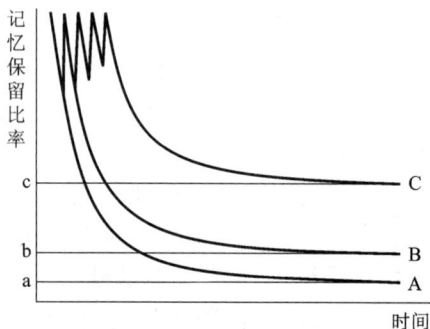

图 2－10　艾宾浩斯遗忘曲线

组学生学习后不复习，乙组学生则按记忆规律复习。一天后测试，甲组学生的记忆率为 36%，乙组为 98%；一周后，甲组学生的记忆率只剩下 13%，而乙组能保持在 86%。这就从实验角度证明了及时完成作业和复习的重要性。

　　至于作业要作为平时成绩记入课程考核总成绩的作用，此处就不再赘述了。

　　3. 工作经验

　　我们应尽量将学习与工作、研究中的经验和问题联系起来，这样才有意义，也是我们较职前大学生明显具有的学习优势。看到血管病变、循环障碍、足部溃疡等知识介绍，护理学专业的学生立即会联想到病房里的糖尿病足患者；看到《刑法学》关于某罪名的说明，法学专业的学生就会想：最高人民法院对此最近是否有新的司法解释，手边有没有正在处理的类似案件；学习《C＋＋程序设计语言》时，计算机专业的学生总会结合自己正在开发或将要开发的某个系统来思考，是否有适用的函数、能否有更简易的算法。"为用而学"，这样的学习境界好像不够高，但学历教育，特别是侧重于学习实用技能和方法的专业，就是为用而教、为用而学的。

我们万不可只为考试而学习。对于考试，如果不是有特殊需要或特别感兴趣，那么成绩只要略高于及格线或学位条例规定的最低分数就行。考试分数对于职前的大学生来说，是争取奖学金的必要条件，在求职时也很起作用，考试成绩可以间接证明学生的智商和潜在能力。至于高考，分数更是神圣至上，大有失之毫厘、差之千里，失手一刻、遗恨终生的效果。但对从业人员的继续教育来说，就没有这些关乎生死的敏感作用。我们的考试成绩记载在学籍表上订入人事档案以后，一辈子也难得有人去翻查几次。有些大学校长在毕业典礼上告诫毕业生要"忘掉你们的考试成绩，一切从头开始"，说的就是这个道理。对从业人员来说，要紧的是为人的成绩和工作的成绩，对于这两个成绩，哪怕 0.5 分都要争取。我们与其去争那些日后谁也不知道、谁也不关心、自己又没有道理整天挂在嘴边的数字，不如把力气放在实实在在的经验总结和能力提升上来。

对于毕业论文，建议学生尽可能联系本职工作来选题。这样可以尽显我们的优势，既解决实际工作问题又得到综合训练，好的毕业论文略事修改还能上杂志发表，一举多得，何乐而不为。很多学生确实就是这么做的，每届毕业生中，我们都能看到不少很有特点、很有见地、很有应用价值的论文，在校的大学生大多写不出这样的论文来。

4. 存疑及设问

两千多年前，孟子就提醒读书人，"尽信书，则不如无书"。存疑、设问是提高读书质量的有效途径之一。疑有两种，一种是自己对书中所述的理解不到位或有所偏差，另一种是书上所言确实有舛谬或确实只是一家之言。

对于前者，提问可以站在一个类似于旁观者的客观位置检查自己的学习，通过再学习修正偏差。再学习有多种形式，如看参考书、做作业、实践等等。例如对电路、力学、金属学等学科概念的掌握，有条件的学生可以到实验室动动手；对建筑、机械、车辆等方面知识的了解，可以通过到现场对实物进行考察；对古代文学的理解，不妨尝试按格律写一首诗或填一阕词。

对于后者，提问可以得到新的发现，对物质、精神、历史等的认识有独到的见解。例如对于《论语》中的一句话"民可使由之不可使知之"，我们历来解释为"民可使由之，不可使知之"，意思是"只能让老百姓按照我们的意志去做，不能让他们懂得为什么要这样做"，因此被视为是孔子鼓吹"愚民"思想的典型言论。然而我们知道，孔子是提倡"有教无类"即教育不因人的身份不同而有所差异的，他还说过，"自行束脩以上，吾未尝无诲焉"，意思是只要认可我为老师的，我从没有拒绝过提供教育。这与"愚民"不是很矛盾吗？为此，我们不妨将这句话重新标点一次：民可，使由之；不可，使知之。意思成为"老百姓能做好的事，就应放手让他们去做；不能做好的事，要让他们知道不能做好的原因"。还可以如此断句：民可使，由之不可，使知之。意思是"即便是老百姓能做好的事，也不能让他们自发随意地去做，还是要进行教育指导"。古文没有标点符号，对于后两种断句方式，由于传统的原因，大多数人是不认可的。但我们不能因为大多数人不认可就放弃提问。须知在哥白尼时代，距今还不到五百年，地球上依然没有几个人接受日心说，因为大家都觉得，明明是太阳东升西落，而我们稳稳地在大地上，怎么可能是太阳不动而我们在转呢？

　　有些事情看上去很合理其实是错的，有的事情看上去很荒诞却是事实。从寒武纪沉积岩中出土的有一种形状怪异的动物，身体上下都长着刺状器官，人们叫它"怪诞虫"，并且画出了复原图。从后来又出土的完整化石才知道，那张广为认可的复原图竟然把背脊和肚皮搞反了，图2－11是颠倒回来后的怪诞虫图像。稍晚时代还有一种几乎像是外星来的动物叫"欧巴宾海蝎"，它长有五只眼睛和一条大象鼻子，它的复原图(图2－12)第一次在国际古生物科学大会上展示时，曾引起全场哄堂大笑，试想，长五只眼睛有必要吗？然而，化石确凿地说，它就是长了五只眼睛。

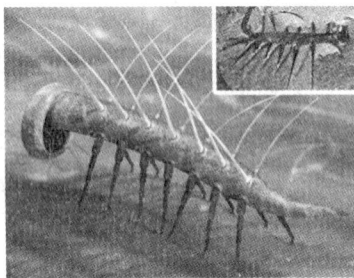

图2－11　怪诞虫化石及复原图　　　图2－12　欧巴宾海蝎化石及复原图

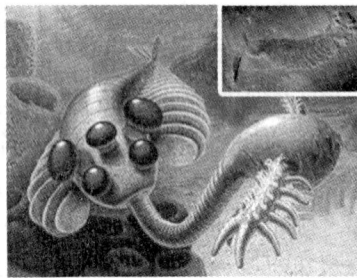

　　善于提问的人总比别人多了许多发现的机会，在我们的学习中也是一样。我们学习中遇到的问题要及时到网上提交，除了可以开展讨论外，也是建立师生关系的最主要途径，而且往往是唯一的途径。网络教育学生中，有机会回到母校校园的是极少数，回到校园又见到了任课教师的就更少，即便见了面也难有深入的交谈，老师与你尽管很客气，但毕竟很陌生。这是网络教育回避不了也解决不了的现实问题。我们提交的问题要有一定的质量，老

师喜欢和有思想的学生交往，会记住并且很希望能有机会和这样的学生见面。

能提出问题的人是最聪明的人，哪怕有些问题看上去很傻。例如"把磁铁粉碎后再做成一个球，那么这个球的南极在哪里？北极在哪里？""'差点没摔一跤'的意思究竟是摔跤了还是没摔跤？"——傻傻地琢磨一些傻问题，是很快乐的时光。

5. 动笔

在学习中勤动笔、勤记录是很重要的。手参与学习，从意识角度看，增加了一种器官的刺激，有益于多维度接触知识。从学习过程看，有益于形成思考的系统。总之，是提高了学习的效率。读书时有一支笔在手，最难得的是可以留下思考的痕迹和一闪而过的感悟，把这些突发突逝的思想片断留在书眉上，积攒起来就是一篇大文章。就像画家，平时衣袋里总揣着一个速写本，见到有特点的人、动物、风景就立即勾下草图，成为日后作品的素材。这在电脑上是无论如何做不到的。

从计算机普及和办公基本无纸化以后，人们用笔的时间大为减少，就连写个借条收条都想着用 word。以往人们有随身带着笔的习惯，据称身上带的笔越多就越有学问，而现在，能在身边立即拿来能写出字的，恐怕只有女士的唇膏了。其结果从表面看，是书法水平极度下降，如今能用笔写出像样文字的人已经不多，一

图 2-13　《四库全书》局部

些官职或学历颇高者，还有一些大腕或公众人物，其笔迹如同初小学生。图 2-13 是《四库全书》局部，当年抄写《四库全书》的多是乡试落第者，相当于今天没能通过公务员考试的人。相比之下，自然惭愧。不动笔，会让人离开电脑后，许多常用字就写不出来，即使用电脑也常有错别字。若从本质看，是思维的钝化和记忆的退化。书写不是简单地在纸上留下墨迹，它还留下了思考的路线。书写时的思考与击键时的思考是不一样的，前者是一串串连贯句子的思维，而后者只注意每个字的编码、翻页、选字，思维被离散为一个一个的单字。许多人不能盲打，时间都花在了满键盘地寻找某一个键上。尤其是南方人，普通话还不太准，声母中的 z、c、s 和 zh、ch、sh，韵母

中的 ong 和 eng、in 和 ing，往往是搅成一锅粥。遇到冷僻字、异体字，更是手忙脚乱，非常分心。我们不是呼吁倒退，只是提醒一下，现代的东西还未达到可以完全取代传统的水平，该提起笔的时候就不要望着键盘发呆。

6. 克服拖拉症

拖拉症是一种心理性疾病，患有拖拉症的人总是把事情拖到最后一刻才去匆忙完成。造成拖拉症的原因主要有两种：一种是过于自信，认为自己有能力在较短时间里完成别人要较长时间才能完成的任务，称为"激进型拖拉症"；另一种是缺乏自信，担心自己会做不好，故而总是拖着，直到没法再拖了才仓促动手，称为"逃避型拖拉症"。研究人员认为，不论哪种类型的拖拉症，患者根本缺乏的是自制力，而且总是把拖拉的责任推到环境、身边的人等并非存在的非主观原因上。

国外有研究发现，超过70%的大学生有经常性的学业拖延行为。中国国内有人使用拖延评估量表对七所高校的大学生进行了调查，结果显示有42%的大学生存在不同程度的学习拖延现象，在完成作业和考前复习方面的拖延现象尤为严重。研究还发现，学业拖拉症和学生的智力、性格类型之间并没有必然的联系。也就是说，拖拉症患者不一定是智力较低者，有些很聪明的学生也会拖拉；拖拉症患者也不一定是性格内向者，有些很活泼开朗的学生也很拖拉。

学业拖拉症的病理影响从表面看是学习被动、学习效果差，从深层次看，学业拖拉症会增加学生的焦虑情绪并降低其自尊心，容易颓废和自我贬低，最终会变成厌学甚至逃学，这种情绪还会带到生活的各个方面。拖拉症患者还要付出健康的代价。有证据证明，拖拉者的免疫系统会受损，他们较易罹患感冒、发烧和肠胃疾病，同时，拖拉症患者还常伴有失眠症，即便入睡，睡眠质量也不高。而且，拖拉症不仅对患者自己有害，也会殃及他人。拖拉者习惯把责任推在别人身上，抱怨是别人影响了他、耽误了他，让别人莫名火起、怒气冲天，由此而损害工作团队氛围和社会人际关系。

我们有没有拖拉症？这完全可以自己诊断：只要看看你是不是总等到考试前个把月才开始翻书、才来补作业就行。如果你认为自己确有这种倾向，就应高度警惕。拖拉症严重者有大脑前额叶皮层发生病变的因素，但绝大多数人是心理疾病，不需也没有药物治疗。我们在前面已经分析了原因，所以只要自觉克服，就能恢复健康的心理。在具体做法上，可以把较大的任务分割为比较容易完成的细块，降低任务的难度和重度，每天尽量多完成一些任务，每天都有成就感，也就是制定学习日程计划并有效执行。把半年"发作"

一次的拖拉分散为每月"发作"一次，再分散为每周"发作"一次，等到每天都"发作"的时候，拖拉症自然就痊愈了。

2.4　网络教育学习质量

在本节，我们谈谈如何评价网络教育学习质量以及如何提高网络教育学习质量的问题。把这两个问题放在这一章讨论，是因为这些问题将直接影响我们的学习，所以应归为网络教育学习一开始就应该重视的问题。

2.4.1　网络教育学习质量标准

我们说要不断提高网络教育学习的质量，就应明确什么是网络教育学习的质量，首先要弄清什么是质量。

对于学习质量，有两种标准。一种是学习过程中的学习者的学业进步程度，这是由学校来评价的，我们称其为学校质量；一种是学习结束后学习者对事业更高要求的适应程度，这是由社会来评价的，我们称其为社会质量。好比一件产品，其质量究竟如何，要过出厂检验和用户意见两道关。

学校质量包括全面素质(包括思想道德、思考分析问题能力、外语水平、体质体能、艺术审美、团队精神等)、专业水平(包括专业知识、操作技能等)、创新能力、毕业就业等，其中专业水平的权重较高。专业水平通过考核的办法来检验，我们一般认为，对于同一份试卷，考分高的学生的学习质量高于考分低的学生。这个方法虽然不尽合理，但也不完全荒谬。我们不能说考了85分的学生的学习质量一定高于只考了65分的学生，但可以说一定高于只考了45分的学生。同时我们也可以确认，考试需要作弊才能通过的学生是没有学习质量的。

社会质量不采用考试的形式来评定，而是通过衡量一个人完成工作任务的优劣程度来评定。例如有学习医学的甲乙二人，经过同样的培训学习后，对同样的病患，如果甲能治愈而乙不能，那么甲的学习质量就高于乙；如果都能治愈但甲只用了3天而乙要用6天，那么甲的学习质量仍然高于乙；如果都能3天治愈但甲要求的费用低于乙，那么甲的学习质量还是高于乙；如果治愈的时间和费用都一样，但甲因态度近人而更受患者欢迎，那么甲的学习质量更是高于乙。各行各业都有自己的社会质量标准，社会质量是多维的、可实践的、由公众评判的。

对于网络教育学习而言，也是上述两重标准。和校园教育相比，网络教育的学校质量有更高的自觉性、积极性和学习能力与学习技巧的要求,在社会质量方面,两者是完全一样的,没有差别。

2.4.2　对网络教育学习质量的评价

网络教育毕业生的文凭经电子注册后在国家网站备案,国家是认可网络学历教育的。这个文凭具有与其他学习形式的文凭相同的功用,也说明它的质量得到了认可。但同时有一个事实,目前社会对于网络学历教育质量的总体评价并不是很高。对网络教育产生质量疑问的原因是多方面的。

首先,网络教育的形式还不能为多数人认可。回看图2-4关于网络教育的基本学习流程,我们可以看到,网络教育就是在普通高等教育的标准学习过程中加了"登录"、"网"、"浏览"、"统考"等词。但这些词不是文学修饰词,不是可以随便添加的。这些词是关键词,它们的添入就是在学生和学校之间添了一堵高墙,添了一条深沟,保证学习质量的通道需要重新建立,这无疑是对传统的挑战,面对这种新生而稚弱的力量对成熟而强大的力量的挑战,人们还不太适应。

其次,网络教育因其组织特点需要校外合作伙伴协助,于是一些无良单位或个人乘机进行虚假宣传,甚至冒充主办学校打出极不负责任的招生广告,如只要交费就能"包过"(图2-14)、就能"轻轻松松"拿文凭(图2-15)等。这类广告,在网上、在街头都不少见,主办高校对它们没有还手之力,眼睁睁看着网络教育的形象被严重歪曲。在这种时候,一些媒体和舆论还推波助澜地把罪安在网络教育头上,好比是指着一个被毁容者对别人说:"你们看看这个人,长得那么丑还不知道打扮一下。"此中固然有忧国忧民者,但也不乏幸灾乐祸者。

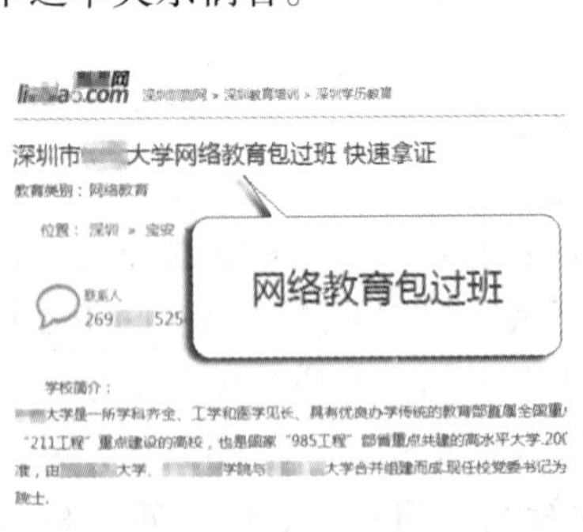

图2-14　某网站的"网教包过班"广告

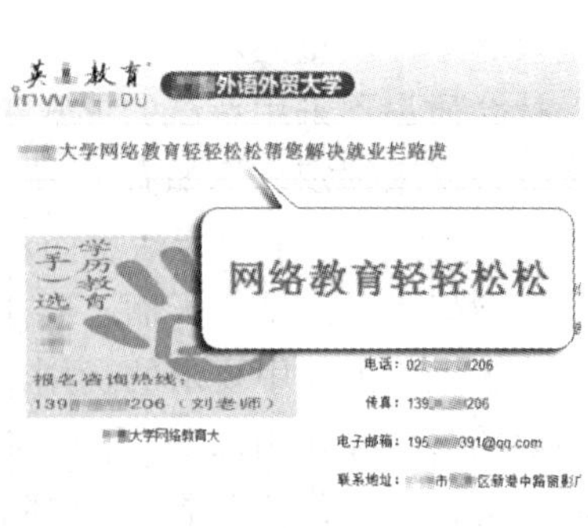

图2-15　某网站的"轻松网教"广告

再次，一些网络教育主办学校投入的师资力量、教学服务跟不上，很多工作只能依靠电脑软件处理，因此对学生缺乏有针对性的、因材施教的指导，个性化的教学服务不到位，自然也影响了教学质量。

最后，网络教育学生中确实存在学习精力和时间均投入不足的问题，这个问题很容易被看出来。而毕业文凭的"含金量"是和学习的精力与时间的投入量成正比的，学习尤其是学历教育，就是炼金。山上有一座寺院，人们都踩着石级上山来拜佛。石级很不服气，它对佛像抱怨说："其实我们是来自同一处的石头，为什么你能坐在大殿里享用香火，而我却要在风吹雨淋中被人踩踏？"佛像说："把你做成石方，你被凿了多少下？把我做成佛像，我被凿了多少下？"我们是成为石阶还是成为石像，要看雕凿的功夫，也就是常说的工夫出质量。在神龛上放一块砖却硬说是菩萨像，怎么会不招来议论！

可见网络学历教育被诟病也不是无风起浪，我们还需清醒认识，认真对待。

2.4.3　提高网络教育学习质量

提高网络教育学习质量需要学校和学生双方的合作努力。学校的工作是努力搞好学习资源建设，努力为学生的学习提供导学、答疑等服务。学生则应真实投入学习，努力追求学习效果。

1. 真实投入学习

真实投入学习是提高网络教育学习质量的根本。就像石头变成石像一样，一定要真真切切地挨凿。对这个问题，在前面已经说得很多，也介绍了许多学习方法，最要紧的是要做到。社会对网络教育质量的质疑就是从对网络教育是否能真实学习有所疑问开始的，因此只能用真实学习的行为来回答这个质疑，这是唯一的答案，是单项选择题。

与真实学习对应的是虚假学习。所谓虚假学习，指学生没有经历过学习过程而得到学习效果评价。考试舞弊、请人替考、毕业论文抄袭等等，都是虚假学习的典型行为。学习一假，万事皆假，学习虚假将导致人格虚伪和人生虚妄。我们都是成人，早已心比镜明，学习的虚假不可能骗得了别人，又何必用来欺骗自己。不论有多大的困难，不论有多么的不愿意，学习必须真实，这是修养的底线。从高处说，这不止是生存的技能、生活的态度，更是对人生的理解、对人生的享受。

2. 努力追求学习效果

努力追求学习效果是提高网络教育学习质量的关键。如果学习没有效果，学完后跟没学差不多，那么学习就是不成功的。

　　从浅层次来说，学生的学习效果取决于两个因素：一是要有明确的目的，二是要有良好的过程。拿到一块璞玉，想把它雕成一件艺术品，首先要想好雕成什么，是蟋蟀葫芦？是渔翁钓雪？还是长亭望江？总之要定下来，草图也要画好，不能雕到一半改变主意。然后要有精湛的雕功，雕刻过程中可以根据石纹的变化对草图设计做一些调整。最终，一件作品像模像样。学习也一样，学习一门课，要解决什么问题，心中要有数。如果没有很具体的待解决的问题，那就先看一遍教学大纲，知道将会学到的内容的大概。然后进入学习过程，就是前面强调的真实投入学习。高质量的学习效果可以证明高质量的学习全过程，也间接证明了网络教育学习的质量高低。从深层次来说，学习效果取决于学生的学习兴趣。

　　从下章开始，我们将详细介绍网络教育学习的各个环节。

第 3 章　网络教育学习过程

你已经通过了中南大学网络教育招生报名考试并被录取，已经到你所在的校外学习中心办理了注册等相关的入学手续，而且已经得到了一个学校分配给的学号。你最好记住自己的学号，因为它会不断地出现在你的网络学习过程中。学号有 14 位数字，分 6 段表示各类信息，其构成法见图 3 - 1。第一段是入学年份，由年份的后两位数字组成，例如 2013 年就表示为"13"，其余的可以类推；第二段是入学的季次，"0"表示春季入学，"1"表示秋季入学；第三段表示学习层次，"1"是专科，"3"是本科；后面三段依次表示所学专业、所在校外学习中心以及注册顺序。例如学号 14131010102185 就表示这位学生是 2014 年秋季入学的土木工程专业本科学生，在湖南株洲校外学习中心学习，注册顺序为 185。

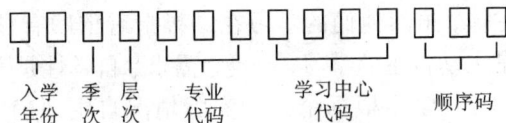

　　入学　　季　层　　专业　　　　学习中心　　　　顺序码
　　年份　　次　次　　代码　　　　　代码

图 3 - 1　学号构成方法

本章将介绍如何使用网络平台完成在线学习，以及如何参加考试等问题。

3.1　网络教育日常学习

在传统课堂学习的教师、学生、教学内容（即教材和黑板）和学习环境（即教室和实验室）这四大主要因素中，教师的意志和行动在课堂文化生活中是主要的制约因素，学生则常常被置于课程内容的被动接受者地位。在以往的流行说法中，教师是园丁，学生是种在苗圃里待修剪的花木；教师是灵魂的工程师，学生则是夹在机床上待加工的毛坯灵魂。这些比喻都有点失当，但事实上还真是这样在做：教室是苗圃，粉笔就是修枝剪叶的工具；课桌是机床，教材就是加工灵魂的图纸。教学内容通常以教科书、讲解、板书等方式呈现，教学形式如要多样化一点，可以在课堂上使用挂图、模型、录音机，或者做一些演示性的实验，以前有教学电影，如今还可以使用投影仪、语音设备、多媒体课件，等等。学习环境是教师与学生面对面的，师生之间随时可以沟通，教师还可以在讲课中通过观察学生的反应或即时提问等方式吸引学生的注意力，调整讲授方式和速度，甚至可以把个别学生留下来辅导补课。

在网络学习中，教师、学生、教学内容和学习环境这四个因素依然存在，但其作用、呈现方式都已经完全不同。网络环境下，教师在空间狭小而灯光异常明亮的摄录室里对着摄录机讲课，他只能把对面的摄录机假想成有灵魂的学生来调动讲授激情，把那堵吸音的墙当做苗圃去履行虚拟的修剪使命。所以，我们在屏幕上看到的教师往往显得严肃谨慎，不会像在教室里那样时不时穿插一些幽默来烘托课堂气氛，用随机的睿智激发学生的共鸣。教师和学生之间没有面对面的机会，即便好不容易得到视频对话的机会，相互之间面对的仍然是屏幕图像，只要对方说话时没有看着摄像头，这边就觉得他是在和别人说话，这种有点"接不上头"的感觉总是有点怪。网络学习中，学生成了真正的学习主体，虽然他们的学习在结果上看依旧有被动接受的印迹，但在过程中完全是主动自主的学习，兴趣、需求、自觉性是学有所得的保证。在自主学习的过程中，学生根据个人的实际情况自主地确定和调整学习计划，自主地选择学习资源并自主地调控、评价学习过程。除了听课，在其余的环节中他就是自己的教师。这些，我们在第 1 章中已经有比较详细的讨论。

因此，网络学习需要有一个能在网络环境下自主学习的平台，该平台应具有开放性(用户可以随时随地登录平台)、共享性(平台的资源可以被多个用户、多种终端调用)、互动性(师生之间、学生之间可以在平台上交互，学生与课件之间也可以进行交互)的特点。在这个学习资源丰富、针对性强的平台上，学生能够有目标地、积极主动地、有选择地学习。显然，这个平台并不是一个简单的、机械的电子化课堂，而是一个复杂的、具有一定智能的电子化校园。学生应当体会到，在电脑的另一端，有许多人正关心着他的学习。即便关掉电脑，这种体会也没有改变。

中南大学网络教育力图为学生提供这样的一个平台。进入这个平台，学生就能感受到中南大学的育人环境和治学氛围，通过使用这个平台，学生能够完成课程学习、自我评测、交流互动，等等。网络教育课程学习登录流程是：学生进入中南大学网络教育网站首页，登录"学生学习平台"，验证身份后选择课程便开始学习，如图3-2所示。

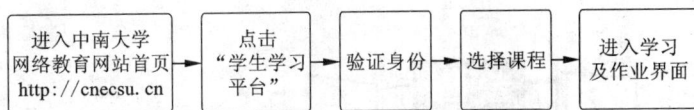

图3-2　网络教育课程学习登录流程

3.1.1　注册学习平台

中南大学网络教育学生必须先注册自己在学习平台的账号，才能进行网上学习及获取网络学习支持服务。学生学习平台身份认证系统包括新用户注册、用户登录及找回密码三大功能。

1. 新用户注册

所有获取中南大学网络教育学籍的学生，为了正常进行网上学习及获取学习支持服务，必须根据学院分配的学号及报考时填报的个人信息，到学习平台注册自己的用户名及密码，即新用户注册。

新用户注册的步骤如下：

①进入如图3-3所示的学院网站首页后，点击页面左上角的"学生注册"链接，或是点击学院网站主页右上方导航栏目中的"在籍学生"链接，可进入如图3-4所示的在籍生用户登录中心。点击"立即注册"按钮之后，学生将看到如图3-5所示的"确认服务条款"页面。

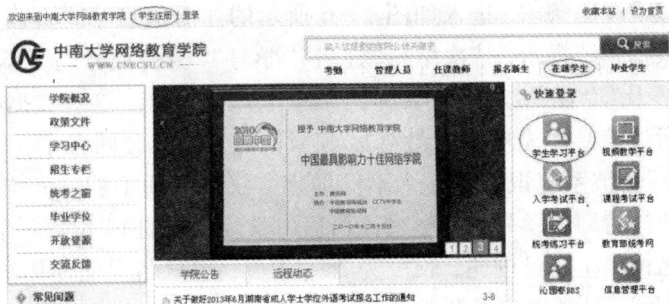

图3-3　学生注册及登录入口

图 3 - 4　用户登录中心

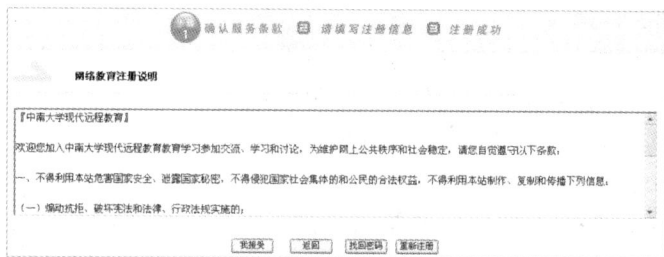

图 3 - 5　确认服务条款页面

②仔细阅读网络教育注册说明,在"确认服务条款"页面点击"我接受"按钮表示接受注册条款,进入如图 3 - 6 所示的注册信息填写页面。学生在该页面中根据系统提示,依次填写"姓名""学号""身份证号码""入学时间""学习层次"及"专业",后三项在弹出菜单上点选即可。这些数据必须与报名录取时所填信息完全一致。姓名区分繁简体,也区分同音字,例如"肖""萧"和"蕭"会被系统识别为三个不同的字。汉字之间不能输入空格,两个字的姓名要连着写。学号填写学籍注册后由学院分配的 14 位数字学号。

用户名由学生自己创建,长度为 3～12 位,用户名只能使用英文字母、数字或下划线,且需以字母开头组合,不能包含中文及其他特殊符号,也不能使用已经被其他人注册过的用户名。输入用户名后点击"检查账号"按钮检查用户名是否有效。"密码"必须为大于或等于 6 位的英文字母或数字的组合。"密码问题""密码答案""E-mail 地址"等信息能够在你遗失密码后帮助你找回密码。最后,须确保所有带红色"＊"标注的选项内容都不为空,点击"确定"按钮完成注册。

图 3 – 6 注册信息填写页面

请注意一定要使用注册用户名的"检测账号"功能。学生学习平台和 BBS 论坛都要注册用户名,在此处注册的用户名可以同时使用于两处,这对于我们使用这两个平台是很大的方便。输入"注册用户名"后,点击"检测账号"按钮,如果用户名有效,系统提示为"在学习平台中合符要求、在 BBS 中合符要求",如图 3 – 7 所示,否则会提示"在学习平台或 BBS 中已有人注册"等信息。如果出现图 3 – 8 所示提示,注册也能成功,但注册后的用户名只能在学习平台中使用,在 BBS 论坛中则需要注册另外一个用户名,为了便于用户统一管理,建议不采用此方式。

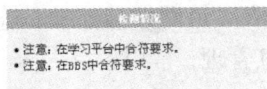

图 3 – 7 推荐的用户名检测结果

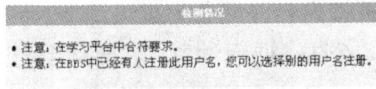

图 3 – 8 有问题的用户名检测结果

2.登录

访问学院网站首页后,点击首页"在籍学生"链接或"学生学习平台"按钮(图3-3),进入在籍学生用户登录中心(图3-4),在登录页面输入注册的用户名和密码后,登录学生学习平台,即可开始正式的学习之旅。

3.找回密码

学生忘记密码时,可进入在籍学生用户登录中心,点击密码框后面的"忘记密码"链接,根据系统提示输入学号及注册时输入的"密码问题""密码答案"及"E-mail 地址"信息可以设置新密码。

3.1.2　网络学习平台

中南大学网络学习平台是一个包括网上教学和教学辅导、网上自学、网上师生交流、网上作业、网上测试以及质量评估等多种服务在内的综合教学服务支持系统,它能为学生提供实时和非实时的教学辅导服务,能帮助系统管理者与教师掌控各种教学活动、记录学生的学习情况及进度,主要功能如图3-9所示。

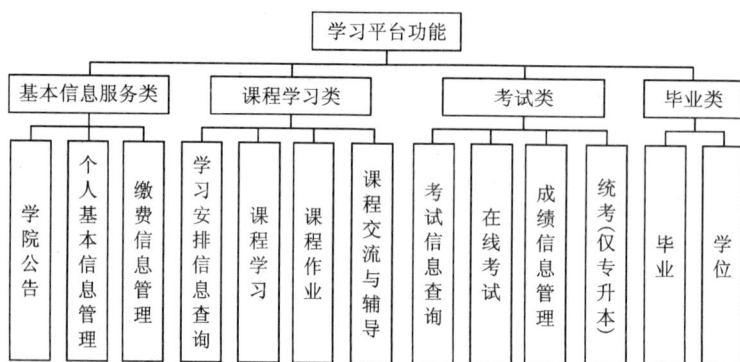

图 3-9　学习平台基本功能

登录学习平台以后,首先进入的是学生学习平台首页,如图3-10所示。首页按内容区域分为五大部分,左部从上至下依次是网站导航及信息检索、学院公告、课程学习,右部从上至下是个人信息管理、常用栏目。

1.网站导航及信息检索

网站导航及信息检索位于学生学习平台首页的上部,即图3-10中标注为"①"的位置。图中左上角这个"①"是本书为便于说明而添加,网页上是没有的，其余的"②"至"⑤"也是一样。网站导航栏目主要提供学习平台和学院其他平台(如课程考试平台、视频答疑平台、统考复习平台、网上缴费平台等)的快速链接。信息检索栏目提供了整个网站的包括学院公告、新闻、管理文件、问题解答在内的信息检索。用户可以按照"标题"或者"内容"进行检索。例如在输入框中输入关键字"免考"，检索方式点选为"标题"，系统将会为你显示网站中所有标题中包含"免考"的信息。

2. 学院公告

学院公告位于学生学习平台首页的中上部，即图 3 – 10 中标注为"②"的位置。该栏目用于展示学院发布的所有与学生相关的学习、考试、成绩、毕业等相关公告。学生每次进入学习平台都应注意浏览学院公告，获取最新的学习资讯及教学安排。

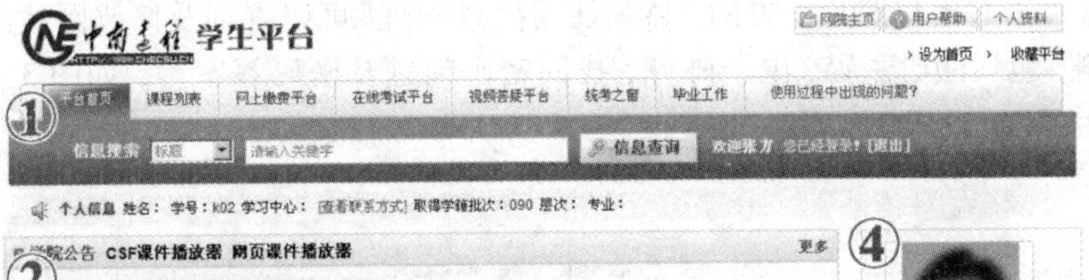

图 3 – 10　学生学习平台首页

3. 课程学习

课程学习栏目即第"③"区,是学生最常用的栏目。中南大学教学安排及考试都是按照相对固定的教学计划进行的。该栏目默认显示了学生当前模块要学习的课程,图 3-10 课程名称下方有个"课程状态",如果显示"合格",表示你已经通过这门课程的考试,如果显示"在修",表示该门课程或者是正在学习之中,或者是以前考试尚未通过所以需要重修。"未修"表示以后将要学习的课程。

4. 信息中心

位于"④"的这个栏目包括学生个人的基本信息、网站注册信息及缴费信息的管理及查询信息等。

(1)网站注册信息管理

学习平台首页中显示了当前用户的学号、姓名、专业及照片等基本信息。点击右上角照片下方的"网站注册信息管理"可以查询及修改网站注册资料,包括注册密码、电子邮件、找回密码问题及密码答案等,如图 3-11 所示。

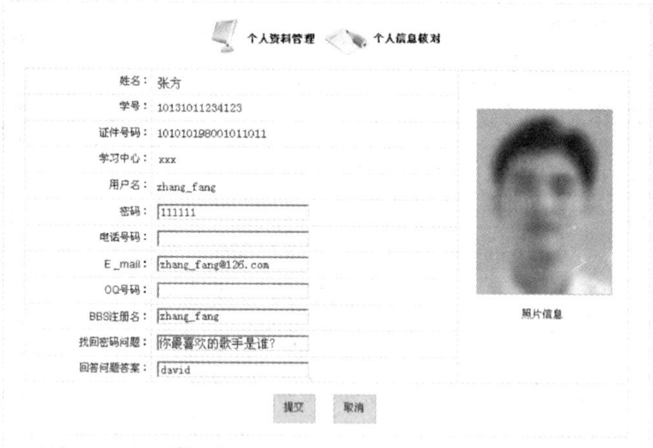

图 3-11 网站注册信息页面

(2)学籍注册信息管理

选择"个人信息核对"可以修改报名时提交的学籍信息,包括姓名、性别、身份证号码、照片、联系方式等,如图 3-12 所示。需要再强调一次的是,根据教育部的相关规定,姓名、身份证号码、照片、毕业证号码等关键数据一旦上报至教育部就不能修改。目前教育部规定的信息上报时间为每年 3 月和 9 月,因此学员如要修改上述关键信息,必须在新生注册当月提出申请。在图 3-12 所示页面中填写要修改的信息,并将身份证复印件、毕业证等相关佐证资料上传至平台,待审批通过后才算正式修改成功。其他非关键信息,如电话、通信地址等信息可以根据学生实际情况随时更新。

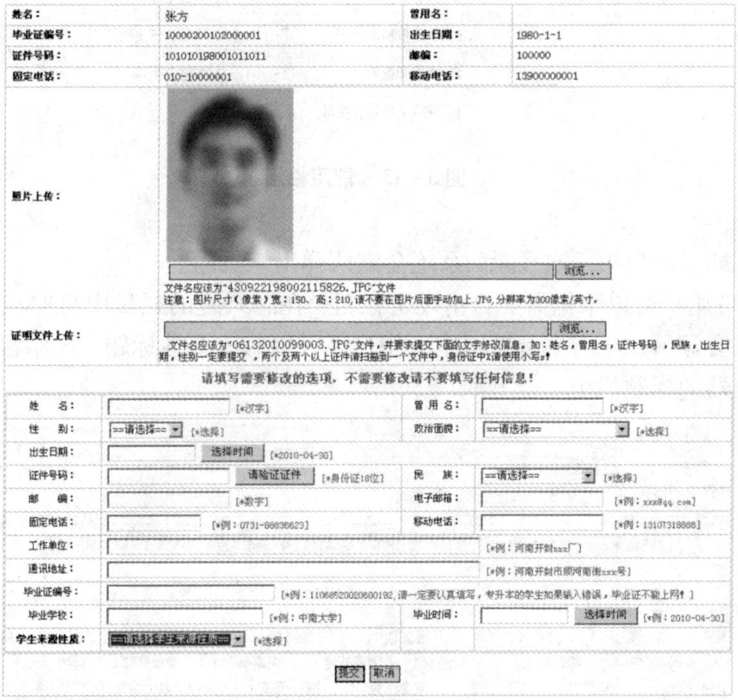

图 3-12　个人信息核对页面

5. 常用栏目

常用栏目即第"⑤"区,下设三个子栏目供点选,分别为"课程学习与考试"、"课程交流与辅导"及"毕业专栏",如图 3-13 所示。

另外,在首页最下面提供了个性化栏目设置功能。该功能供学生在虚拟校园功能栏目中自由选择子栏目。具体操作如下:

(1)点击平台下方的"栏目设置"链接,打开栏目设置页面,如图 3-14

图 3 – 13　常用栏目

所示。如果用户第一次登录，系统会默认弹出该页面。

（2）用户可以根据需要自由设定栏目，在感兴趣的栏目中打"√"，选中的栏目会显示在学习平台首页中。用户还可以修改个性标题，该标题会显示在浏览器的标题栏中。

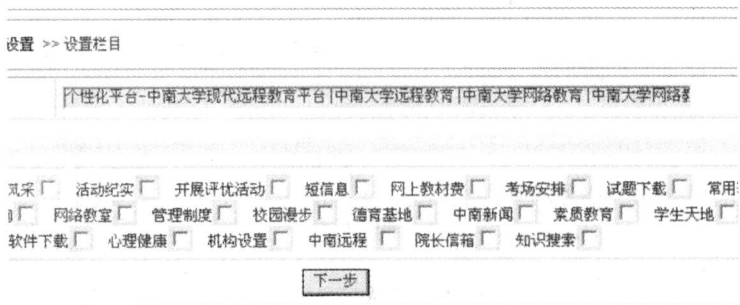

图 3 – 14　个性化栏目选择（局部）

上面所说的操作似乎很庞杂，尤其是第一次使用的时候会满屏幕地去找那些图标，但用几次后就会很熟悉。有时候用了许多文字和图片来讲述，其实在操作中就是点击网页上的某一个按钮。

3.1.3　教学安排

学校根据专业培养要求为每个专业制定了相应的教学计划，规定了不同课程类型的结构方式，也规定了不同课程的考核要求、课程开设顺序及课时分配，并划分为若干个学习模块。所谓学习模块是指在内容的量及承续关系上可以同时学习的课程组，一个学习模块的学习时间为半年，类似于通常说的一个学期。但网络教育没有寒暑假，所以学期是一个类比的概念，准确地说应是学习阶段。

学生可以通过访问学生学习平台首页"常用栏目"中的"教学计划"栏目，查看自己所在专业的教学安排。图 3 – 15 为计算机科学与技术专业 2012 年春季启用的教学计划的局部。中南大学网络教育的专业教学计划中列出的所有课程都是必修课，教学安排都按五个学习模块即两年半的学习时间展开。通过网络自主学习，学生可以根据自己的基础选择课程进行学习及完成作业，但只能根据教学计划的安排参加考试(包括重考)。

学习模块	课程编号	课程名称	学分	考核方式
1-1	99001	网络教育学习指导	1	形成性考核
1-2	99046	中国近现代史纲要	1	形成性考核
1-3	99099	大学英语	9	国家统考
1-4	99098	计算机应用基础	4	国家统考
1-5	99008	高等数学	4	考试
1-6	99016	电路理论	3	考试
		合　计	22	
2-1	99047	马克思主义基本原理概论（一）	1	形成性考核
2-2	99017	电子技术*	4	考试
2-3	99020	计算机组成原理*	4	考试
2-4	10118	C++程序设计		考试
2-5	10101	操作系统	3	考试
2-6	10114	编译原理	3	考试
		合　计	18	
3-1	99048	马克思主义基本原理概论（二）	1	形成性考核

图 3 – 15　教学计划页面(局部)

在了解了专业的整体教学计划以后，你应该制定当前模块的学习计划，了解本模块要学习及考试的课程。在学习平台的"常用栏目"中,"本学期考试与作业"链接中提供了学生在本学习阶段应该学习(包括重修)的课程名称、作业形式以及课程的具体考试时间及形式,如图 3 – 16 所示。每学习阶段开始时,由于学院尚未确定考试安排,所以考试时间栏目内容为空。但每年 3 月中旬及 10 月中旬,学院安排本学习阶段考试计划后,学生就可以看到每门课程的具体考试时间。考试类型显示为"在线考试"的课程,在其对应的考试时间开始后,学生可以点击该页面的课程名称链接进入考试。

学习模块	课程名称	学号	姓名	考试类型	考试时间	作业类型
第3学习模块	财务管理(专科)	11112550002006	王——	笔试		纸质作业
第3学习模块	网络营销(专科)	11112550002006	王——	笔试		在线作业
第3学习模块	工商企业管理(专科)	11112550002006	王——	笔试		纸质作业
第3学习模块	大学语文(专科)	11112550002006	王——	笔试		在线作业
第3学习模块	毛泽东思想和中国特色社会主义理论体系概论(一)[进入]	11112550002006	王——	在线考试		重考课程本次不需提交作业
第3学习模块	毛泽东思想和中国特色社会主义理论体系概论(二)[进入]	11112550002006	王——	在线考试		无作业
第3学习模块	英语(上)[进入]	11112550002006	王——	在线考试		重考课程本次不需提交作业
第3学习模块	英语(中)[进入]	11112550002006	王——	在线考试		重考课程本次不需提交作业
第3学习模块	英语(下)[进入]	11112550002006	王——	在线考试		在线作业
第3学习模块	计算机基础[进入]	11112550002006	王——	在线考试		重考课程本次不需提交作业

图 3 – 16　当前学期考试与作业显示

学生应在每学习阶段开始后首先使用本功能,了解自己在这段时间中的学习任务,并据此安排好这一百多天的学习。我们总是在时间过去之后才相信时间过得快,而时间还没过的时候却总是觉得拖上几天或许结果不会那么严重,或者希望出现一次奇迹——在最后那几天或许精神特好、学习效果尤佳。然而,奇迹非但从来都没有出现过,反倒是没有少尝用两条腿去追火车的滋味,其困难和压力远远超出了想象。顿悟还得靠渐修,因此,注重积累,循序渐进,才是最聪明、最实在、最有效的学习方式。一定要珍惜时间,我们伤不起,时间更伤不起。我们之所以有生活,是因为我们还有时间,浪费时间就是浪费我们的生命。网络教育在时间和空间上给我们提供了较大的自主性的同时,也在考验我们掌握时间的素质和能力。总之,"裸考"(那种从不看书就参加考试的做法)、"比基尼考"(那种只看三五页书就参加考试的做法)、"内衣秀考"都是不可为的。这些也都是以往同学的学习经验,有人因此不得不延长修业时间,有人甚至不得不放弃了修业。

3.1.4　课程学习和资源

有了整体的学习计划以后，就可以选择具体课程进行学习了。

1. 多媒体课件和纸质教材

随着信息化技术的发展，使用网络已经成为大众获取信息的重要方式，也是网络教育学生学习的主要方式。与传统的通过文本和图片学习的方式相比，网络多媒体课件集文本、声音、图像、视频等多种信息于一体的学习方式有着很明显的优势。

（1）刺激多重感官，激发学习兴趣。多媒体课件能够通过视觉、听觉、现场仿真、运动感等多种信号，刺激学习者的多重感官。在多重感官的综合响应下，学生易于融入学习内容的情境。抽象的东西有形貌了，枯燥的内容有趣味了，无色的东西有看点了，复杂的东西简单多了，平面上看到立体了，该动的动转起来了，这样不但可以加深认识和提高记忆的效率，还可以激发学生的学习兴趣，克服困倦、畏惧、厌烦、应付等不利于学习的心理。

（2）针对性强，可以实现个性化选择。由于课件依托于互联网这个平台，资源和信息都可以达到充分的共享，这种开放式的格局为学生的学习提供了极其开放的情境，也使学生有了更大的学习主动性。学生可以尽宽、尽深、尽多、尽细、尽久地学习、探究自己兴趣中的、对胃口的东西，也可以针对自身薄弱的知识环节去检索内容进行学习，按需取材，充电加油，实现个性化学习。

（3）组织结构灵活多样。网络学习是非线性学习，学生可以通过在线查询、点击链接等互动方式快速有效地获取知识。与传统的书本型纸质读本相比，使用网络多媒体课件学习时，只要点击及拖拽鼠标就可以进行阅读学习，还能播放声音和图像，并且可以不断重复。传统的书籍只能以线性的方式来展示知识点，它是把一页一页的纸按顺序装订在一起。网络多媒体课件却不是简单的电子化图书，它是把课件内容里所有知识点按层次和网状的逻辑结构有机地联系在一起，具有非线性的组织结构特点，称为超链接。用户可以在这个知识网上大步跳跃，可以从这个网站跳到另一个网站，可以从国内跳到国外，下载回来一大堆资料慢慢分析消化。因此，网络多媒体课件可以大大提高学生阅读和检索的效率。

（4）互动性强，有益于提高学习效率。学生在学习的过程中，通过课件的人机交互界面看演示、做练习，在声、光、像的环境中，学生和课件之间可以产生很好的互动。因此，网络多媒体课件在一定程度上为学生的自主学习提供了便利，使自学效率大大提高。

在网络教育学习过程中，我们在强调多媒体课件优点的同时，并不否定传统纸质读物的作用。传统的纸质教材因其具有多维度、可标注、定点快、有质感、无设备限制等优点，特别是人与文字之间的一种类似于感情的东西，是不可能被电子读物替代的。对于记忆力不是超群的人来说，手边必须要有书本。对于一些上网不方便的学生来说，纸质教材甚至是他们获取知识最主要的途径。说得功利实用一点，在开卷考试中，能给你提供帮助的，只能是纸质教材而不可能是多媒体课件。

2.课程资源

中南大学网络教育为教学计划中所有课程都提供了网络多媒体课程资源。

课程资源按照具体内容可以分为静态资源和动态交互活动资源两类。静态资源主要包括教师介绍、课程导学、课程概况、课程学习、常见问题及拓展资源等，交互活动资源主要包括在线作业、课程论坛、视频答疑及课程通知，如图3－17所示。

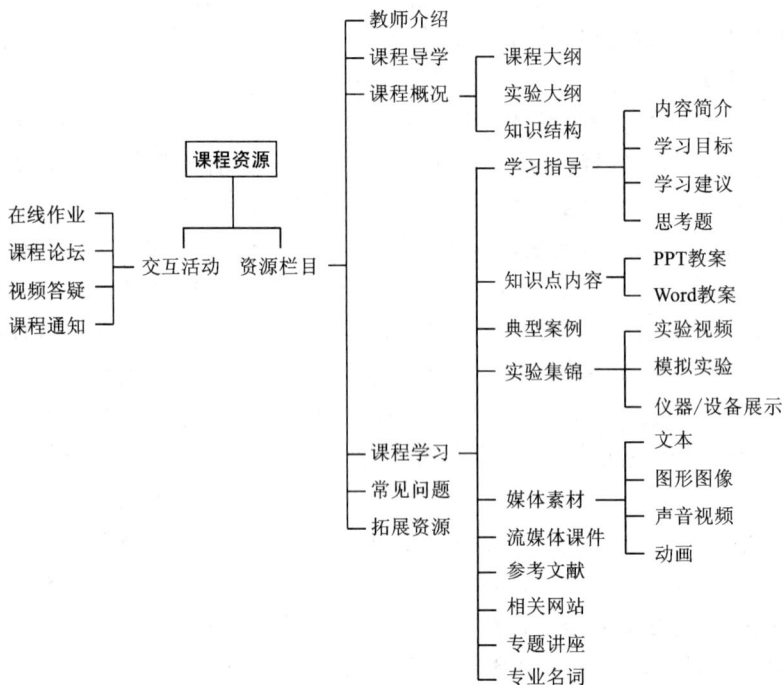

图3－17　课程资源基本结构(按内容分类)

课程资源按照使用的方法又可以分为导学、辅导及测评三大部分。导学部分的活动目标是针对课程重点、难点、学习思路、学习活动等对学生进行指导，激发学习动机，活动效果是引导学生建立知识结构体系，明确学习任务、了解学习方法与途径，提高学习兴趣。辅导部分的活动目标是建立一个有效的交流沟通渠道，有助于学生顺利开展学习，同时督促学生复习，活动效果是及时解答疑难问题，培养协作学习的能力，减轻学习的孤独感，帮助学生完成学习任务。测评部分的活动目标是监控、督促、激励学生学习，评判学习效果，活动效果是使学生能及时发现问题，查漏补缺。三个部分的具体结构如图3-18所示。

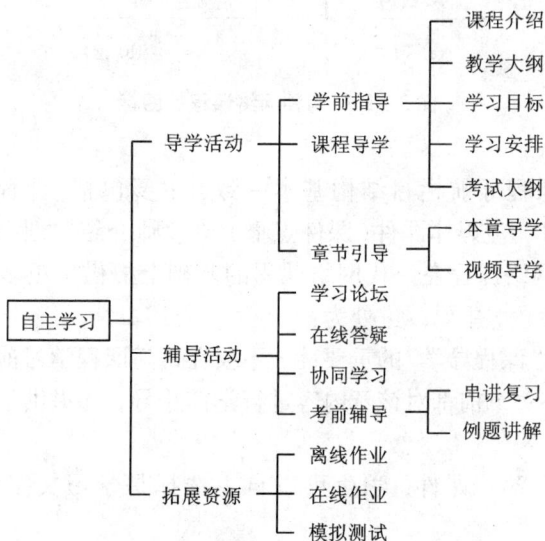

图3-18　课程资源基本结构(按学习活动分类)

3.两代网络课程

中南大学网络教育网络课程体系一直在升级更新之中。主要有三个阶次。

2001年刚开始时，使用的是VCD格式的课件，这是第一个阶次。由于一张VCD光盘只能容纳50分钟左右的课程，体积过于庞大而不适合在网上传播浏览，很快就被淘汰。取而代之的是具有静态资源和动态交互活动资源的课程学习平台。

中南大学网络教育目前主要有两种课程形式,分别称为"一代网络课程"和"二代网络课程"。大部分课程已经升级为"二代网络课程",只有少部分课程为"一代网络课程"。学生可以从课程图标中区分课程形式,如图3-19所示,(a)为一代网络课程,下面按钮包括"作业""课件"及"提问"按钮,(b)为二代网络课程,只有"进入学习"一个按钮。

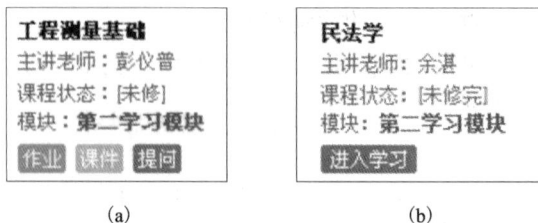

(a)　　　　　　　　　　　　(b)

图3-19　两种网络课程的图标

两代网络课程导航栏目结构基本一致,主要包括"课程导学(学习指导)""教学大纲""流媒体课件(课件点播)""教师介绍""课程资源(课程素材)"等。二代网络课程在一代网络课程的基础上提供了更多的教学资源和学习支持服务手段,主要改进处为:

(1)强化了"课程导学"的重要性。不仅在每门课程学习前提供了整个课程的导学,还在每章前都对该章内容进行学前指导,并提供了引导学习的思考题。

(2)增加了 Web 课件,学生可以自主选择是学习文字讲义还是视频教学。

(3)细化了知识点结构。将传统课堂的"章节"概念转变为"知识点",使得课件更新更加容易,定位学习内容更加方便。

(4)增加了在线作业、在线测试、课程通知、课程调查表等学习支持服务手段。

(5)一代网络课件的默认页为流媒体课件列表页面,二代网络课件的默认页为 Web 课件页面。

对于一代网络课程,用户单击课程图标中的"课件"按钮,如图3-19(a)所示,即可以直接进入到课程学习,默认首页为流媒体课件列表页面,如图3-20所示。左侧主要导航栏目包括"必做作业""问题解答"等资源栏目。

对于二代网络课程,用户单击课程图标中的"进入学习"按钮如图3-19(b)

课程安排	课件说明	在线观看	下载观看【播放软件】	点击次数
第1课	第一章第一、二、三节	在线查看	下载观看	11137
第2课	第二章 法律文书的特点和作用	在线查看	下载观看	10590
第3课	第三章 法律文书写作的基本要求	在线查看	下载观看	10681
第4课	第四章 法律文书写作的技巧	在线查看	下载观看	10876
第5课	第五章 公安机关的主要司法文书	在线查看	下载观看	10481
第6课	第五章 起诉意见书	在线查看	下载观看	10508
第7课	第六章第一、二节	在线查看	下载观看	10520
第8课	第六章第四节	在线查看	下载观看	10418

课程列表　≫ 课程首页 - 《法律文书写作》-课件点播

课程导航

- 老师介绍
- 课程内容
- 教学大纲
- 实验大纲
- 学习指导
- 必做作业
- 课件点播
- 问题解答

图 3-20　一代网络课程首页(局部)

后,进入二代网络课程平台首页,如图 3-21 所示。二代网络课程首页左边的导航栏目主要包括"课程学习""课程作业""网络答疑""学习笔记""教学通知""教学调查""我的学习状态"等栏目。在中间部分,有"最新通知""今日任务""最新问题"汇总区域。学生在学习该课程前,应先查看"最新通知"及"今日任务"内容,初步了解该课程的学习安排及学习任务,然后可以进入到课程内容的学习。学生点击"课程学习"进入该课程的内容部分,如图 3-22 所示。

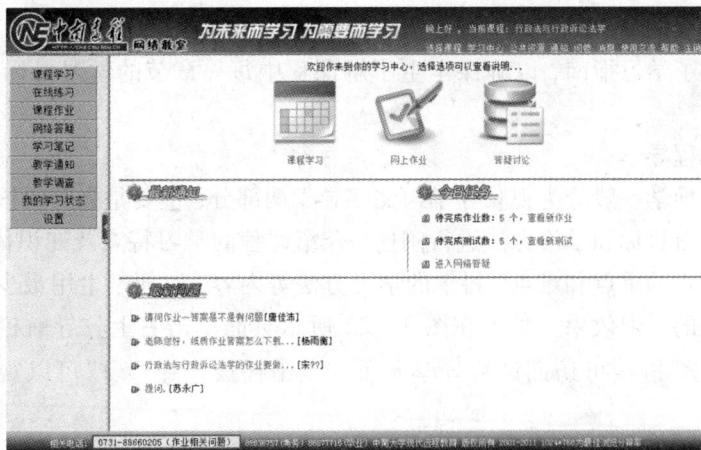

图 3-21　二代网络课程首页

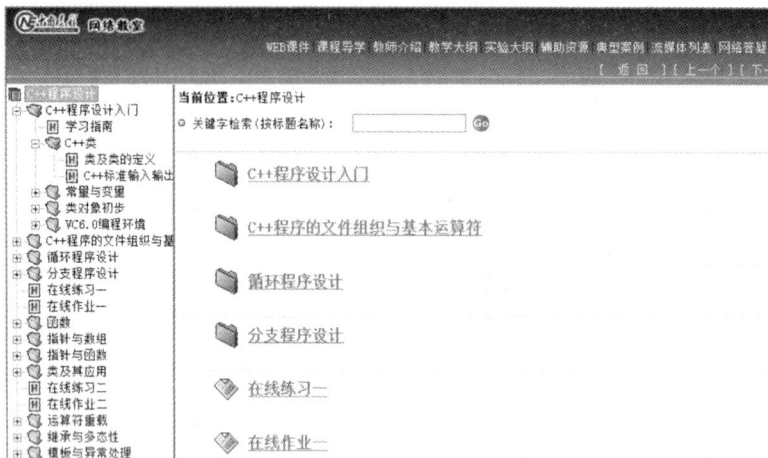

图 3 - 22　二代网络课程课件页面(局部)

4.二代网络课程的使用

下面以二代网络课程为例介绍课程的相关内容及使用方法。

(1)学习指导

在开始学习课程的具体内容前,首先要了解该课程的性质、学习目的、主要内容、学习方法等,为此,中南大学网络教育针对具体课程提供了课程导学、教学大纲、实验大纲等资源,使学生对课程有总体性的认识。另外,每章提供了学习指南,以确保学生了解课程中每一章节的学习目标、难点、重点等。

①课程导学

课程导学一般分为视频导学与文字导学两部分,主要是老师对该门课程的整体学习目标和学习方法进行阐述,介绍课程的学习特点及知识体系,学习该门课程的重点和难点、科学的学习方法等内容,以便学生用最少的时间取得最佳的学习效果。学生在图 3 - 22 所示页面单击右上方导航栏目中的"课程导学"链接可访问课程导学页面,点击播放按钮"🕭"可以观看视频导学。

②教学大纲

教学大纲根据教学计划的要求,对课程的地位与作用,课程的性质、目的和任务,课程的学习要求等做了详细的介绍,并对该课程的先修课程、教学含实验学时安排、自主学习学时的建议与课程的考核方式等进行了说明。学生通过单击"教学大纲"导航栏目直接进入页面。

③实验大纲

实验大纲根据教学计划的要求，对课程实验的任务、性质与目的，实验的基本原理，实验方式与基本要求以及实验的内容等进行介绍。学生通过单击"实验大纲"导航栏目直接进入页面。

④学习指南

学习指南为课程内容的阶段性导学，对课程中每个一级知识点(章)的知识点内容、重点、难点，学习目标等进行介绍，并为学生提供思考题与具体的学习方法与学时建议。学生通过单击"Web 课件"导航栏目进入 Web 课件页面，在课程知识点的树形目录，点击"⊞"展开后双击"学习指南"即可。

(2) Web 课件

二代网络课程的课程学习栏目默认页为"Web 课件"页面，也就是图 3 - 22 所示页面。该页面的左边是一个课程知识点的树形目录，点击"⊞"可以展开下一级知识点。双击知识点名称可以在右边窗口中看到该知识点的详细内容。选择知识点的根节点，可以使用搜索功能来查找想要快速导航的内容。

二代网络课程的 Web 课件中，课程内容由知识点结构组成，知识点按教材顺序最多划分成三级，一级知识点对应于教材中的章，二级知识点则对应章中的节，依此类推。通常一级知识点目录下包括学习指南与二级知识点，二级知识点前面有"⊞"则表示该知识点下含有三级知识点，否则就只有二级知识点，而没有三级知识点。其中，一级知识点下的学习指南包括该级知识点的主要内容、重点、难点、学习目标、学习建议与思考题。

另外，Web 课件中链接了文本、音频、动画、视频、流媒体、网页等多种媒体资源，被链接的关键词都用不同颜色及相应的图标标识，如表 3 - 1 所示。通常单击关键词或图标即可浏览链接文件。

表 3 - 1　常见媒体图标标识表

图标						
含义	Word 文本	视频文件	音频文件	网络资源	动画文件	流媒体文件

其中，动画文件需安装 Flash Player，流媒体文件是主讲老师录制的授课

视频，需安装 Media Player 播放器，一般的电脑系统都安装了相应软件或系统自带有软件。

系统还会自动记录学生在该栏目的学习时间和学习进度，学生每次进入课程学习后看到的都是上一次浏览的最后一个知识点的页面。

(3)流媒体课件

中南大学流媒体课件类型主要分为两种格式。第一种是由 WAV 文件和 Flash 文件组成的流媒体课件，该种课件使用 IE 浏览器打开，但需要在系统安装 Media Player 和 Flash Player，中南大学网络教育大部分流媒体课件为该种格式，播放界面如图 3－23 所示。学生在使用流媒体课件前，必须先在计算机上安装对应播放器。一般的计算机上都默认安装了 Flash Player 与 Media Player，但部分移动设备不支持播放 Flash 课件。第二种为 mp4 格式的流媒体课件。几种所有的计算机系统和移动终端都默认支持播放该格式的课件。

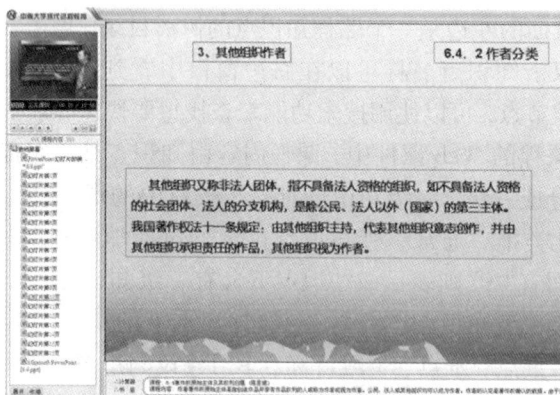

图3－23　用 IE 浏览器播放的流媒体文件

安装好对应的播放器后，学生可以通过单击导航栏目到达流媒体课件页面。二代网络课程的流媒体页面可通过点击图 3－22 所示页面右上方的"流媒体列表"链接访问。该页面显示了课程的知识点结构和对应的流媒体下载链接，如图 3－24 所示。单击知识点名称可以直接播放对应课件，也可以将课件下载至本地播放。当网络状况不是很理想的情况下，推荐下载后观看，以获得流畅的播放效果。注意二代网络课程的流媒体课件下载后，应在下载的文件夹中找到"WhatyView. exe"文件，双击该文件播放流媒体课件。Web 课件的内容中也在对应位置链接了相关的流媒体课件，如图 3－25 所示，同学们可以选择自己喜欢的方式进行课程学习。

知识点内容	流媒体教学课件	播放地址	
民法总论	民法的概念、调整对象与性质（串讲）	电信	网通
	民法的渊源和适用范围（串讲）	电信	网通
	民法基本原则概述（串讲）	电信	网通
	民事法律关系概述（串讲）	电信	网通
	民事法律关系的发生、变更与终止（串讲）	电信	网通
	自然人的概念与民事能力（精讲）	电信	网通
	监护（精讲）	电信	网通
	自然人的住所与身份证明（串讲）	电信	网通
	宣告失踪与宣告死亡（精讲）	电信	网通
	民法各基本原则（精讲）	电信	网通
	民事法律关系的要素（精讲）	电信	网通
	法人制度概述及法人的成立（串讲）	电信	网通
	法人的民事能力、机关与责任、变更终止与清算（串讲）	电信	网通

图 3 – 24　流媒体课件列表

图 3 – 25　"大学语文"流媒体课件

　　另外，二代网络课程还具有学习进度查询与统计功能，学生点击"我的学习状态"中的"学习进度"功能，可以查询自己在每个知识点所投入的学习时间，如图 3 – 26 所示。

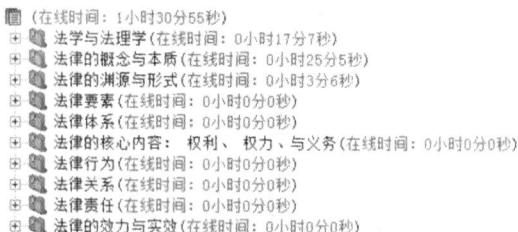

图 3 - 26　学习进度显示(局部)

3.1.5　课程练习与作业

当你完成了一个阶段的课程学习后,需要巩固消化课程内容、并尝试用学过的知识解决一些实际问题以加深理解,达到延伸、拓宽、深化知识的目的,从而比较全面、系统地掌握知识。为此,你应该完成课件中相应课程内容后的练习题,另外你还应该独立认真地完成相应的课后作业,这是一个非常重要的环节。练习和作业都是答题,不同之处在于后者将计入学习成绩,而前者可以反复尝试回答,答错了也不会对成绩产生影响。因此,多做些练习后再来做作业,对提高学习成绩是有帮助的。进一步说,完成作业对于较顺利地通过考试也是有帮助的。

中南大学网络教育规定,学生必须完成本学习模块的所有课程作业才能参加考试。课程作业主要有两种形式:一种是纸质作业,这类作业的成绩占课程总成绩的10%;一种是在线作业,这类作业的成绩占课程总成绩的20%。有部分课程不需要完成作业。每学期开学后,学生可以通过学院公告的"学习阶段教学安排通知"查询在线作业的信息,或通过学生平台中的"本学期考试与作业"栏目查询各门课程的作业形式。

1. 纸质作业

由于教学类型的不同,某些课程没有在线作业,只要求完成一次纸质作业。纸质作业的题目公布在学习平台中。学生登录学习平台后查看"当前学习课程"列表,一代网络课程直接点击"作业"按钮打开对应的作业。二代网络课程在进入课程首页后,点击导航栏目的"课程作业"按钮打开对应的作业。学生可以下载并打印纸质作业题目,在规定时间内手写完成作业并将作业交至校外学习中心,由校外学习中心辅导教师批阅,学院再抽查学生作业完成情况及校外学习中心批阅情况。学院会在考试前一周左右在"学院公告"中公布纸质作业答案。

2. 在线作业

目前，中南大学网络教育多数课程为"在线作业"或是"在线作业结合纸质作业"的作业形式。这类课程一般按照知识点分类，提供了两至三次在线作业及一次纸质作业。学生登录学习平台，选择课程后，点击"进入学习"按钮进入课程首页，首页右侧的"今日任务"栏目中会提示待完成的作业个数，如图 3 – 27 所

图 3 – 27　"今日任务"显示

示。单击该栏目中的"查看新作业"或单击课程首页左侧的"课程作业"按钮后，将显示该课程作业列表，如图 3 –28 所示。该页面的"作业状态"有三种状态，"已提交"表示作业已经完成且不能再修改，"已保存"表示作业部分完成，学生还可以进一步修改作业，"未完成"表示作业还没有完成。学生应该在学院公告"学习阶段教学安排通知"中要求的时间内完成对应作业，否则在线作业系统将按缺作业处理。该页面中还有一个"历史作业"按钮，用户可点击该按钮查看老师已经批改过的作业。

作业名称	所属章节	作业状态
在线作业一(1-4)	组织行为学>>在线作业一	已提交
在线作业二(5-9)	组织行为学>>在线作业二	已提交
在线作业三(10-13)	组织行为学>>在线作业三	未完成

图 3 –28　在线作业列表

点击在线作业的"作业名称"（图 3 – 28），可以看到该作业的相关信息。全部完成且检查无误后点击"提交"按钮完成作业。系统将会即时给出作业成绩，并将在线作业总成绩折算成满分 20 分计入该课程综合成绩。学生可以点击课程首页的左侧"我的学习状态"中的"作业成绩"按钮查询自己的作业成绩，如图 3 –29 所示。点击"作业名称"可以打开作业及答题情况，学生可以对照作业答案进行进一步的检查，如图 3 –30 所示。另外，这类课程的"纸质作业"为选做，学生下载后自己完成即可，学院会在考试前一周左右在"学院公告"中公布纸质作业答案。

作业名称	所在章节	成绩	已批改
*在线作业一(1-4)	组织行为学>>在线作业一	93.0	是
在线作业二(5-9)	组织行为学>>在线作业二	75.0	是

图 3-29　在线作业成绩

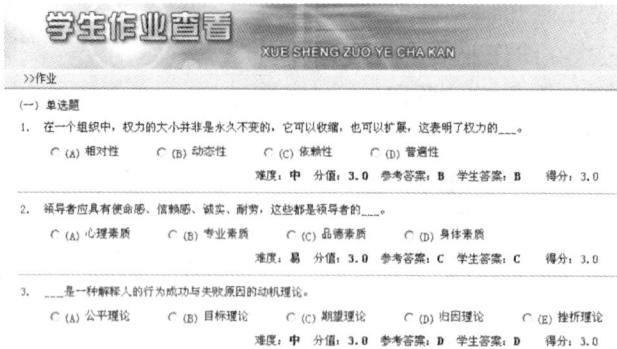

图 3-30　学生在线作业答题情况及答案显示(局部)

　　必须提醒的是，在线作业只能提交一次。因此学生应该在"进入作业"前仔细阅读作业说明，在"提交"前反复检查，保证答题的正确率。在"提交"后立刻查看作业成绩，避免由于网络等原因造成提交不成功。在"二代网络课程"中还提供了"在线练习"模块，在线练习的内容涵盖了在线作业，而且提交次数是无限制的。因此建议学生先进行"在线练习"再完成在线作业，以提高作业成绩。

3.1.6　课程辅导与答疑

1. 课程辅导

　　除了提供教学课件供学生学习外，中南大学网络教育还为学生提供课程复习题和课程总复习视频两种考前辅导方式。

（1）课程复习题

　　学校为所有集中笔试课程提供课程复习题。在集中笔试前一个月左右，学生可以通过访问学生学习平台中"常用栏目"的"课程复习题"，下载自己对应专业的复习题。复习题将出现课程考试的所有题型(如单项选择题、多项选择题、填空题、判断题、问答题、论述题、计算题、编程体、案例分析题，等等)，其内容所涉范围是教学大纲指定的范围，也就是我们必须掌握的知识。复习题不计成绩，但建议学生认真完成，有益于串联起整个课程的知识点以及它们的应用。

（2）课程总复习视频

学院为部分专业学位课程制作了视频形式的课程总复习资料，由任课教师或其他有丰富授课经验的教师主讲。学生可以访问学生学习平台，进入课程首页后点击"课程学习"，然后点击"总复习"即可浏览视频复习课件。虽然讲授内容不一定就是考试题目，但作为读完整本书后的归纳，可使我们加深学习印象。

2. 课程答疑

中南大学网络教育课程答疑主要包括课程实时答疑以及非实时答疑两种方式。实时答疑中，提问者和答问者都在线上，问与答在时间上是同步的，就像我们平时的交谈；非实时答疑中，提问者和答问者往往只有一方在线，问答双方在时间上是分离的，整个过程中隔着一段时间，就像我们平时的写信和回信。

实时答疑一般每个学习模块安排 1～2 次，由课程主讲教师或助教在学习中期或考前一周通过"视频答疑平台"实时解答同学们提出的问题。非实时答疑包括课程"问题解答""BBS"及电子邮件等方式。无论是实时答疑还是非实时答疑，我们都应该尽量安排时间，积极参加。这既能帮助学生发现、解决自己学习中的问题，又有利于学生与老师、同学之间的交流和沟通，更好地感受学习气氛，了解整体学习情况。

（1）课程实时答疑

课程实时答疑是指学生与老师之间通过视频、声音、文字等网络技术手段开展的问答式的交流辅导。视频会议系统、电话、手机短消息等都能用于实时答疑，本处只介绍视频会议系统。

学院目前仅针对部分课程（主要是专升本层次的计算机基础、大学英语课程以及专业学位课程）开展实时答疑辅导。学生通过访问学院网站首页，点击快速登录栏目的"视频答疑平台"，进入视频答疑首页，如图 3－31 所示。该页面显示了近期视频答疑安排以及视频答疑平台登录入口。学生可在安排中规定的时间，在该页面登录框中输入用户名以及密码登录视频答疑平台参加答疑的学习环节。

①答疑前准备

首先，用户应准备好计算机、摄像头、音箱或耳机等硬件设备。

然后安装"视频答疑平台"客户端程序。第一次访问主页面时，系统会提

图 3 – 31　视频答疑首页

示用户安装控件, 显示界面如图 3 – 32 所示。单击"安装"按钮即可, 控件只需安装一次, 以后访问管理系统不会出现重复提示。也可以单击管理系统登录页面右上角的"软件下载"图标, 弹出"软件下载"页

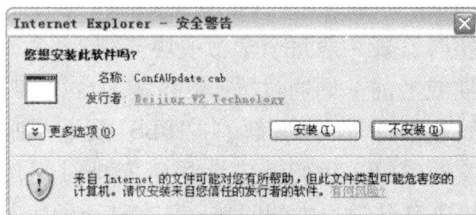

图 3 – 32　视频答疑平台控件安装

面, 提供客户端完整安装包及其他程序的下载链接, 如图 3 – 33 所示。选择图 3 – 33 中"Conference 客户端软件"至本地, 双击文件开始安装。Windows 7 用户选中软件, 点击右键, 选择"以管理员身份安装"。

最后点击图 3 – 31 右上方"测试会议室", 测试摄像头以及音频设备是否正常可用。系统将提供一个测试会议室, 客户端在正式进入答疑之前可以在此会议室中先测试本地音视频设备、查看网络状况等, 用户进入测试会议室后屏幕将显示如图 3 – 34 所示界面。如能看到自己的图像并能听到自己的声音, 则表示设备正常。

②正式答疑

学生在答疑通知规定的时间内访问视频答疑平台, 并在平台首页右下角的登录框中输入用户名及密码登录视频答疑平台。用户名为学生学号, 密码为学习平台密码。登录成功后可以看到自己专业对应的课程, 学生可以点击

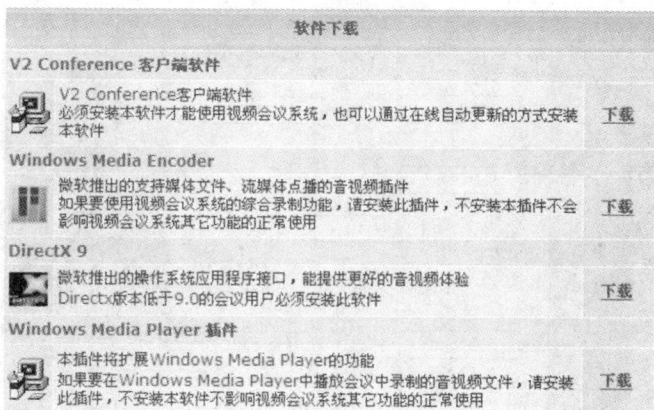

图 3 - 33　视频答疑平台软件下载

图 3 - 34　测试视频与音频

课程名称进入答疑教室，如图 3 - 35 所示，即可看到老师的图像信号，参加答疑的学习环节。

　　学生用户可以通过文字或者语音与老师交流。用户单击"系统状态区"中的话筒图标申请发言，获得老师同意后，可以发言。用户也可以在"文字交流"区输入文字后，单击"提交"按钮进行文字交流，Shift + Enter 键支持多行输入，文字聊天内容最多可输入 512 个字符。单击右键，选择"导出到Word"，可以将聊天记录保存为 rtf 格式的文件，你可以使用 Word 或记事本等编辑程序将其打开。公共聊天的信息是对所有人开放的，每一段聊天信息

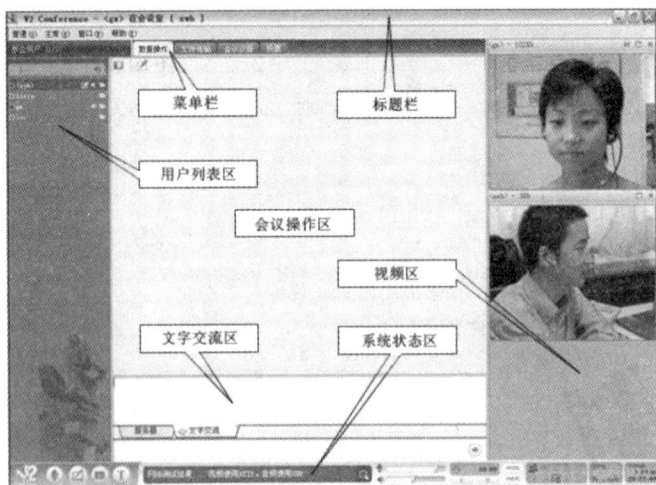

图 3-35　视频答疑界面

前标注有收到的时间。新进入答疑的用户看不到与会之前的聊天内容。参加答疑交互的用户还可以进行文字私聊,方法是在用户列表区选中用户后单击鼠标右键,选择"打开文字悄悄话"窗口,文字交流区就会为你增加一个私聊窗口。私聊信息只有私聊人能看到,对其他人是隐蔽的。

(2)课程非实时答疑

中南大学网络教育非实时答疑目前有课程网络答疑、论坛交流、电子邮件等多种形式,随着网络技术的发展,还将不断提供新的交互途径。

①课程网络答疑

中南大学网络教育为每一门课程都提供了"课程网络答疑"栏目,学生可以利用这个栏目通过文本方式提交问题。课程主讲教师或助教在一周左右也用文本方式给予详尽的解答。这些问答都是保留在栏目中的,任何时间都可以浏览。这种非实时交互的优点在于一次问答可以让许多学生都能看到,效率较高。

在一代网络课程中,学生可以直接访问课程图标中的"提问"按钮,如图3-19(a)所示,进入该课程的答疑,答疑界面如图3-36所示。在二代网络课程中,学生进入课程后,选择课程首页左边的"网络答疑"按钮即进入该课程的答疑,如图3-37所示。

在答疑页面中,问题列表显示的是学习过该课程的历届学生提出的全部

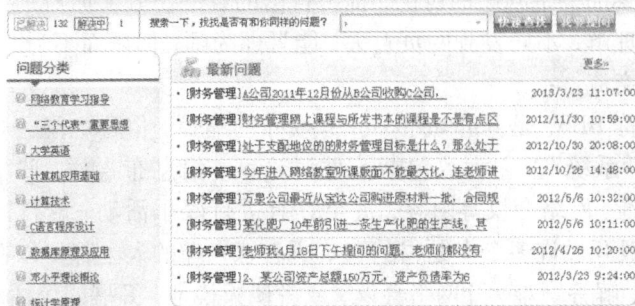

图 3 – 36　一代网络课程答疑页面

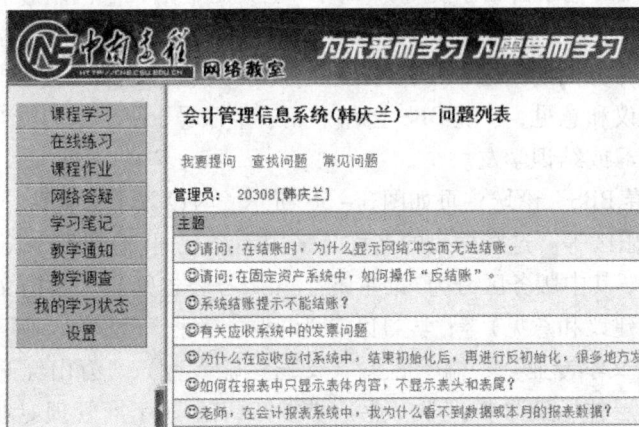

图 3 – 37　二代网络课程答疑页面(局部)

问题,问题按照时间的先后顺序排列。如果你对该门课程的相关知识有疑问,可以点击"我要提问"按钮提出你的问题,这样,问题列表中就留下了你提问的痕迹,并等待教师的答复。

建议你在提问前使用"常见问题"或"查找问题"功能。"常见问题"筛选出学生问得较多或浏览较多的问题,或许你的问题在此之前已经有人提出并且老师也已经回答过。你也可以通过"查找问题"输入问题的关键字,看看是否已经有学生提过并已得到回答的同样问题。若找到同类问题,你就能直接找到答案,不必再等待回答。若没有现成的同类问答,再点击"我要提问"按钮提出。

一代网络课程中,只有教师可以回答问题,但在二代网络课程中,所有学生都可以参加一个问题的讨论，提出自己的看法。如果你对别人提出的问题有自己的理解，不妨发到网页上去，能者即为师，何乐而不为。

②论坛交流

论坛俗称 BBS，是 bulletin board system 的缩写，俗称电子公告牌，又称"电子公告栏系统"。它大致包括信件讨论区、信息布告栏、联机交谈、交流、解答疑难、网络会议等内容，甚至具有进行娱乐活动、语言留言等方面的功能，一般开设许多个专题(栏目)，所有感兴趣的人士都可以在上面展开讨论、交流、解答疑难、开网络会议，或者谈天说地、开展娱乐活动等。

"沁园春 BBS"是中南大学网络教育学院互相学习、知识探讨、网络互动、实时交流的电子公告系统。BBS 用户主要是中南大学网络教育学院在读学生、已毕业学生、任课教师等，主要用于教师与学生、学生与学生之间讨论和交流学习方面的问题，对学院招生、教务、教学、资源、技术支持等管理方面提出建议和意见，学院 BBS 会存毕业学生账号，便于他们继续使用 BBS 进行终身学习或结识学友。

"沁园春 BBS"论坛首页如图 3-38 所示，内设置了三大区，即版务区、学习区、娱乐区等。这些栏目的名称是采用毛泽东词《沁园春·长沙》中的短语来命名的，其中版务区分为"谁主沉浮"(版务公告区)、"激扬文字"(关于学院管理的建议和意见)等；学习区分为"独立寒秋"(法学专业)、"湘江北去"(汉语言文学专业)、"橘子洲头"(交通运输专业)、"万山红遍"(土木工程专业)、"层林尽染"(护理学专业)、"漫江碧透"(工商管理专业)、"百舸争流"(计算机科学与技术专业)、"中流击水"(会计学专业)、"鹰击长空"(公共基础课)等；娱乐区分为"峥嵘岁月"(校友园地)、"风华正茂"(精华帖子区)、"浪遏飞舟"(专题)等。栏目名称与栏区内容之间可能有关联，也可能无关联，大家可以自己体悟。

点击中南大学网络教育网站主页右侧的"沁园春 BBS"图标可以进入论坛首页，也可以从主页左边"交流反馈"中的"BBS 论坛"链接进入，如图 3-39 所示。一般来说，学生注册学生学习平台时已经同时注册了 BBS 用户账号，可以直接使用与学习平台相同的用户名和密码登录 BBS，如登录不成功可以重新注册。点击论坛首页右侧"用户注册"按钮，填写有关数据进行注册。注册成功后使用注册的用户名和密码登录进入论坛。注册时应注意输入的用户名和 E-mail 要求唯一，即不能注册他人已经在用的用户名。

进入主页面后，选择进入相关主题讨论区后显示该版块所发表话题的列表，如图 3-40 所示。话题的不同图标表示话题的不同性质，讨论区页面下

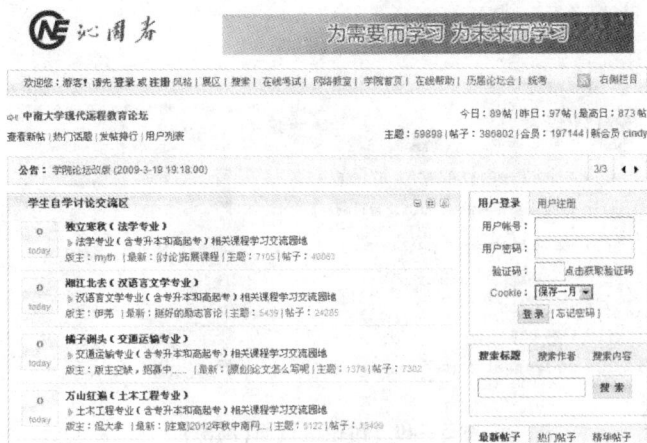

图 3 - 38　"沁园春 BBS"主页面(局部)

图 3 - 39　主页面上的"沁园春 BBS"按钮

方对此有专门说明。选择话题标题后，可以浏览该话题的具体内容，如果该话题有回复内容，则回复的内容显示在该话题的下面。

在 BBS 上发表文字称为"发表话题"。点击图 3 - 40 所示页面中"发表话题"按钮，填写有关主题和内容的相关信息之后，点"发表"提交，再点"返回论坛"就可以看到你刚才发表的文字。如果要上传文件或图片，在"文件上传"选项框中选择文件格式，并按"浏览"选择文件路径，然后按"上传"即可。对于注册会员根据不同级别对上传图片大小会有限制，一般不要超过400kb。如果版主有更多的上传数量，版主也可以根据要求向管理员申请更多的上传数量。

"回复话题"指在 BBS 上对发表过的文字进行回复。找到要回复的话题的主题，点击相应的主题，出现话题内容，点击"回复"按钮，就出现回复窗口，在相应的栏目填写内容，再点击发表回复即可。

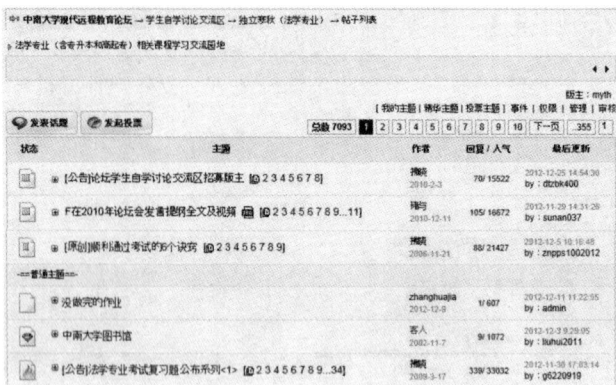

图 3 – 40　讨论区页面(局部)

　　"搜索"是 BBS 一个重要的功能,"沁园春 BBS"采用多种搜索方式,如"按关键词搜索""按用户名搜索",等等,搜索范围可以根据自己的需要选择。搜索结果可以按时间前后、名称的升序或者降序排列等。

　　"版主"在网络语中戏称"斑竹",是整个论坛或某个栏目的管理员,前者是总版主。他们的工作任务是维护论坛秩序与卫生,为广大网虫服务,是论坛的"物业管理员"。沁园春论坛实行学生自治,版主是义务的,由学生本人申请,学院批准。中南大学网络教育学院学生可以通过网上下载《BBS 版主申请表》,认真填写后,邮寄给学院,并附上本人照片一张。学院受理后,会在网上和 BBS 中通知本人并予以公告,版主业绩查询可以点击页面查看链接。列表显示版主的工作情况与登录情况。

　　"沁园春 BBS"还提供了发消息、发 E-mail 等功能。有关详细操作请参阅系统提供的帮助功能,为了避免在 BBS 内恶意张贴无用的不属于讨论区的话题,系统采用记录用户 IP 地址的功能,因此系统不允许在同一栏目内重复张贴多个相同的话题。

　　③网络调查

　　中南大学现代远程教育调查表是学院为加强教学过程监控,及时了解和掌握学生对学院在教学、管理等方面的意见和建议,促进教学质量的提高而设计的一套非实时的意见反馈系统。它包括学生学习情况调查和社会对网络教育情况的调查,并配有后台统计功能,能够图文并茂地显示统计结果,以便学院、校外学习中心进一步改善教学、资源建设、技术服务和管理工作。

对认真、切实填写调查表，所提意见和建议对学院各项工作有所促进和提高的同学，学院将在适当的时候予以表彰。

目前，学校设计了四种形式的网络调查表。学生选择课程后点击"教学调查"图标，进入调查表页面可以完成调查。《学生学习调查表》针对网络学生，调查内容是调查整体地对教材、课程资源、交互形式、学习习惯、服务质量等的评价及建议。《网络教育调查表》是针对社会的调查表，调查对网络教育的了解和认可度，以及是否有接受网络教育的打算等信息，其结果将对学校在设立校外学习中心、招生层次、招生指标等工作起到参考作用。《学习评价表》是针对某一门课程的教学内容、作业、教师的讲授情况等设计的调查问卷，目的是通过学生反馈的信息，进一步提高课程的质量。《学习策略调查表》是针对学生在网络学习过程中的学习习惯及学习方法所设计的调查问卷，包括是否做笔记、寻求解决问题的方法、时间管理策略等。

④其他非实时答疑及交流方式

以上所述的几种交流和答疑方式主要针对课程问题进行解答，对于一些其他的学习过程中遇到的问题，同学们可以通过电话或电子邮件的方式获得帮助。在学院网站首页左下方的"联系我们"栏目提供了招生、教学及技术等相关联系人的电话及邮件。学生还可以通过"院长信箱"（图 3 - 39）直接与学院的负责人联系或反映情况。

此外，各校外学习中心有面授辅导教师帮助同学们解答学习过程中的疑问。同学们也可以自发、自愿地根据地域、专业等因素组成学习小组，定期在 QQ 或其他平台上交流有关学习的问题或感受，这样既有利于及时解决学习中的疑难问题，又可以在学习方法等方面取长补短，共同进步。学习小组的定期交流，创造了一种良好的学习氛围，有效地弥补了网络学习的游离感，同时还培养了同学们的团队精神。

3.1.7　其他网络学习资源

前面重点介绍了中南大学的网络教育资源。事实上，在网络的信息海洋中，网上教学资源如浩森烟波，取之不尽用之不竭。在进行网上学习的过程中，熟悉最基本的、主要的网上资源及正确的使用方法很有必要。

1. 网络公开课程

2001 年，麻省理工学院将学院全部课程资料都在网上公布，网络公开课程的序幕随之拉开，此后，耶鲁、哈佛、剑桥、牛津等世界名校也都陆续开放校内课程。我国从 2010 年开始也加大了网络公开课程的建设力度，一批公开课网站迅速发展，具有丰富的课程资源，而且其还在不断建设中。本处介绍其中几个网站。

（1）国家精品课程资源

教育部已经启动了国家精品课程资源网（www.jingpinke.com），推出一批精品视频公开课与精品资源共享课。两类课程都以高校学生为服务主体，也都面向社会公众免费开放，不同之处在于精品视频公开课以科学、文化素质教育为主，精品资源共享课则以基础课和专业课为主（图3-41）。至2013年3月，已收录国内外本科课程14400余门、高职高专课程近6000门。"十二五"期间，该网站已建设精品视频公开课1000门、国家级精品资源共享课5000门。

图3-41　国家精品课程资源网主页面的菜单栏

（2）"爱课程"网

"爱课程"网（www.icourses.edu.cn）是教育部、财政部"十二五"期间启动的高等教育课程资源共享平台。该网站集中展示"中国大学视频公开课"和资源共享课，是"中国大学视频公开课"的官方网站（图3-42），面向高校师生和社会大众，提供优质教育资源共享和个性化教学资源服务。该网站的宗旨是致力于推动优质课程资源的广泛传播和共享，提高高等教育质量，在一定程度上满足社会日趋强烈的学习需求。本网站的课程在中国网络电视台、网易同步向社会免费开放。

图3-42　"爱课程"网主页面的菜单栏

（3）网易公开课

网易公开课是网易网站（Netease，即163网站）推出的公益项目，启动于

2010 年。该项目的宗旨是致力于为网民提供优质的教育资源，如"全球名校视频公开课""中国大学视频公开课"等，大家只要通过互联网即可免费浏览这些来自哈佛、耶鲁、牛津、清华、北大等著名大学教师讲授的课程。这些课程覆盖了信息技术、文化、建筑、生理、心理、文学、历史、哲学、艺术等多个学科，既有最前沿的科技发展介绍，又有传统的文化解读。至 2013 年初，已开设国内课程近 200 门，国外课程 400 余门。为解决网民外语隔阂问题，网易组织了数百人的队伍为国外课程进行"译制"，配上中文字幕。

网易公开课的收看网址为 open.163.com，页面如图 3-43 所示，用户可根据课程分类观看相关课程，或者直接使用"搜索视频"功能，输入课程关键字或学校关键字来比较精确地查询课程。网易公开课会记录用户的搜索历史，并在搜索框的下拉列表中实时显示。

图 3-43　网易公开课页面的菜单栏

（4）其他公开课网站

公开课网站还有许多，如中国教育在线的"开放资源平台"（www.oer.edu.cn）、中国网络电视台的"中国公开课"（opencla.cntv.cn）、新浪教育的"新浪公开课"（open.sina.com.cn）、公开课网（www.openke.net），等等，图 3-44 为这些网站的 logo。logo 即标徽，显然，这些 logo 的美观性值得进一步改进。如今，各个高校也建立了自己的公开课程网页，向社会公众展示学校的水平与教学质量。图 3-45 为中南大学的视频公开课平台（netclass.csu.edu.cn/video/default.aspx）。网络公开课程的兴起不但为学习者提供了精神食粮，也改变了人们对知识产权的认识。许多教师不再将自己的授课视频视为个人财产，反而努力实现课程的网上公开，以体现教育者的应有价值与对社会的应有贡献，同时也能在这个平台上展示自己的风采，去争取粉丝，实在是很享受的事情。

公开课的形式灵活，有的系统庞大，结构严密，是一门完整的课程；有的题材短小，场面活泼，是一次精干的讲演。内容上更是五花八门，无所不包，而且语言诙谐，观点新颖，极具可欣赏性和启发性。

图 3 - 44　部分公开课网站的 logo

图 3 - 45　中南大学视频公开课页面的菜单栏

2. 学术开放存取资源

开放存取(Open Access, 简称 OA)指使用者通过网络途径免费阅读、下载、复制、传播、打印及检索作品,是网络条件下的一种出版模式和学术交流模式。开放存取资源有四种主要类型。第一种是机构资源库,由大学或大学图书馆、研究机构、政府部门等类型的机构创建维护。第二种是学科资源库,这是一种按照学科类别建立的开放资源库,这类资源目前我国内地很少,但发展较快。目前用户较多的有中国科技论文在线(www. paper. edu. cn)、中国预印本服务系统(prep. istic. ac. cn,预印本是指科研工作者的研究成果还未在正式出版物上发表、但出于和同行交流目的自愿先在学术会议上或通过互联网发布的科研论文、科技报告等文章)、奇迹文库、中国数理科学电子预印镜像库(xxx. itp. ac. cn)等。第三种是开放期刊,这在我国也罕见。第四种是个人或多人组织的开放资源,包括个人 Web 站点、个人博客、主题博客、维基(又称协同著作平台、开放编辑系统)、论坛,等等。

国外较著名的学术开放存取资源有对过期期刊进行数字化的 Journal Storage(www. jstor. org)、斯坦福大学的 High Wire Press(highwire. stanford. edu)、瑞典 Lund 大学图书馆与 SPARC 联合创建的 DOAJ 期刊(www. doaj. org)、生物医学领域的生物医学中心 Biomed Central(www. biomedcentral. com)、生命科学与医学领域的科学公共图书馆(www. plos. org),等等。对于国内大部分用户而言，直接到外文网站搜索资源是有难度的，这里就体现出学习英语的意义了。

图 3–46 为中国科技论文在线、中国预印本服务系统、High Wire Press 和 Biomed Central 的网站 logo。

图 3–46　部分学术开放存取网站的 logo

3. 热门站点资源

一般来说，在某段时间内常被访问的站点，即热门站点。为使用便捷，人们还往往会把热门站点作为浏览器的起始页，即一上网就自动进入这个网站。如 Yahoo、MSN、搜索客、新浪、网易、中华网等，都可以算作热门站点，热门站点的特点是内容比较全面，往往包括各类新闻、搜索引擎、免费电子邮件、娱乐、购物、天气预报、股票行情等，往往能够为人们提供几乎所有常用的服务内容。现在很多热门站点都提供按人们各自的需要进行定制的所谓个性化服务，让每个人在每次上网时能很方便地浏览到自己感兴趣的内容。

网上还有一类提供交流服务的站点，包括论坛、新闻讨论组、邮件讨论组等。虽然在技术手段上不尽相同，但实际作用差不多，都是供网友间互相交流之用。这类站点很多，而且各有侧重。如果你对某类题目感兴趣，必然很想找到一些与你有共同语言的人在一起聊一聊侃一侃，只要话语投机，可以聊到天亮。通过找到你感兴趣的类别，你在网上很容易找到这样的一群人并成为其中的一员。不过，在使用这类站点时需要你有一定的鉴别能力，有些人、有些话或许不可尽信。

另外，我们比较常用的是教育类站点，这类站点又可以分为许多种，如大学、图书馆、教育考试机构、在线教育站点等。每个人可根据自己所学专业结合自己的实际情况选择适合的站点。这类站点比较常用的有：

中华人民共和国教育部：www.moe.edu.cn

中国教育和科研计算机网：www.edu.cn

中国现代远程与继续教育网：www.cdce.cn

中国教育信息网：www.chinaedu.edu.cn

超星数字图书馆：www.ssreader.com

Google 图书：books.google.com

百度文库：wenku.baidu.com

万方数据知识平台：www.wanfangdata.com.cn

中国知网：www.cnki.net

在线新华字典：xh.5156edu.com

中国科普博览：www.kepu.net.cn

总之，网络资源是极其丰富的，家常到"如何挑选新鲜鸡蛋"大全，极端到"手把手教你如何制造原子弹"教程，无所不有。因此说，所有问题都可以在网上找到答案，这句话绝没有夸大。对于网络上的各类资源，我们应该养成及时处理下载资源的习惯，对文件进行命名，建立好分类目录，建立自己的文献库、收藏夹，提高检索效率。

3.2　课程考试

为对学生的每门课程修学情况给一个评价以确认可以获得学分，(本科生还有学位条件)学校对专业教学计划规定的(即拓展课程以外的)每门课都组织考试。

3.2.1　考试分类

按考试组织者的不同，课程考试分三大类。第一类是由中南大学负责组织的课程考试，专科生的全部考试和本科生的绝大多数考试属于这一类。第二类是由"全国高校网络教育考试委员会"负责组织、实施的"网络教育部分公共基础课统考"，主要课程是大学英语(B)和计算机应用基础，大多数本科生要参加这类考试。第三类是由各省学位委员会组织的"成人本科毕业生申请学士学位外语水平统一考试"，这个考试面向申请成人高等教育学士学位的本科生。

按考试方式的不同，有集中考试和形成性考试两大类，部分公共基础课统考和学位外语考试都是集中考试。几类考试的组成结构如图 3 - 47 所示。

本节只介绍第一类课程考试，关于第二类、第三类考试的详细内容将在

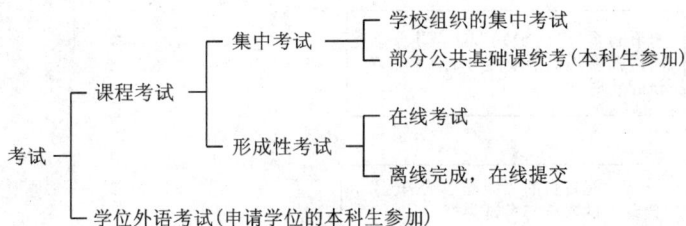

图 3－47　网络教育的考试种类

本书的第 5 章、第 7 章中专门介绍。

1. 课程考试

　　集中考试是由学校统一组织、在规定的时间和地点进行的考试，一般安排在每年 6 月和 12 月的第一个周末(即第一个星期六、星期日)。它主要考核学生对课程基本理论、基本知识的掌握程度及综合应用所学知识分析、解决问题的能力。考试采取开卷或闭卷方式进行。开卷考试时，学生可携带教材、作业、复习题等纸质学习资料进入考场，但仅限自查，不能互借，禁止携带笔记本电脑、手机、电子词典等电子工具，否则视为考试舞弊。闭卷考试不能携带任何与课程内容有关的资料进入考场。学生必须按既定安排参加集中考试，否则就是缺考，再次获得考试机会最快也要半年之后。

　　学校于每年 3 月中旬及 9 月中旬在学院网站公布各层次各专业各年级的课程考试安排。学生可以通过学院网站首页发布的"考务通知"查询整体的考试计划，或登录"学生学习平台"，在"常用栏目—课程学习与考试—本学期考试与作业"查询自己的考试安排。学生务必留意，避免耽误考试。

　　形成性考试是一种非集中性的、散布于平时学习中的考试，一般定在每年 3～6 月和 11～12 月进行。它注重对学生综合应用能力、动手能力和创新能力的考核。形成性考试的具体形式非常灵活，它可以是一份试卷，也可以是一篇小论文、一份调查报告，或者是一个设计、一个实用程序、一个制作，等等。

　　形成性考试分为在线考试(即网上考试)和离线考试两种，由课程特点决定。政治理论课、英语、公共基础课采用在线考试形式，一部分专业课也采用在线考试形式。与集中考试比较，形成性考试的组织略为复杂一些，其流程表如图 3－48 所示。

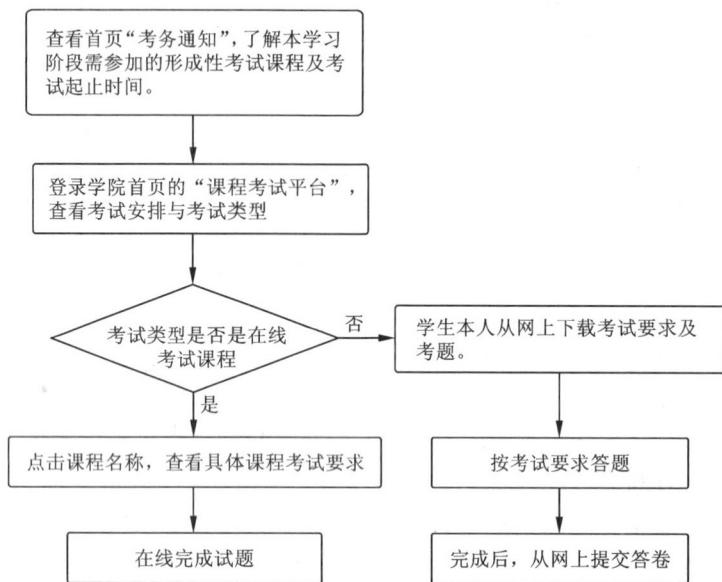

图 3 – 48　形成性考试流程

2.课程重考

学生在有效学习年限即入学起 5 年内,因自身原因缺席本阶段的课程考试或考试未能通过者,可以参加该课程重考。

因为课程重考是和各学习阶段的正常考试同时举行的,所以学生只能参加与自己正常考试时间不冲突的其他课程重考。课程重考由计算机系统统一安排,无需申请。学生如有两门及以上重考课程出现在同一考试时间段,则由系统安排其中一门,其余需重考的课程要等下次安排。中南大学网络教育的课程重考无须缴纳任何费用。

3.课程免修

中南大学网络教育专科毕业后又就读中南大学网络教育专科升本科、且两段学习之间又不超过 5 年的学生,可免修"网络教育学习"课程。系统自动处理课程免修,学生无需办理免修手续。

国民教育系列本科及以上层次毕业生攻读网络教育第二学历或第二学士学位者,可以免修"大学英语"、"计算机应用基础"两门课程。根据教育法,国民教育系列指由各级政府或教育行政部门批准的学校及其他教育机构所实施的教育，党校、军事院校、未经政府批准的学校都不属于国民教育系列。

3.2.2　考前复习

考试按目的不同可分为选拔考试(资格考试)和水平考试(效果考试)两大类。高考、公务员考试、各类资格考试，包括古代的科考等属于选拔考试，这类考试的目的是选优，由于考题难度、考试人数、录用人数的变化，每次考试的及格线都不同。选拔考试直接关系到考试人的切身利益，因而竞争比较激烈，考前准备、心态调整等的要求极高。对于这类考试，会不会学习是次要的，重要的是会不会考试。选拔考试有不少技巧，学优考劣者会败给学劣考优者。课程考试、外语水平考试等属于水平考试，这类考试仅仅是检验学习者的学习水平，一般以获得 100 分中的 60 分为及格。这类考试没有筛选目的，在及格线以上的高分和低分的功用区别不太大(将其与其他事项关联者当别论，如本科的学位课程成绩)，考前准备就是完全针对教学大纲的复习。

既然如此，我们如何复习备考也就很清楚了，无非是把课程内容系统地整理一遍，以加深印象。如果在考前老师指出了课程的学习重点，那复习就更是目标清晰了。事实上，学校在每次考试前一个月会公布集中笔试课程的复习题，复习题题型与考试题型一致，基本涵盖了本课程的知识点，并提供了复习题答案或答题要点，这对我们的复习都是很有帮助的。但不可误以为复习题就是试题，如果是这样的话就没有必要再装模作样地组织什么考试了。

在复习中，应当把学习时未弄懂的问题尽量弄明白，把没做完的作业做完，把做过的作业再做一遍。为便于总结归纳，学校在考前 10 天会公布纸质作业答案，大家可自行检查作业的完成情况。在复习过程中如遇到疑难问题，可通过网络课件中的"网络答疑"栏目与老师联系，老师会及时给予回复，同时大家也可通过学习论坛、QQ 等方式与同学展开交流。学校在考前还会安排部分课程的视频答疑及辅导，大家可以利用这个机会与老师进行广泛的交流。要珍惜这个学习的机会，准备好提问材料，不必问"这个考不考""那个考不考"之类的问题，凡是教学大纲涉及的内容都是应当考的内容。

考试前调整好身体状况，以良好、平和的心态迎接考试是很重要的。好心情能让人思路如泉涌，不可遏止，妙笔生花，如有神助。考前不喝太多水或许也很重要，因为频频起身上洗手间会占去你不少的考试时间。

3.2.3 考试纪律

我们从小就知道考试有纪律，守纪是美德，这个问题不应过多地说了。在此只拣容易忽视的几点再强调一下。

首先是考试身份和时间。考生须在考试前 15 分钟凭中南大学网络教育准考证和身份证进入考场，在签到单上签名，对号入座。无证或证件不全者、迟到 30 分钟者，都不允许进入考场。拿到试卷后的第一件事是认真填写你的学号、姓名、座位号，否则你这场试就白考了。开考后，不论什么原因要退场，须在 30 分钟以后，且要经监考人员验收试卷同意后方可。集中考试的试卷是严禁被带出考场的，一旦发现有违反者，即便追回或交回了试卷，也是零分。考试结束后，不论闭卷开卷，草稿纸都要一起完整上交，否则考试无效。

对于闭卷考试，考生不能携带任何书籍、报纸、稿纸、通讯工具和带有存储功能的电子用品进入考场。对于开卷考试，除笔记本电脑、手机等具有通讯功能的工具外，其他书刊报典是可以带进考场的，且不限数量。不论闭卷开卷，都要求独立答卷，不能交谈、传递。

考试是集中安排的，一场接着一场，下午接着上午，一天考下来，人会感到很累。即便考得不好也无法挽救了，因此考完后，你不妨去附近的花园散散步看看月亮，或者找个影院看一场刚上映的电影，好看不好看都不重要。

3.2.4 成绩管理

1. 成绩记载

大多数课程考试特别是集中考试实行百分制，少数课程考试实行等级制，即以优、良、中等、及格、不及格的级次判定成绩。

课程的最终成绩由平时成绩和课程考试成绩两部分组成。对于有在线作业的课程，平时成绩占课程最终成绩的 20%；对于仅有纸质作业的课程，平时成绩占课程最终成绩的 10%。因此，要重视平时作业。例如某课程有在线作业，所以课程考试成绩占总成绩的 80%，如果学生的卷面分数为 70 分，那么折入总成绩只有 56 分，此时就要靠作业成绩来补足了。如果他平时作业成绩不到 20 分，经折算后不足 4 分，那么总成绩就不到 60 分，因此是不及格。而另一名学生的考试只得 55 分，但平时作业有 80 分，那么他的最终课程成绩是 60 分。

课程重考成绩以卷面分为准，不计平时成绩。

要提醒一句，所有在考试中有违纪行为的试卷均无成绩，并在成绩登记表中注明"舞弊"。

2. 成绩查询

每学习阶段课程考试结束后一个月左右，学生即可登录"学生学习平台"，选择"常用栏目—成绩查询及申诉"，即可看到本次课程的学习成绩。

3. 成绩申诉

如对成绩有异议，觉得成绩评得太低或太高（认为成绩太高的情况一般不会出现），学生可登录"学习平台"，点击"常用栏目—成绩查询及申诉—成绩申诉"进入成绩申诉页面，在该页面选择本次考试课程，填写查分原因，提交申诉。隔些时间后，点击"申诉回复"按钮可以看到学校处理结果。为慎重起见，学校一律不接受电话查分要求。

第4章 学籍管理与学习费用

本章介绍学籍管理方面一些需要了解的事情，其中有些只和部分学生有关。本章还介绍了学习期间学生缴费的问题，这和每位同学都有关。由于都是操作层面的事，就有手册、条例的味道，与前面的章节比起来，读的时候会枯燥一些，不过好在不难读懂，篇幅也不长。

"籍"字是一个会意字，由"竹"和"耤"两字组成。"耤"读音同"集"，又是一个会意字，"昔"之"耒"，即先祖的耕地。在发明纸张之前，人们用竹简记事，"籍"就是祖居地的登记册，后来引申为三个意思：第一个是"书册"的意思，如"书籍"、"典籍"；第二个是"祖居"的意思，如"籍贯"、"原籍"；第三个是"因登记而存在的隶属关系"的意思，如"国籍"、"党籍"。"学籍"是第三种意思。

4.1 学籍

学籍是一个人被登记为学生而隶属于某个学校的关系，是学校对该人的学生身份和在校学习资格的认可，也是指一个学生属于某学校的一种法律身份。学籍的建立与解除都受到相关法规的约束，有一套规定的程式，学校不是想来就能来、想走就能走的。

学生一旦按规定获得了某所学校的学籍，就享有规定的权利，也要履行规定的义务。这些权利包括可以使用该校提供的教育教学资源、参加学校教育教学计划安排的各项活动、完成学校规定学业后获得相应的证书，等等。义务则有：遵守学校管理制度、按规定缴纳学费及有关费用、刻苦学习、遵守学生行为规范，等等。如果学校不向在籍学生提供教学资源或者提供的教学资源质量低劣、不安排教学计划确定的教学活动或敷衍了事、不按规定向学生发放相应证书或发放无效证书，总之是只收费不做事或者做事拖延搪塞，学生都可以用要求学校改进、或向学校的上级主管部分投诉等方式维权。如果学生不遵守学校管理制度和学生行为规范、不按规定缴纳学费及有关费用、不刻苦学习甚至不学习，学校就有权依章对其提出规劝、警告乃至惩戒。

学籍管理是学生在校期间管理的重要环节，涉及学生从注册就读到毕业离校的一系列学籍方面的管理工作，主要有学籍注册、学籍异动、毕业等方面。

4.1.1 学籍与注册

学生取得学籍要经过报名—录取—缴费—注册四个环节。注册就是向学校登记备案，学校把学生的姓名等个人信息填写到学校的数据库中。报了名的人未必被录取，录取了的考生也可能最终决定放弃这个资格，所以，只有完成了注册的学生才获得学籍，而在非义务教育中，注册往往与缴费同时完成。

为了规范普通高等学校的办学行为，保护学生的合法权益，国家采用了本专科新生学籍电子注册的方式进行监督。新生学籍电子注册与学历证书电子注册是衔接的，只有经过新生学籍电子注册的学生获得的毕业证书才能进行学历证书电子注册，就是说，如果某位新生入学时没有办理学籍电子注册，那么他就等同于没有入学，最终拿到的学习文本只证明他有一段经历，这种文本是不能上网的，不是国家承认的文凭。

新生学籍电子注册的工作是学校完成的。凡是进行了新生学籍电子注册的在籍学生，都可以通过"中国高等教育学生信息网"（我们通常简称其为"学信网"）查询到自己的学籍注册情况，学信网的网址是 www.chsi.com.cn。图 4 – 1 为学信网的首页。学生也可以通过学院主页"学生学习平台"进入"学生平台"（图 3 – 10），点击右上角"个人资料"按钮［图 4 – 2（a）］进入"个人资料中心"页面，打开"个人信息核对"和"个人信息修改"栏目［图 4 – 2（b）］进行个人基本信息核对。

学校上报的信息是学生本人或校外学习中心帮助提供的。注册中，学校的责任是要做到不漏，而学生的责任是要做到不错。学生个人信息中只要错一个数字，系统就会认定这是另一个人。你现在有必要暂时放下本书，到网上去核查一下你的学籍是否进行了电子注册，以及所填写的内容是否完全正确。如果发现有错，有些可以自己更正，不能自己更正的要立即和中南大学网络教育学院负责学籍管理的老师联系。

学生修读期间，在每学期开始时，须到所在校外学习中心办理学习阶段注册手续，以确认自己的学籍，称为学期注册。学期注册每学年两次，分别在 3 月和 9 月。因故不能按期注册者，应向校外学习中心办理请假手续，或委托校外学习中心代为注册，逾期未注册者，作退学处理。这是学籍异动管

图 4-1 "学信网"首页(局部)

图 4-2 通过中南大学网络教育学生平台查询个人学籍信息

理的需要,后文会详说学籍异动问题。

在学习期间,如果发现学生有使用不正常方式取得学籍的,其已经得到的学籍将被取消。

4.1.2 学习年限

在最初决定试办网络教育的时候,国家曾明确要求这种教育形式要实行学分制。学分制始于 19 世纪末美国的哈佛大学。学分制的最大特点是"选课制",最大优点是学生可以搭建自己追求的知识结构。

假设你进到这样一个餐馆,它把菜单分成凉菜、热菜、酒水三页。服务生告诉你,凉菜这一页只是给你看一看,你不用点也不准你点,这是本店特色菜，到时候这页菜单上所有的菜都会端上来；热菜这页中，有几道也是必尝的招牌菜，但你还可以而且必须另外选几道你喜欢的；酒水单你要认真选，选什么都行，但一定要选三种。服务生还会告诉你，你慢慢吃，不着急，当然，如果有急事也可以抓紧吃，反正不准浪费，不吃完不能走人；或许服务生还会告诉你另一种安排：菜要到 1 个小时以后才能上齐，但你必须在 2 小时后离店，因为餐馆是要关门的。这家餐馆是不是很有意思？它采用的就是"学分制"的经营方式。凉菜就是基础平台课程，热菜就是专业技术应用平台课程，酒水则是职业选项课程。不限用餐时间的，是"完全学分制"，规定了时间的，是"学年学分制"。

　　学分制的优点是明显的，它积极鼓励学生根据自己的能力与兴趣安排个人修学计划，甚至随时改变专业；它有效地激发学生的学习主动性和独立性，有利于因材施教；它让有潜力的优秀学生及早脱颖而出，一些天才学生一年就能获得博士学位；它解决了贫困生学费难题，贫困生可以通过加快毕业速度的方法减少学习生活开支，也可以通过打工挣的生活费用适当延长毕业时间的方法完成学业；它提高了收费透明度，因为学费是按学分收取的，明码实价，童叟无欺。学分制对于整合教育资源、增强教师的竞争意识、提高教学效果等诸方面都有极大的促进作用。

　　实施学分制的难点是教学资源，不论哪种学分制，首先都要做到有足够多的课程可以选修，因此要有足够多的教师。学分制的学籍管理和教学安排也是一个难点，因为学生的学习课程表五花八门，完全不统一，选课时还会遇到课时冲突的矛盾。另外，有的课可能有几百人选修，学校没有这么大的教室，有的课可能没有学生选修，教师闲着没事做。

　　学分制的这些难点在网络教育中全部迎刃而解。资源方面，只要制作大量课件就可以解决，而且各个学校之间可以共享；学籍管理方面，要开发这样的管理系统不是难事；课时冲突方面，网络教育学生可以调整自己的时间安排而不需要专门教室和课表。因此，学分制似乎就是为网络教育而诞生的。

　　但实际上网络教育没有实行学分制，主要原因是学校和学生双方都还习惯于传统的学年制，整个教学活动整齐划一，容易控制，管理简单，其次是课件资源跟不上学分制的需要，校间教学资源共享还有些屏障。我们现在的教学计划中规定了每门课程的学分，其作用主要是反映课程的学时、指导教师授课的分量和学生学习时的投入，与真正的学分制没有什么关系。但相对于全日制教育还是有点改变，就是有效学习时间有了些弹性，在基本学习年限的基础上可以适当延长。

中南大学网络教育实行弹性修业年限制,高中起点专科和专科起点本科两个层次教育的基本学习年限都是 2.5 年,实际修业年限为 2.5 年到 5 年。如果还用餐馆做比方,那就是规定了菜单,但吃饭时间稍有灵活。

4.1.3 学籍档案

学籍档案登记学生的个人基本信息和学习期间所有与学习有关的信息,前者包括照片、入学报名登记表、原学历证书扫描件、身份证扫描件等,护理学专业学生还有护士执业资格证书的复印件;后者包括学籍表(即成绩记载表)、毕业生登记表等。每个学生的相关资料分别装放在一个单独的档案袋中。学生毕业时,学校将学籍档案随毕业证书同时发放至校外学习中心,由校外学习中心发放至学生。

学籍档案是公民人事档案的组成部分。它记载了一个人学习期间最基本、最真实的情况,是个人学历方面具有法律效用的证据,与个人工资待遇、社会劳动保障、岗位转正定级、职务职称变动等紧密挂钩,特别是在国有企业、事业单位,人事档案的重要性更为突出,近年来,成熟的民营企业也十分重视档案审查,以其记载的相关资讯作为甄选人才的重要证据。一些本人已经忘得干干净净的事情,在档案中却是白纸黑字赫然在目的记载。例如若干年后,有人突然问起你当时的班主任叫什么名字时,能帮你回答这个问题的只有你的学籍档案,因为那上面有他的印章。档案比人"长寿"得多,人死后其档案一般在原单位保管 5 年,然后交上级档案馆长期保留,不会销毁。

我们毕业时拿到的档案袋是封口并加盖密封印的,你千万不要私自开启,一旦私自开启,那份档案就被视为无效了,因为谁也不能证明其中确实没有被个人涂改的地方。其实袋中之物只有三类:证明你入学的《入学登记表》和一些身份方面的复印件、证明你学习过程的《学生学籍表》、证明你正常毕业的《毕业生登记表》,这些材料大多数就是你自己写的或者是你自己提供的。有些表格上有校外学习中心意见、学校意见等栏目,上面一般不会出现对你不利的文字。拿到档案袋后,要立即送交单位的人事部门,人事部门会将这些材料装订到你的人事档案中,并编进目录。如果你还没有固定的工作单位,那么你的人事档案应该放在当地的人力资源和社会保障局人事档案管理科或者某个有人事档案管理权的单位,如人才交流中心。

我们发现有的学生对自己的学籍档案不很重视,都毕业几年了,档案还放在家里的抽屉底下,似乎是某次会议发放的交流资料。更有甚者,把档案弄丢了——估计其实是错当成废纸卖了。这都是让人哭笑不得的。想补做一份，谈何容易！

4.1.4　学生证

学生在日常事务中证明自己的学籍，使用的是学生证。学生证的式样通常有两种，一种是一个纸质的小本子，一般有 4 页，外装一个塑料封皮，另一种是一张用 PVC（聚氯乙烯）制作的卡片，外形和银行卡差不多，可以放到钱包里或证件夹中。学生证在学校范围内常用在考场，给监考人员一个身份证明；在校园范围外可据此享受一些学生才有的待遇，如乘坐火车回家可以半票、进入景点参观可以优惠，等等。全日制学生都使用纸质的学生证，因为火车站要在那上面登记购买半票的情况。而我们没有这样的待遇，所以采用卡的形式，便于携带和收存。

中南大学网络教育学生证是我校网络教育学生在读期间的身份证明，由中南大学网络教育学院统一制作并发放给每位学生，每学期注册、领取教材、参加学校的各类考试以及各种活动时，学生都须携带学生证。学生应爱护，并妥善保管学生证。证上有学生的基本信息，丢失学生证的同时就等于泄漏了个人信息，后果难以预料。

学生证只限于学生本人使用，如有遗失、损坏以及因学籍异动引起学生证信息变化乃至影响正常使用的情况，可申请补办或更换。但学生本人须写出书面申请，说明遗失、损坏以及更换的原因，经校外学习中心签署意见，网络教育学院审查同意后方能补发。学生证补发办理均安排在每学期开学注册的第一个月。

学生证丢失后所造成的损失由学生本人负责。学生毕业或有效学习年限终止或退学后，学生证将自动作废，但学校不收回，留给学生作一个纪念。

4.2　考核成绩记载

我们在第 1 章就专门说了一下正确对待考试的态度问题，在第 3 章中已经说过课程考试（包括集中考试、形成性考试、重考，以及成绩折算方法）的有关事项。后面的第 5 章将详细地介绍网络教育部分基础课程统考，第 6 章则要谈本科的毕业论文和专科的毕业综合训练，这是毕业的综合考核，可以算是考试，第 7 章会具体介绍成人学位外语考试。

在这里，我们只从学籍管理的角度简单说说成绩记载问题，因为成绩记载是学籍管理的主要内容之一。

　　我们从学校学习平台上看到的自己的成绩，和"学籍表"中所登记的完全一样，它们出自同一个数据库，只不过前者是显示在屏幕上，后者是打印在纸质表格上。重考通过的考试，在学籍表中只登记成绩，不出现重考的标注。这是向学分制靠拢的体现，考试通过就行，与第几次通过无关。因此，学生需要重点核查的是：各门课程有无漏登成绩、学位课程有无低登成绩、统考课程有无错登成绩。发现问题，应立即按规定的流程申诉，并密切注意回复，最后落到实处。改动成绩是一件非常严肃的事，必须严格履行相关程序。

4.3　学籍异动

　　学籍异动是指学生取得正式学籍后发生了变化，主要有休学、复学、退学、转专业、转校外学习中心等形式。所有学籍异动手续都要在每个学习阶段注册时办理。

4.3.1　退学

　　退学就是解除(包括放弃或取消)学籍，退出学习。

　　退学有多种原因，较多的情况是，学生因经济能力坍塌而无法继续负担学习支出、学生因健康原因或出国原因而不能坚持完成学业、学生因工作性质变化而不再需要本次学习、学生确认因自己的文化基础条件缘故不可能在5年内毕业，等等。无法学下去、不必学下去都会出现退学。这些原因生成的退学，都是正常的学籍异动，不是一种处分。好比有人上车后提出要从中途车站下车一样，自有他的道理，而且相信他对下车后怎么走也已经有成熟的考虑，所以不必阻拦或劝留。

　　学生退学须由本人填报"退学申请审批表"，审批表可从中南大学网络教育网站下载。具体下载途径为：从学院主页左边菜单"政策文件—管理制度(规定)"点击"中南大学网络教育学院学生退学、转专业、休学、复学申请审批表"，查找并点击"退学申请审批表"，如图4-3所示。学生下载打印审批表后，本人如实填写各栏内容，签名后提交校外学习中心初审，校外学习中心签字、盖章后寄往中南大学网络教育学院审批备案。学院收到申请审批表后进行批复并完成网上学籍变更操作。

　　以下其他的学籍异动申请审批表的下载、填写、交送、审批程序与此相同。

　　学生退学即注销其学籍，退学费用的结算方法按中南大学网络教育收费管理办法执行。经规定程序正常退学的学生，学院发给已修课程成绩单，符合结业或肄业条件的，学校发给结业证书或肄业证明。

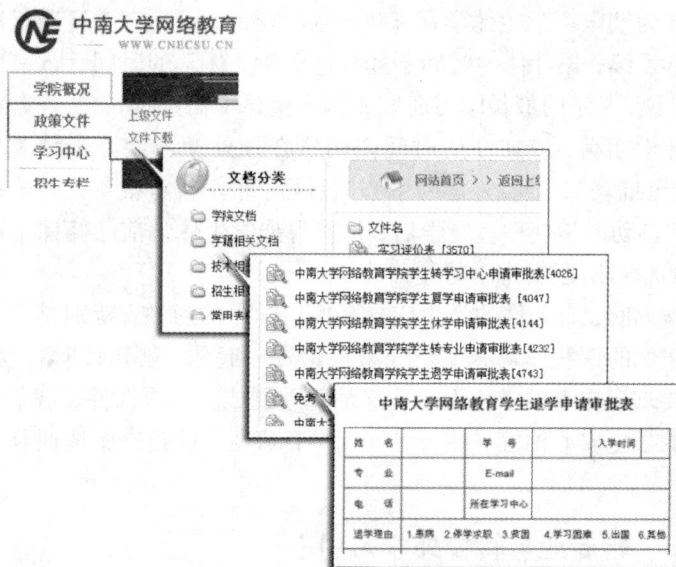

图 4 – 3　学籍异动申请审批表下载方法

　　除了上述的正常退学异动外，还有两种非正常的退学。

　　一种是无正当理由不如期注册，或连续一年未缴费且未办理学费缓缴手续，或休学期满又不办理复学手续。对于这些情况，由于学校无法理解其意图，所以只能对其作自动退学处理。所谓自动退学，就是不知原因又不办理手续的"认定性"的退学，在学籍管理上有点像失踪。自动退学处理要求提前告知学生本人，如果实在找不到，我们也会留下可以证明已经找过的主观努力和最终没找到的客观原因的证据，例如被退回的邮递快件。

　　另一种非正常的退学是因严重违纪而被开除学籍。学籍被开除自然就意味着退学处理同时成立。

4.3.2　休学与复学

　　休，人字旁一个木。人靠在树旁，或是歇口气，或是先办点别的事。气缓过来了,或者别的事办完了,还要继续赶路。学生由于入伍、短期出国、援边扶贫、生育休养、疾病手术、短期经济拮据、意外遭受灾祸等或公或私的原因,需要中断学习半年以上者,可提出休学申请。

　　申请休学的学生,应向所在的校外学习中心提出申请,填报"休学申请审批表",经校外学习中心批准同意后,报学院教学部审批备案。学生休学一般以一年为期限。学生休学期满仍不能复学的,可凭有关证明材料申请办理继续休学手续,累计休学时间不能超过2年。休学的时间计入有效修业年限,也就是说,5年的最长学习时间不因学生休学而延长。

　　学生休学期满,应在注册时间内向所在校外学习中心申请复学,填报"复学申请审批表",经校外学习中心同意后,报学校审批备案。不按时办理复学者,按自动退学处理。复学后,学校根据学生休学前已修课情况将学生编入相应的学习阶段安排学习。

　　在休学期间,有条件的学生应尽力保持学习的习惯,特别是英语之类需要积累和记忆的课程学习,不要轻易也跟着一起休,须知休时容易复时难。我们也不要求病榻上的学生忍着病痛演算习题或上网看课件。我们衷心希望因病休学的学生安心治疗,并祈愿他们早日康复,健健康康地回到这个学习群体中来。

4.3.3　转专业与转校外学习中心

1. 转专业

在说转专业之前先谈谈专业。

　　专业的原意是专门的职业。古时上到尚书侍郎,下到庖丁绣工,雅到翰林进士,俗到锁匠媒婆,都是专业。自从教育借用了这个词后,其意思发生了重大的改变。如今,专业指大学中,学科大类以下的学业门类。我国的专业设置是由国家《普通高等学校本科专业目录》统一规定的,这个目录过一定时间会对专业的名称和数量进行一次调整。1987年以前,我国有1300多个专业,1987年减少到671个,其后又经过三次调整,如今使用的是2012年目录,共有专业506个。

　　调整专业的依据是社会、文化与科技的发展,调整的方法是新增、更名、撤销、细分和合并。例如2012年版的专业与前一版比较,新增了音乐与舞蹈学、戏剧与影视学等专业;撤销了林木生产教育等专业;属于更名的有科学社会主义专业改为科学社会主义与国际共产主义运动专业、中国共产党历史专业改为中国革命史与中国共产党党史专业,等等;属于细分的如生物科学专业拆为生物化学与分子生物学、生物资源科学、生物安全、生物科学与生物技术四个专业，朝鲜语专业拆为朝鲜语和韩国语两个专业，等等；属于合并的，如生物工程、生物系统工程和轻工生物技术三个专业合并为生物工程专业。

说了这么多对我们似乎无关的话，只是想告诉大家，"专业"是一个相对的词，但在一段时间内又是含义固定的词。知道了这一点后，再来谈转专业就好办了。

从道理上说，从学生的事业发展或兴趣转移来看，转专业的要求应属正当。国家都在改专业目录，我又为什么不能转换专业呢？但在实际操作中，学生转专业却遇到很大问题，主要问题来自于当前的教育管理体制——传统模式的管理。我们在第 1 章里说过，现在的本科教育是上了生产线的教育，所以，每个加工环节包括夹具、刀具和切削等都是整齐一致的。一个加工到一半的零件要换到另一条流水线上去，好比要把蒸到半熟的包子改成披萨，那是不可能完成的任务。

转换专业，不仅意味着要实现两个教学计划之间的变轨，还面临着已经电子注册的学生信息中有些是不能更改的问题。例如学号，学号中有专业信息，改了专业却不能改学号，就有点不太顺眼了。言下之意是，除非不改专业会大难临头，否则不要去改动专业。

学校还是给转专业留了一条小路。如果原学专业是非改不可的，例如就业单位的刚性要求，那么就应按以下要求办理。

时间上，只能在入学注册后到第二学习阶段学期注册时办理，这段时间大约是半年。过了这段时间，就只剩一个办法了：先退学，然后重新报考新专业。

在对已修课程的认定上，前后专业相同的课程（基础课类）成绩予以转入，学分数以转入专业教学计划的规定为准；原专业已修课程中不符合转入专业教学计划的课程成绩不能转用。

学籍方面，学生转专业后，学号不变，学习期限从原专业入学注册起算。

学费方面，变更专业后，学费交纳按转入专业规定执行。在原专业已发生的学费、教材费支出不予退还。

学生转专业须本人向校外学习中心提出申请，填报"转专业申请审批表"，经所属校外学习中心同意，报学院教学部审批后予以转专业处理。

2. 转校外学习中心

学生学习期间因工作调动、迁移等原因需要转校外学习中心学习的，由本人联系转入的校外学习中心。转入的必须是中南大学网络教育的校外学习中心，而不能是其他试点高校所设立的。有哪些校外学习中心可以转入，请从中南大学网络教育网页的"学习中心—学习中心检索—校外学习中心省份"查询(图4-4)，那里有中南大学在各省区设立的校外学习中心的联系人、地址和联系电话。

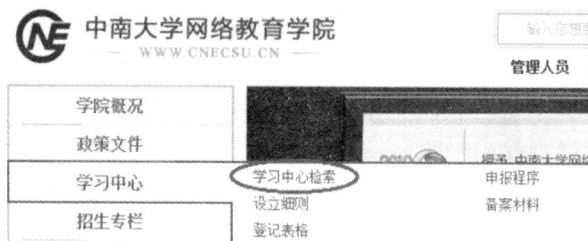

图4-4　中南大学网络教育校外学习中心查询

办理转学习中心应注意以下几点：

第一，学生申请转入的校外学习中心必须开设该生所在批次的专业和层次，否则不能办理校外学习中心变更。

第二，由于不同地区的经济发展情况不尽相同，所以收费标准可能不同，学生变更校外学习中心后，已修课程学费按照转出校外学习中心的收费标准收取，未修课程学费按照转入校外学习中心的收费标准收取。

第三，转校外学习中心一般

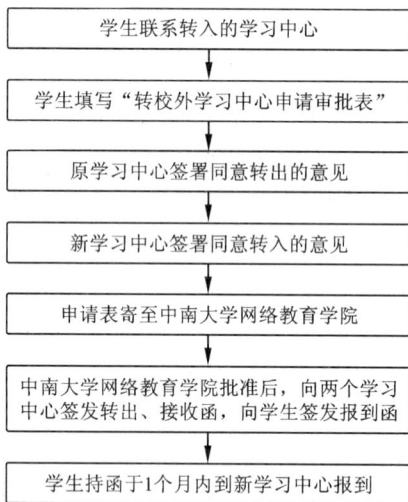

图4-5　转校外学习中心流程

以一学年为单位。学生转校外学习中心后，学号不变，学习期限不变。

转学习中心牵涉到两个学习中心之间的材料交接、经费结算等工作，手续比其他学籍异动稍复杂一些，过程如图4-5所示，前五步工作应由学生完成，审批表在中南大学网络教育网站上下载。

4.4　学生奖惩

对学生进行奖惩，是学校管理的重要工作，是教书育人的重要环节。相对于全日制学生，网络教育学生的奖惩要简单一些。例如奖励方面，只设"优秀毕业生"，没有设立奖学金，也没有三好学生、优秀学生干部等的评选，这是根据成人从业人员学习的特点所定。

4.4.1　优秀毕业生评选

为激发学生学习积极性，促进优良学风的建设，肯定优秀学生的努力，并通过优秀毕业生的示范作用树立中南大学网络教育形象，中南大学每年在网络教育应届毕业生中评选一批优秀毕业生，下发红头文件，并颁发证书。

评选时间安排在每届学生毕业前一个月（6月或12月）进行。凡在籍的本专科学生，修满教学计划规定学分且成绩优良、同时在学习或工作某一方面有突出表现的，都可以参加优秀毕业生的评选。评选人数原则上不超过校外学习中心同届毕业生人数的1%。

所谓突出表现，是多方面的。如坚韧的学习精神、优异的学习成绩、在学习集体中的威信、学习期间的工作业绩、研究成果、较重大的奖励，等等，都可以是参评的理由。参评工作是由校外学习中心组织的。从这几年的参评情况看，气氛还未营造出来，有部分校外学习中心还没有上报过优秀毕业生参评对象。因此，学生也应当主动起来，用关心、过问、自荐等积极参与的行动促进学习中心开展这项工作。

评选工作的步骤是：

第一步，校外学习中心根据《中南大学网络教育优秀毕业生评选办法》，提出符合优秀毕业生评选条件的学生名单进行初审，并组织应届毕业生评议。

第二步，校外学习中心组织符合推荐条件的毕业生填写《中南大学网络教育优秀毕业生登记表》，同时附上学习期间有关学习、工作方面成绩的佐证材料，上报到网络教育学院。

第三步，学院审查，通过后再上报学校审定，并将拟确定优秀毕业生名单在中南大学网络教育网站上公示。

第四步，公示一周后，学校根据公示过程中反映的情况，最终确定优秀毕业生名单，正式行文公布。对优秀毕业生颁发中南大学网络教育优秀毕业生证书,表彰文件发送至各校外学习中心并抄送学生所在单位。

从这个工作流程也可看出,学习中心如果不了解学生情况,是无法推荐的。为争当中南大学网络教育优秀毕业生,学生一定要让学习中心了解自己。

4.4.2　学生违纪处理

网络教育学生修业期间不用把户籍关系、组织关系转到学校,除了学习活动,其余的管理都在原工作单位。我们所说的违纪处理是各位以学生身份出现在学校组织的集中活动时的违纪,此外若有违纪(如酗酒闹事、打架斗殴、妨碍执法等)均属于各自所在单位处理权限之内。而学校组织的集中活动只有考试和毕业答辩,所以,网络教育的学生违纪无非是考场违纪和作弊,其余的诸如夜不归宿、旷课缺课、到江湖池塘游泳、违章用火、私拉电线、参与赌博、超标生育等违纪行为,在考场上是怎么都不会出现的。

对于违纪学生的处理,参照《中南大学学生违纪处分条例(试行)》的规定办理,处分方式由轻至重有警告、严重警告、记过、留校察看、开除学籍五种。主要考试违规行为的性质及处理方式见表4-1所列。

表4-1　主要考试违规行为的性质及处理方式

性质	情节	处理方式
考试违纪	·在考试过程中旁窥、交头接耳、互打暗号 ·不服从监考教师管理,扰乱考场秩序 ·未经监考教师准许,私自调换座位 ·伪造考试证件但未造成事实 ·违规将答卷(含试题、答题纸等)、草稿纸等考试用纸带出考场 ·用各种方式在答卷上标记信息 ·其他考试违纪行为	视情节和认错态度,酌情给予警告、严重警告或者记过处分

续表 4－1

性质	情节	处理方式
考试作弊	·闭卷考试中携带与考试内容相关的文字材料参加考试 ·闭卷考试中携带存储有与考试内容相关资料的电子设备参加考试 ·偷看、抄袭他人的答案，或者给他人偷看、协助他人抄袭 ·利用说话或者约定手势等形体语言交换答案 ·在考试过程中使用通讯工具或者其他相关设备 ·故意销毁试卷、答卷或者考试材料 ·传、接物品或者交换试卷、答卷、草稿纸 ·组织作弊或者集体作弊 ·抢夺、窃取他人试卷、答卷或者强迫他人为自己抄袭提供方便 ·由他人代替考试、或替他人参加考试 ·在答卷上填写与本人身份不符的姓名、考号等信息 ·偷窃或者传播试卷、答案 ·通过伪造证件、证明、档案及其他材料获得考试资格和考试成绩 ·评卷过程中被发现同一科目同一考场有两份及以上答卷答案雷同 ·考场纪律混乱、考试秩序失控，出现大面积考试作弊现象 ·其他考试作弊行为	给予留校察看处分；由他人代替考试、替他人参加考试、组织作弊、使用通讯设备作弊、伪造成绩、偷窃或者传播试卷及答案、第二次作弊的，给予开除学籍处分

　　警告和严重警告是程度不同的两种告诫式的纪律处分，作用是提醒注意和警惕。受到处分者当时在全校或是全单位面前有点面子扫地，但事后还是没有包袱的。记过，顾名思义可知这是一种记载式的纪律处分，会记录在个人档案里的，像纹了身一样，遮不住、瞒不了、抹不掉。留校察看有期限，半年或一年都有，到期后受处分者可以申请解除处分。要知道的是，留校察看也是一种记载式的纪律处分，解除不是消除，处分解除后在档案中依然有痕迹，好比身上有块疤。至于开除学籍，前面已经提到过。开除学籍则意味着断绝关系，学生在规定时间里离校，学校向被开除学籍的学生发给写实性的学习证明，不退学费。学生被开除此校的学籍，可以按规定获得其他学校的学籍。

4.5　学业完成状态

学生学业完成状态有毕业、结业与肄业三种。"毕"和"结"的意思相近，都是完了的意思，如完毕、完结。但毕业和结业却有严格区分，差别巨大，不能混淆。"肄"的字义是练习，不要错写成"肆"。

4.5.1　毕业

学生在有效学习年限内，修完本专业教学计划规定的课程，并取得规定的最低毕业学分，其中本科层次学生通过网络教育公共基础课全国统一考试，经学校审核，符合毕业条件者，准予毕业，发给单页式的中南大学网络教育毕业证书，证书式样如图 4 - 6 所示。发证时间就是毕业时间。在教育部办理了电子注册手续的学生，其毕业证书可以在学信网查询。

图 4 - 6　中南大学网络教育毕业证书式样

毕业证书上的校名要盖"中南大学"红印，校长栏盖校长签名印，学生照片上加盖"中南大学"钢印。学校还另配上红色硬质封皮。

毕业证上的照片是彩色打印的，不用另贴，所采用的电子图像就是学生入学报名时上传的电子照片。为了保证毕业证书的照片质量，也为了加快教育部学历证书网上电子注册的进度，我们要求学生尽量采用新华图片社的照片作为毕业证书的电子图像。学生如发现原先上传的照片不能正常显示或照片质量不高，应重新上传，以确保毕业证电子图像的清晰美观。我们在打印过程中，时不时会发现一些照片的长宽比例严重错误，照片上的人脸之长超过了动画片《三个和尚》里的瘦和尚，这是压缩上传的误操作所致。曝光不足或曝光过度的照片也时有发现。毕业证书陪伴终身，证书上留下的形象应是我们的"标准像"。

每年办理毕业手续的时间分别为 1 月和 7 月，学生毕业前应按照教育部颁布的《高等学校学生行为准则》作全面鉴定，认真填写《毕业生登记表》，并通过学校网络系统上传到学校。登记表上的照片一般与毕业证书上的照片一致。

4.5.2　结业和肄业

1.结业

对于在有效学习年限终止时，已修完本专业教学计划规定的课程，但有三门以下(含三门)课程未获得学分的情况，经学生本人申请，给予发放中南大学网络教育结业证书。

一个单位、一个团体，还有一些培训公司，把人集中起来后，长的讲几十个学时，短的做两三个讲座，就能发一个大红色的本本，也叫结业证书。学校学历教育颁发的结业证书和这种结业证书的含义是完全不同的。

2.肄业

对于在有效学习年限终止或退学时，累计修读的学分未达到毕业或结业要求的情况，经学生本人申请，给予发放中南大学网络教育肄业证书。

结业证书和肄业证书都不是学历证书，它们只说明学习经历，不能证明持证人的学业水平。我们的学生如果发现自己已靠近结业边缘了，一定要狠狠地下一番努力，把那些未通过的课程在修业年限内考过，别让"毕"字变成"结"字。

4.5.3　证书遗失和学习证明

1.证书遗失

各种证书，包括毕业证书和学位证书，甚至包括收藏品结业证书和肄业证书，都只发放一次。如遗失或者损坏，都不能补发。补救的办法是学生提出申请，学院核实后出具相应的证明书。虽然证明书与原证书具有同等效力，但使用起来不方便，腰杆似乎有点不直。保管好自己的毕业文凭，不用金戈铁马，没有弥漫硝烟，只需要多一点谨慎。

保管好各种证书，除了防止遗失外，还要防止水渍、虫噬、挤压，证书正面要垫上一张白纸，因为现在的证书都是打印的，碳粉也好，彩色油墨也好，都有胶性，长时间和塑料膜挨在一起，那些文字照片就会跑到塑料上去。最典型的就是我们的户口本，有时几乎只拿那层塑料膜就可以办护照。

2. 学习证明

学生在读期间或毕业后，如需要办理在读证明、成绩证明、毕业证明、学位证明者，可以直接与中南大学网络教育学院教学部学籍管理人员联系，经核实后，可以在最快时间办好。如果学生因出国留学或其他工作需办理成绩证明，按照规定由学校档案馆负责提供原始资料复印件，网络教育学院在此基础上办理后续工作。

4.6 学习费用

高等教育包括网络高等学历教育不属于义务教育，学校依法按教育成本向学生收取学习费用，收费标准和办法由学校所在地收费管理部门批准。中南大学网络教育根据湖南省物价局、湖南省财政厅、湖南省教育厅多个文件以及中南大学有关财务管理文件规定，制定了相关网络教育的收费及管理办法。

我们在前文说过，网络教育试点高校绝大多数是国家"985 工程""211 工程"学校，它们珍惜自己长期办学以来形成的校史和校风。它们的管理理念是先进的，管理制度是完善的，管理过程是严密的，在收费管理方面也不例外。公开、透明，就是最基本的要求。

4.6.1 学习费用种类

中南大学网络教育学生的交费有入学报名考试费、学费、教材费、网络教育统考费、学位外语考试费、学位评审费六种。其中，网络教育统考费仅参加统考的专升本学生缴纳，学位外语考试费和学位评审费仅申请学位的专升本学生缴纳。网络教育统考费和学位外语考试费的收费部门都不是中南大学。以下分项详述。

（1）入学报名考试费

这是发生在入学前的收费项目。在招生报名阶段，学生信息录入到招生系统并经校外学习中心审核入学资格后，学生需缴纳报名费，收费标准统一为每人 140 元。学生入学报名费由校外学习中心在学生报名时代理收取，也可直接通过网上银行缴纳。

（2）学费

根据学习层次、专业、地区差异，中南大学网络教育学院同各地的校外学习中心协商，制定了对应的学费收取标准。标准充分考虑了地区经济情况和学生承受能力，与中部地区相比，沿海及经济发达地区要略高一些，而西部及经济欠发达地区要偏低一些。学费一般按学分确定，即每学分多少元，个别地方也有按学年制定的，即每学年多少元。按学分制定的，将每学分的学费乘以学分数就是总学费；按学年制定的，将每年学费乘以 2 就是总学费。具体金额在每个招生校外学习中心有公示，学生在报名登记表上也能看到在本地区执行的学费标准。

中南大学网络教育学院目前要求学生在第一年及第二年注册前完成本年度的学费缴纳。学费由校外学习中心代理收取或者学生直接通过网上银行缴纳，中南大学财务处按缴费数额开具学费收据。

本科第二学历学生的学费减免按学校有关办法执行。办理了退学手续的学生执行按月退费，即根据学生实际学习时间，按月计退剩余的学费。一年按 10 个月计算。例如某学生已缴纳当年学费 3000 元，在学习到 3 个半月后办理退学手续，那么他可以得到 6 个月即 1800 元的退费，而不论他是否参加过考试。

（3）教材费

教材费据实收取，学生可委托当地校外学习中心代购教材。每次参加考试时可领到下一个学习阶段要使用的教材。

（4）网络教育部分基础课程统一考试费

凡专升本层次报名参加网络教育统考的学生，由本人或者由本人委托所在校外学习中心通过国家网考办的"考生个人信息管理系统"在网上完成报考与缴费，每门次考试收费 35 元，费用缴到网考办指定的银行账号。本项缴费，我们将在第 5 章中详细叙述。

高起专层次学生及专升本层次具有相关科目免考资格学生无需缴纳此项费用。

（5）学位外语考试费

学生报名参加学位外语考试，应按报名所在地规定的收费标准缴费。其中，湖南省学位外语考试报名费按每位考生 100 元收取，由考生在网上报名后现场确认时缴费。湖南以外各省区的缴费办法请留意各地学位委员会办公室的通知。

高起专层次学生及专升本层次中不参加学位外语考试学生无需缴纳此项费用。

（6）学位评审费

满足学士学位授予条件，学位外语考试成绩合格者，可以申请学位。学生申请学位应缴纳80元学位评审费，学位评审费由中南大学收取，由中南大学财务处开具学位评审费收据。

学生可以在中南大学网络教育网上查到自己应交费用的项目和标准。具体方法是：从首页左方的"招生专栏——录取查询"（图4-7），输入姓名和证件号码后，进入考生信息管理系统，打开录取通知书页面，点击"收费告知"图标后能看到自己对应的收费项目及金额（图4-8）。图中的总学费因地区、层次、专业的不同而有差异，或多或少，并非一个标准，学生应仔细浏览。除总学费外的收费项目及标准在所有地区都是一样的。

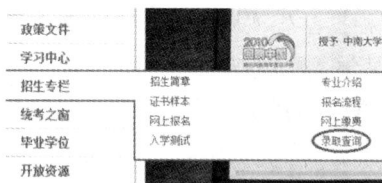

图4-7 "录取查询"按钮

学生证、毕业证书和学位证书连同外壳都不收费，重考也不收取重考费，更没有考试费的说法。也没有复印费、资料费、邮寄费等各种杂目。正如"收费告知"所言，除表中所列最多收取7项（专科收取3项）外，再无其他收费。中南大学网络教育受理收费问题投诉的电话是0731-88660207。

4.6.2 费用缴纳方法

前面提到的缴费方式有两种，第一种方式为校外学习中心代收代缴，第二种方式为自助缴费即网上银行缴费。不同校外学习中心的缴费方式不同，具体方式根据校外学习中心与中南大学网络教育学院签订的合同而定。

收费告知

张方同学，中南大学网院直属学习中心(网络学院)--13年春土木工程(建筑工程方向)专业--收费标准如下。

序号	收费部门	收费项目	收费标准	批准机关及文号	说明
1	中南大学	报名费	140元/人	湖南省物价局湘价教[2009]132号	
2	中南大学	总学费	6375元/人	湖南省物价局湘价教[2009]132号	
3	网考委	英语网考考试费	35元/人次	国家财政部、国家发改委财综[2006]4号	专升本学生按网考委要求自行到网上支付，高起专无此费用
4	网考委	计算机网考考试费	35元/人次		
5	各地省级学位办	学位外语考试费		各地物价部门	按各地学位考试规定执行，不参加者不收费
6	中南大学	学位评审费	80元	湖南省物价局湘价函[2005]137号	不申请者不收费
7	各学习中心	教材费			代收代管，毕业时按实结算

除上述收费项目外再无其他收费，中南大学受理投诉、举报电话:0731-88660207。

图 4-8 "收费告知"页面

1. 校外学习中心代收代缴

校外学习中心代收代缴方式的缴费流程如下：

①学生将报名费及学费交至学生所在校外学习中心，报名费在报名时一次性交清，学费每年缴纳一次，分两次交清，也可一次性全部交清，校外学习中心必须提供收费收据。

②校外学习中心将学费交至中南大学，中南大学为学生个人提供学费发票，并把发票邮寄给校外学习中心。

③校外学习中心将发票交给学生，并通知学生该笔费用可以在网上查询。

采用这种方式缴费的整个流程需要一段时间，因此学生在校外学习中心缴费后，需要过一段时间等到费用进入中南大学财务账后才能在网上查询到当次的缴费信息。

2. 网上银行自助缴费

中南大学网络教育学院自 2011 年春季开始试行网上银行自助缴费，逐步过渡推广实施。网上银行自助缴费项目包括报名费与学费，其中学费可以分两次缴纳或者一次交清。

实行网上银行自助缴费的报名考生可在信息录入招生系统并经校外学习中心审核入学资格后，登录中南大学网络教育平台，从首页左方的"招生专栏—网上缴费"(图 4-7)进入网上缴费页面(图 4-9)。由于网银缴费具有实时性，因此缴费成功后，学生马上可以通过"缴费信息"查询到本次缴费记录。

网上缴费流程如下：

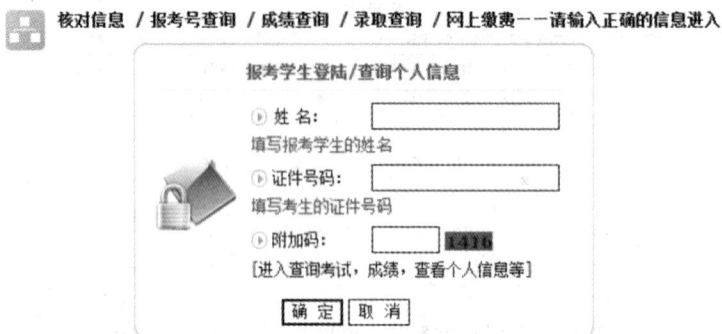

核对信息 / 报考号查询 / 成绩查询 / 录取查询 / 网上缴费——请输入正确的信息进入

报考学生登陆/查询个人信息

▷ 姓　名：
填写报考学生的姓名

▷ 证件号码：
填写考生的证件号码

▷ 附加码：　1416

[进入查询考试，成绩，查看个人信息等]

确 定　取 消

图 4 – 9　网银缴费认证页面(局部)

①凭个人有效身份证件和银行卡等到任一银行网点柜台注册开通个人网上银行业务，并办理 U 盾个人客户证书。为确保缴费成功，建议设置单笔支付限额 5000 元以上。

②根据具体缴费情况，选择图 4 – 10 页面中的"网上缴费(报名费)""网上缴费(第一年学费)""网上缴费(第二年学费)"按钮进行网上缴费。

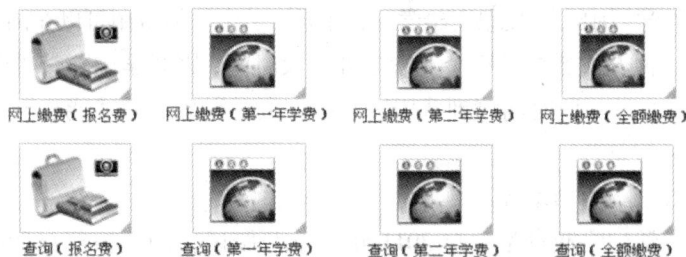

网上缴费(报名费)　　网上缴费(第一年学费)　　网上缴费(第二年学费)　　网上缴费(全额缴费)

查询(报名费)　　查询(第一年学费)　　查询(第二年学费)　　查询(全额缴费)

图 4 – 10　网银缴费及信息查询

③学生按提示完成网上缴费，在网上银行支付成功后请不要急于关闭网页，系统稍后会自动跳转至支付完成页面，显示支付信息，如图 4 – 11 所示。

如果没有看到图 4 – 11 所示页面且银行卡扣除了相应费用，请选择图 4 – 10 页面中下方一排对应的"查询"费用栏目查看当次缴费记录。如果记录存在，表示缴费成功，如果记录不存在，请联系中南大学网络教育学院技术部门。

准考证号：	2012.....02135.10...
用户姓名：	....
拓展编号：	
缴费金额：	....
已付金额：	....
退款金额：	0.00
备注：	网银第一学年学费
订单号：	650890
付款结果：	支付成功！
付款完成时间：	20120918101452
支付方式：	网银
缴费项目编号：	461
操作签名信息：	f18da98d858e105439a28ec89cfae425
支付码：	BFD26760E4EAF95F
付款状态：	已完成缴费
接口版本号：	3
系统编码：	003
项目分类：	003-02
生成学号：	121135...02...

退出

图 4 – 11   网银缴费支付成功

4.6.3   缴费查询

取得学籍的学生登录学习平台后，点击照片下方的"费用信息管理"（图 3 – 10），可以查询个人的报名费及学费缴费记录，学院目前暂未提供教材费查询。缴费信息查询结果如图 4 – 12 所示。

报名费及学费信息总表

学号	姓名	学费应缴金额	学费实缴金额	报名费应缴金额	报名费实缴金额	学费减免金额
10131011234123	张方	6400（元）	学费明细表中实缴总和	140（元）	140（元）	

学费明细表

学号	缴费时间	实缴金额
10131011234123	11年11月-12年4月	3200（元）

图 4 – 12   学生缴费信息查询结果

学生如对应交费用、已交费用等有疑问，可与你所在的校外学习中心联系，也可与中南大学网络教育学院办公室联系，联系电话是 0731 – 88877887。

第5章　网络教育统考指南

这一章是写给参加本科层次网络教育的学生读的，专科生不参加网络教育统考，可以跳过本章。

5.1　网络教育统考概述

1999 年在部分高校开展现代远程教育试点工作以后，我国网络教育呈蓬勃发展的趋势，试点规模不断扩大，总体发展顺利。最初的时候，这些试办网络教育的高校有最大的办学自主权，例如学校可以自行决定招生形式、可以自行决定招生计划、可以自行决定毕业证书形式，等等，学生毕业后实行电子注册制度，表示国家对其学历予以认可。这是高等教育完全摆脱计划束缚而走向市场的尝试，是了不起的改革。须知时至今日，不但是普通高等教育，就是成人高等教育也仍然需要从教育部获得招生指标，仍然是计划性很强的领域。为保证网络教育这种不只是教育技术新颖，尤其是管理体制、教育理念也是空前新颖的教育形式能健康发展，举办学校的办学指导思想和自律意识就非常重要，教育部只能遴选信得过、靠得住、放得心的学校来承担试点工作。至今批办的 68 所网络教育试点高校中，属于"985 工程"学校的有 35 所(只有 4 所没有举办)，属于"211 工程"学校的有 65 所(另有 50 所没有举办)，不属于"211 工程"的试点高校只有 3 所，不到 5%，可见这支队伍实是全国一流，非同一般，从中也可见国家对网络教育试点工作的重视、期望和顾虑。在试点工作启动的初期，极个别高校出现了一些问题，致使网络教育面临质疑。为了进一步加强网络教育的规范管理，提高网络教育的社会声誉，确保网络教育人才培养的质量，促进网络教育健康、有序地发展，教育部决定，从 2005 年开始，试点高校网络教育的本科学生的部分公共基础课需要实行全国统一考试，全名是"试点高校网络教育部分公共基础课统一考试"，名字太长，通常简称为"网络教育统考""网教统考"，再简单一点，就称之为"网考"或"统考"。在本章文字中，我们就采用"网络教育统考"这个叫法。网络教育统考是国家考试。得到国家统考方式挽救的网络教育，迅速地得到了社会的重新认可，几乎枯萎的幼苗又挺直了茎干，不断发出新叶。

　　网络教育统考根据现代远程教育的特点和应用型人才的培养目标，针对从业人员继续教育的特点，重在检验学生掌握基础知识的水平及应用能力。也就是说，网络教育统考是水平考试，其要求与成人高等教育本科相应的公共基础课的要求相一致。有的学生担心网络教育统考会很难，这不能说不是一种误解。如果是选拔性的考试，那么难一点是必要的，只有难一点，才能实现其选优拔尖的功能。但网络教育统考的目的不是选拔，而是检测。只要达到考试最低要求标准的，就视为合格，而且这个标准是充分考虑了从业人员继续教育特点的，完全应当接受。如果没能通过网络教育统考，只能说原因是自身水平还要提高，而不能埋怨考试要求的难。以普遍觉得有难度的英语为例，我们通过表 5 - 1 将网络教育与普通本科教育（即通过高考进入高校学习）的要求进行比较，同样是本科水平，究竟考试难不难就很清楚了。

表 5 - 1　大学英语网络教育统考大纲要求与普通本科教育大纲要求比较

	普通本科教育大纲要求	网络教育统考大纲要求
词汇量	掌握 4700 个单词（其中 2000 个为熟练运用）和 700 个词组	认知 3000 个单词，对其中 1800 个单词及基本搭配能熟练掌握
听力	能听懂英语日常谈话、授课、讲座、语速较慢的英语广播电视节目	无要求
口语	能用英语交流、发言、讨论	无要求
翻译	英译汉每小时 300 个英语单词，汉译英每小时 250 个汉字	英译汉 20 分钟译 6 句，难度中等，无汉译英要求
阅读	阅读速度为每分钟 100 个英语单词	阅读速度为每分钟 50 个英语单词
写作	30 分钟内写出长度不少于 120 词的常见短文	25 分钟内写出长度不少于 80 词的常见短文

　　网络教育统考工作由教育部的全国高校网络教育考试委员会（通常简称其为"网考委"）及其下设的全国高校网络教育考试委员会办公室（通常简称其为"网考办"）负责组织实施，试点高校的任务是负责协助、督促、帮助学生通过统考。根据教育部规定，本科层次学生须在修业年限内参加规定的统考科目考试，只有考试成绩合格方可取得教育部高等教育学历证书电子注册资格，也就是我们通常说的毕业证书上网。只有可在国家指定网页上查到的，才是国家认可的毕业证书。如果毕业证书上三印齐全（校长印、学校红印和钢印）但不能在国家的学历查询网上查到，那么这个文凭就没有得到国

家认可。

本章主要介绍网络教育统考报考的要求、统考科目的学习与辅导以及统考免考的办理等内容。

5.2　网络教育统考的报考

5.2.1　网络教育统考总况

参加网络教育本科层次的学生应参加网络教育统考。中南大学网络教育本科层次学生应参加统考科目是"大学英语(B)"和"计算机应用基础"。"大学英语(A)"面向英语专业,要求比"大学英语(B)"高,"大学英语(C)"面向艺术类专业,要求低于"大学英语(B)",中南大学网络教育没有开设这两类专业。对应的英语课程已经在教学计划第一学习模块中自动开设,学校不再组织课程考试,学生可直接参加网络教育统考,通过了统考即获得相应课程学分。

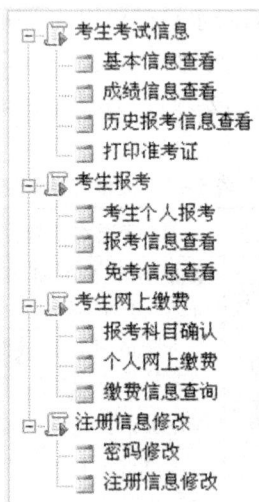

图5-1　中国现代远程与继续教育网的网络教育统考服务项目

网络教育统考每年安排三次,考试时间安排在4月、9月、12月。具体考试时间以网考办公布的时间为准,学校会根据网考办的通知制定中南大学的网络教育统考工作安排,学生须留意当期的网上通知。在学习期间内,学生可以根据自己的情况多次参加网络教育统考,直到成绩合格为止。每次参加网络教育统考的门数由学生自己决定,在有效修业年限内网络教育统考成绩有效。

网络教育统考的考务实施是由"中央电大奥鹏远程教育中心"完成的。这个远程教育中心是一个公共服务体系,总部设在北京,大家平时就叫它"奥鹏",这是英语 open 的译音,意思是开放教育。奥鹏在全国地级以上(包括地级)城市及少数县级城市设立了数百个网络教育统考考点,具体名单公布在"中国现代远程与继续教育网"(www.cdce.cn)上。中国现代远程与继续教育网是网考委建设的网站,为网络教育统考提供服务是它的重要职能,其全部服务项目分四大类12项,如图5-1所示。

所有统考科目实行网上闭卷机考形式，每科每次考试时间为 90 分钟。根据发改价格〔2010〕955 号文件规定，每次参加网络教育统考都需要缴纳考试费，标准为 35 元/人/科。

5.2.2　网络教育统考报考流程

根据网考办的要求，考生应通过"中国现代远程与继续教育网"进入"考生个人信息管理系统"，由考生本人在该系统中完成网络教育统考的报考和缴费工作。报考的总体流程如图 5-2 所示。

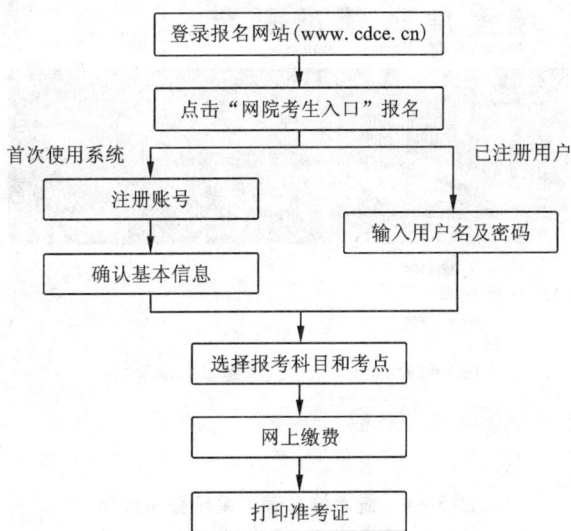

图 5-2　网络教育统考报考总流程

以下对各操作步骤逐一说明。

1.登录注册

打开中国现代远程与继续教育网，页面左方中部有一个可点选的"统考报名"栏，点击"网院考生入口"（图 5-3），即来到"统考信息管理系统"的登录页面（图 5-4）。

第一次使用本系统的学生需要完成注册程序，以确认身份及信息准确。已注册过的老生只要输入用户名和密码、验证码，然后点击"确定"就可以直接进入统考选考界面。验证码的作用是防止利用机器恶意反复登录的行为。

本段主要介绍新生注册的过程。首先点击"注册"按钮，进入考生个人信

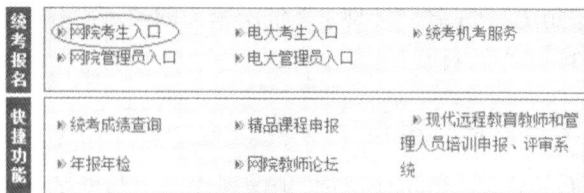

图 5 - 3　中国现代远程与继续教育网的统考报名栏

图 5 - 4　统考信息管理系统登录页面

息管理系统注册页面,见图 5 - 5。

　　考生要按规定格式填写自己的用户名、登录密码、常用邮箱、手机号码及校验码进行注册。用户名、登录密码是经常要用的,是登录网站的钥匙,不能遗失,最好的办法是用笔写在某个地方。注册成功的用户名(即登录ID)相当于你的网站身份证或是账号,它一旦确定,就是唯一的、不能更改的。虽然遗忘了密码可以通过密码提示问题及答案来找回,但往往是密码提示问题和答案更容易忘记。邮箱和手机号也要准确填写,它们将用来接收你日后的统考成绩通知,以及其他定制服务。

　　注册信息填写完后,你需把考生注册协议认真读一遍。这份协议的针对性很强,有提醒和有言在先的作用,并非是徒有形式的摆设。读完协议,点击"同意协议—注册",出现注册成功的提示(图 5 - 6),再点击"点击进入基

图 5-5　用户注册页面(局部)

本信息连接",来到"关联基本信息"页面(图 5-7)。

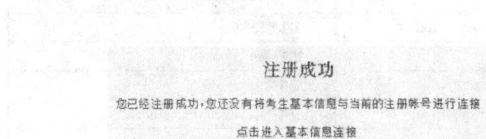

图 5-6　注册成功提示框

图 5-7　关联基本信息页面

　　在你登录这个网站之前,学校已经将你入学时填写的个人基本信息报了进来,为防止错误,需要在此处再核对一遍。"关联基本信息"所起的就是这个作用。你应当在"所属网院"栏点选"中南大学",证件号就是身份证号或士官证号。确认所填无误后，输入校验码，点击“确定”按钮，弹出“关联成功”提示，如图 5－8 所示。

图 5－8　“关联成功”提示框

重新返回到统考信息管理系统(图 5－4)，将刚才输入的用户名、登录密码以及验证码输入后点击“确定”，进入“统考信息管理系统”，先去看看“基本信息查看”，网页将弹出你的个人基本信息表，如图 5－9 所示。

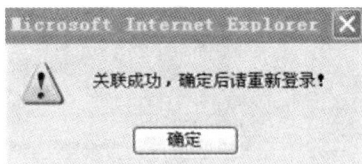

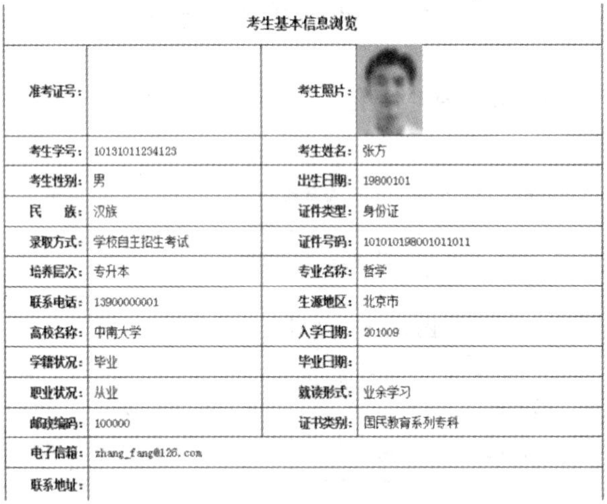

考生基本信息浏览

准考证号：		考生照片：	
考生学号：	10131011234123	考生姓名：	张方
考生性别：	男	出生日期：	19800101
民　族：	汉族	证件类型：	身份证
录取方式：	学校自主招生考试	证件号码：	101010198001011011
培养层次：	专升本	专业名称：	哲学
联系电话：	13900000001	生源地区：	北京市
高校名称：	中南大学	入学日期：	201009
学籍状况：	毕业	毕业日期：	
职业状况：	从业	就读形式：	业余学习
邮政编码：	100000	证书类别：	国民教育系列专科
电子信箱：	zhang_fang@126.com		
联系地址：			

图 5－9　考生基本信息浏览页面

在这个页面上，你必须仔仔细细地查看学校给你上报的个人基本信息是否完全正确。特别是那些数字，要一位一位地审一遍，如果放过错误，将后患无穷。照片也是要仔细看一看的，别是另一个和自己有点像的人。如果这个表不能显示或者表中数据有错误，应立刻利用有效的途径与校外学习中心或中南大学网络教育学院教学部统考负责人联系，以便在统考信息管理系统中和学校的学生信息库中同时更正。考生自己是不能对基本信息进行任何修改的。这种情况下，切记两件事：一是在更正数据前不要继续后面的操作，因为一旦报考缴费，这些错误就连学校也无法修改了；二是要落实学校是否同时在学校的学生库中改正了数据，否则下次报考依然是问题。

2. 报考

完成注册的考生通过此功能完成考点以及报考科目的选择。考生报考的网页功能主要包含：考生个人报考、报考信息查看、免考信息查看。报考主要流程见图 5 – 10。

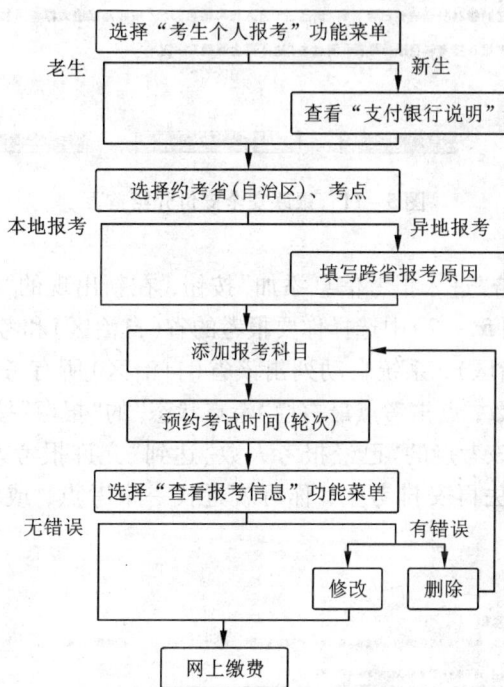

图 5 – 10　报考的主要流程

以下按步介绍报考过程。

第一步是选择考点。点击"考生个人报考"（图 5 – 1），首先进入的是"安全支付"介绍首页（图 5 – 11）。还没开始选考就被提醒缴费，是为了避免考生对"学费中已包含所有考试费用"的误解，学生已经缴纳的学费中不包含统考费用。网络教育统考专项收费是经过国家发改委批准的，因而是合法的。

为此，考生在报考前，应先点击"支持银行说明"按钮，了解网上支付相关银行，查看银行网上支付说明。现在多数人都有网购经历，手边的银行卡可能还不止一张，但也有人没有接触过网上支付，这里刚好给了一个机会学习使用。网上缴纳统考费这件事，我们放到后面去谈。

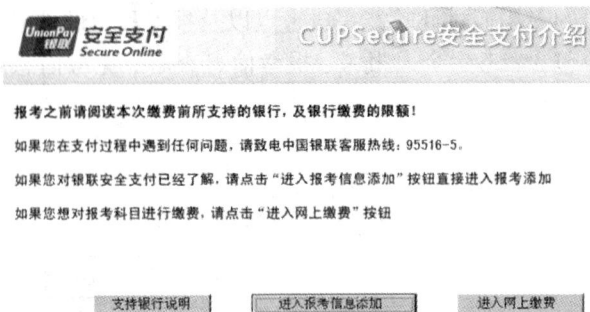

图 5 - 11   银联安全支付介绍首页

第二步，点击"进入报考信息添加"按钮，在新出现的"考生报考科目信息添加界面"（图 5 - 12）中选择你要报考的省（自治区）和考点。先点选弹出菜单上的省（自治区），系统自动列出该省（自治区）所有考点的名单及该考点能容纳的考生数，点击考点最右栏"考点状态"的"报考"按钮，就完成考点添加操作。如果该考点的"已经报考人数"达到"允许报考人数"，说明那里已经"客满"，无法再安排考生，你可就近找一个考点，或者等到下次再来报考。

图 5 - 12   选择省（自治区）、考点页面（局部）

由于我们的学号中含有校外学习中心信息，所以系统会自动将考生所在的校外学习中心所在的省（自治区）与报考考点所在的省（自治区）进行比对。如果考生选择考点省份与校外学习中心所在省份不一致，此时考生需要选择异地报考的原因。系统提示如图 5 - 13 所示。我们如有这种情况，应如实点选原因，并确定。

第三步是添加报考科目。通过
"报考信息添加"页面（图 5 - 14），
考生勾选所需要报考科目和考试时
间。选择报考后，下方框"已选择的
考试科目"中会显示刚才已报考的
科目和考点。如发现所选不正确，
可进行"删除"操作。确认后单击
"确认报考"按钮，即完成科目添加工作。

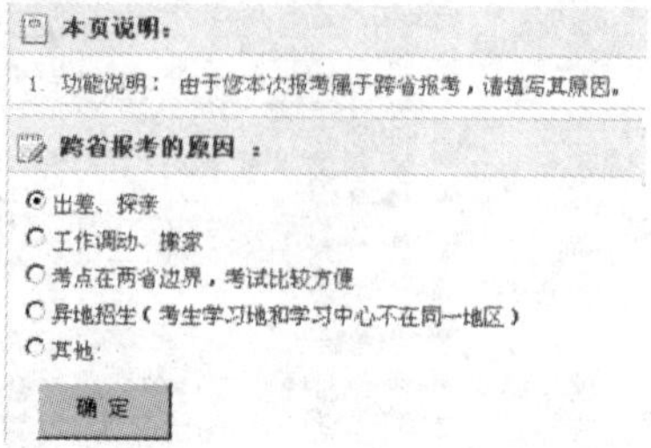

图 5 - 13　选择跨省报考原因

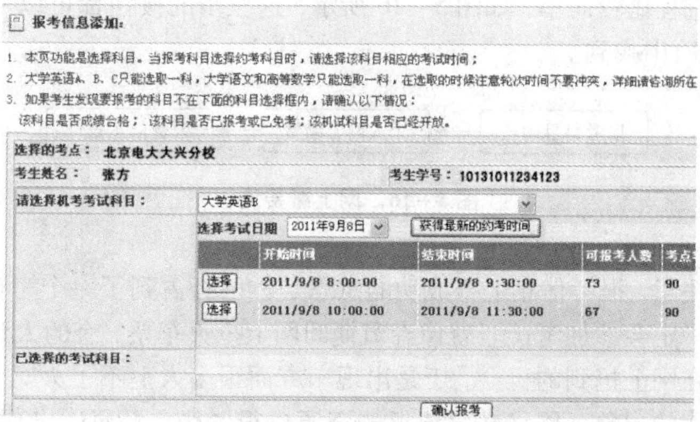

图 5 - 14　报考信息添加页面（局部）

第四步是查看核实报考信息。图 5 - 1 显示的工具栏是一直显示在工作
界面上的。报考信息添加完成并确认报考后，还应当点击工具栏中的"报考
信息查看"按钮再核实一遍，界面如图 5 - 15 所示。在这个界面上，如发现
所填有误，还可以进行修改或删除后重新走第三步。

至此，报考信息填报工作完成。"报考信息查看"页面中"缴费状态"显
示为"未确认科目"，这是从缴费的角度来说的，要完成缴费后才算最终确认
报考科目。

考生报考有两点须注意，一是已合格科目或免考科目不能报考，关于免
考，我们也在后面谈；二是因统考中有作弊行为而受到停考处理的学生，在
停考期内不能报考，受到取消统考资格处理的学生将再不能报考。

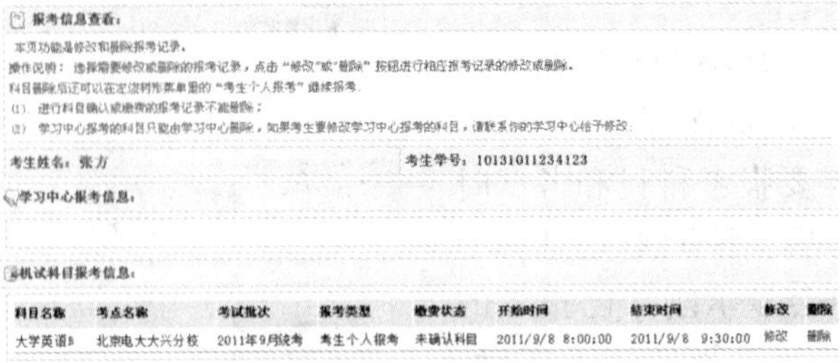

图 5 – 15　报考信息查看页面(局部)

3. 网上缴费

缴费流程比较简单,如图 5 – 16 所示,这三步的按钮都可以从功能菜单栏(图 5 – 1)中找到。

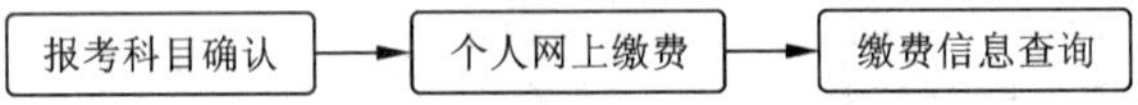

图 5 – 16　网上缴费流程

必须注意,报考信息上报成功的意思是你已经占到了一个考试座位,但不代表你一定会参加考试。就像春节期间网上抢火车票,有的人到时候可能会放弃他在网上抢到的机会,于是出现一方面很多人上不了火车、一方面火车上有空座的现象。网络教育统考的资源也很紧张,不允许出现类似情况,因此规定考生提交个人报考信息后,必须在 30 分钟内完成网上缴费。若超过 30 分钟后依然没有缴费,系统将自动清除考生选择的考试时间——请你把座位先让给等着的人。所以,学生应提前在报考科目前办理好系统支持的银行卡,并开通网上支付功能。考生个人若无法进行网上缴费,可由校外学习中心帮助在网上完成。

网络教育统考网上缴费使用的银联系统所支持银行(信用合作社)是以下 58 家:

渤海银行	大连银行	东莞银行
东亚银行	富滇银行	广发银行
广西北部湾银行	广州银行	汉口银行
河北银行	华夏银行	徽商银行
江苏银行	交通银行	九江银行
宁波银行	宁夏银行	平安银行

浦发银行	齐鲁银行	齐商银行
日照银行	厦门银行	上海银行
上饶银行	深圳发展银行	盛京银行
苏州银行	温州银行	兴业银行
渣打银行	招商银行	浙商银行
中国工商银行	中国光大银行	中国建设银行
中国民生银行	中国农业银行	中国银行
中国邮储银行	中信银行	德州市商业银行
东营市商业银行	三门峡市商业银行	泰安市商业银行
威海市商业银行	乌鲁木齐商业银行	宜昌市商业银行
成都农商银行	上海农商银行	深圳农商银行
顺德农商银行	张家港农商银行	重庆农商银行
湖南省农信社	湖南省农信社	珠海市农信社
中银通		

考生网上缴费的第一步是点击"报考科目确认"按钮再次确认报考科目。多次不厌其烦地确认，为的是避免因操作出错而带来许多事后麻烦，甚至会推迟我们的毕业时间。屏幕出现图 5 – 17 所示页面，待考生检查确认数据无误、点击"确认"按钮后生成相应的缴费清单。

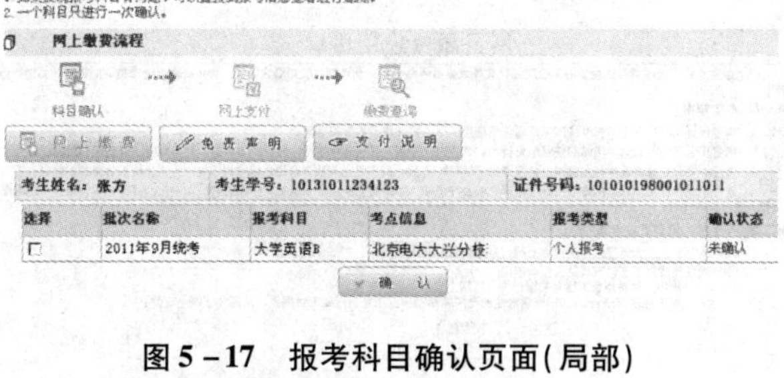

图 5 – 17　报考科目确认页面(局部)

在确认报考科目时，考生如果发现"报考类型"为"校外学习中心报考"，那么，报考是校外学习中心操作的，缴费工作也只能由校外学习中心完成。此时，考生应及时联系校外学习中心，提醒他们进行科目确认并及时缴费，或者通知校外学习中心删除报考科目，由考生本人来完成报考及缴费操作。

第二步是点击"个人网上缴费"进入如图 5 – 18 所示的缴费页面。我们看到，这里出现的"缴费状态说明"为"未缴费"，这意味着可以进行缴费操作。如果处于"缴费中""缴费完成"等缴费状态，就不能进行缴费操作。所谓"缴费中"，指发起交易至收到银行回复这段时间，此时无法判断交易是否成功。等待这段时间需要有点耐心，不必连续反复地查看。等到银行收费成功时，缴费状态会自动改为"已完成缴费"。如果收到缴费失败的提醒，那么缴费状态将显示"未缴费"，考生需要重新进行缴费操作。

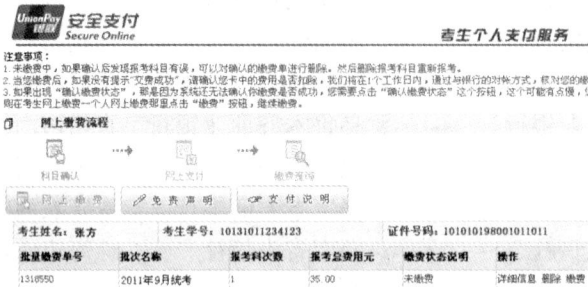

图 5－18　个人网上缴费页面(局部)

在确认所有缴费科目及费用后，点击右下角"操作"中的"缴费"按钮，即进入缴费协议须知页面，如图 5－19 所示。请在缴费前仔细阅读"网上缴费使用协议"。因为这是格式合同，作为消费者的考生一方特别需要清楚拟定方为自己规定的免责条款和限制责任条款，尽管考生进行网上缴费必须选择同意缴费协议。

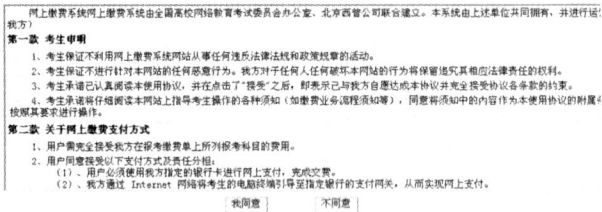

图 5－19　"网上缴费使用协议"页面(局部)

第三步是网上支付。此页面(图 5－20)中，系统自动生成了订单号(不是缴费单号)，考生需记下此订单号，以方便进行查询时使用。点击"支付"按钮，进入银行界面，然后根据银行提示进行交易。为了尽量不给考生增加负担，网上支付是不收取任何手续费的。

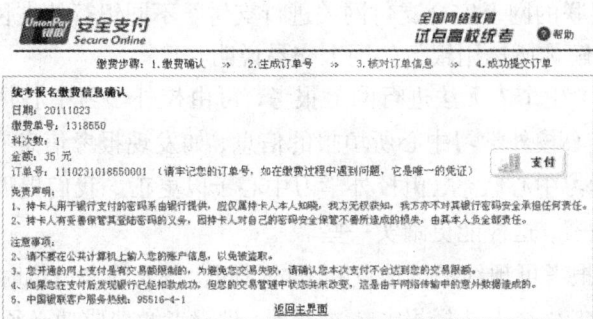

图 5 - 20　网上支付页面(局部)

考生缴费完成后,可通过"考生网上缴费"菜单下的"缴费信息查询"进入查看,也可以通过"报考信息查看"确认科目缴费完成情况,页面如图 5 - 21 所示。此时"缴费状态"显示"个人缴费完成",说明你的占座已经成功,可以放心地去复习了。

缴费后如果觉得还有统考科目想参加,那么你可以像正常报考一样,将这门考试约上,不会影响你已经报考成功的考试。如果想换另一科目,也是可以操作的,而且已缴的费用有效。但如果缴费后想放弃考试,系统是没有退费功能的。

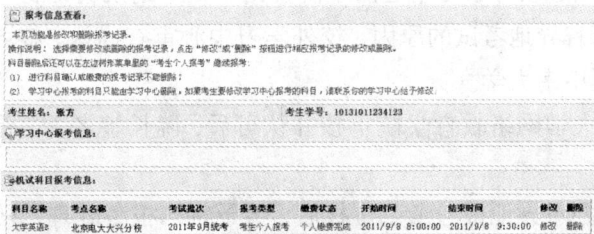

图 5 - 21　报考信息查看页面(局部)

考生统考报名和缴费时,对以下几点再强调一遍:

(1)报考缴费采取限定日期、限定考试轮次和限定人数的约考方式。在各次约考时间内,按先约先考、约满为止的原则报考缴费。而在约考之前,组织方无法准确知道约考情况,其准备工作(包括考点、座位数、场数)是根据学籍名单预估的。因此,越早报考越能选到理想的时间和考点。

(2)学生应提前办理统考系统支持的银行卡,并开通网上支付功能。缴费渠道通过银联的网上安全支付网关进行支付。不同银行的支付程序或有不同，所以应了解你所选用银行的网上交易说明。

(3)如果考生个人无法进行网上报考，可由校外学习中心帮助在网上完成。考生要留心校外学习中心所填报的信息，如发现报考信息有误，应及时与所在校外学习中心联系，由校外学习中心予以更正。我们提倡考生个人进行网上报考缴费，这样能更踏实一些。

(4)个人报考可预约考试地点和考试时间。每人约考占位时间限定在30分钟内，即从考生个人选择报考轮次开始，到报考缴费成功必须在30分钟内完成。

(5)可以由校外学习中心进行集体报名。集体报名只能预约考试地点，而不能预约考试时间，也不能跨省异地报考。集体报名从校外学习中心报考操作开始到缴费成功也必须在30分钟内完成。

4.跨省异地报考

为了进一步加强统考考风考纪建设，维护考生根本利益和统考公平严肃，减少统考风险，从2012年开始不允许集体跨省异地报考。考生个人因特殊原因确实需要跨省异地考试的，必须履行申请手续，经批准方能申请报考。具体的手续过程如下：

(1)考生通过校外学习中心向学院提出书面申请及佐证材料，说明拟报考点及必须跨省异地考试的原因，校外学习中心审查确认、签名盖章后，将全部材料交到中南大学。

(2)中南大学网络教育学院审核并认可后，院长签名，学院盖章，上报到网考办。

(3)网考办对异地报考考生审核后，给予特殊报考处理，只有报名缴费开通后考生才可完成网上报名缴费。

跨省异地报考一般在每次统考报名开始前办理，一旦报名正式开始就不能再办理。网考办、主办高校、当地教育管理部门都会对跨省异地借考的考生进行重点核对和监控。

5.打印准考证

考生在考试前15天左右登录"考生个人信息管理系统"，在"考生考试信息"菜单(见图5-1)下，点击"打印准考证"，即可下载并打印准考证。考试时请务必携带，否则会被拒绝进入考场。

5.3　统考辅导与复习

5.3.1　统考辅导

为了方便学生详细了解和熟悉有关统考的要求，做好网络教育统考课程的复习，一些网络教育高校和教育服务机构开发了辅导平台，以有效提高统考通过率。此外，网考办也组织出版了配合网络教育统考使用的书籍。

1.统考辅导平台

中南大学网络教育学院为学生提供了"统考之窗"和"全国网络高等学历统一考试练习"两个平台。

(1)"统考之窗"

"统考之窗"是中南大学设计并开发的网络教育统考辅导平台，该窗口设有统考公告、统考辅导、在线练习、免考申请、成绩查询等栏目，并链接了一些与统考复习相关的练习平台。登录"统考之窗"的途径有两条：一条是从学院主页快捷登录，另一条是从学习平台登录。

图 5 - 22　主页的"统考之窗"入口

从学院主页快捷登录"统考之窗"的方式是将鼠标滑到中南大学网络教育学院主页左边菜单的"统考之窗"，弹出一个下级菜单。点击"统考辅导"(图 5 - 22)，即进入"统考之窗——中南大学现代远程教育全国公共课统考"页面(图 5 - 23)。

页面上方菜单提供与统考政策、报考、查询成绩等有关的功能服务，中部是通知与公告，右方是"大学英语(B)"和"计算机应用基础"两门课程的学习和练习入口，页面下部的图标也是入口，其功能与页面右边是相同的。进入这两门课都要经过如图 3 - 4 所示的登录认证，即学生登录网站的账号和密码。一些公开的免费资料如考试大纲、历次考试真题、常见问题回答等可以直接浏览，无须经过用户认证。

图 5 - 24 为两门课的主页 logo。

从学生学习平台登录"统考之窗"方式是按平时学习的方法进入"学生学

图 5 – 23 "统考之窗"页面

图 5 – 24 两门统考课程学习页面的 logo

习平台"(图 3 – 10),点击上方主栏目中的"统考之窗"按钮(图 5 – 25),即可进入"统考之窗——中南大学现代远程教育全国公共课统考"首页。后面的操作就和前面说的一样了。

(2)全国网络高等学历统一考试练习平台

图 5 – 25 学生学习平台的
"统考之窗"入口

这也是一个为学生参加网络教育统考提供辅导服务的比较实用的平台。从中南大学网络教育首页面右方的"网络统考练习平台"按钮(图 5 – 26)可以进入,在"统考之窗"页面(图 5 – 23)上也设计了入口。在进到练习平台(图 5 – 27)前,和"统考之窗"一样要经过登录认证。

图 5-26　"全国网络高等学历统一考试练习平台"入口

图 5-27　统考练习平台

2. 统考复习用书

统考没有统一教材，但采用统一的考试大纲和考试用书。统考用书由网考办组织专家根据考试大纲的要求编写，指定出版社出版。由于考试大纲经过若干年就会有修订，统考考试内容是严格控制在考试大纲规定的范围内的，所以考生复习应使用配合当前采用的考试大纲的考试用书，即最新版的考试用书。

目前统考用书暂定在试点高校网络教育学院系统内发行，不向社会销售，网上书店没有销售代理。学生可以通过所在校外学习中心登记购买，学院统计各校外学习中心所需的考试用书数量后，联系出版社统一订购。

5.3.2　统考复习

"大学英语（B）"和"计算机应用基础"两门课程的统考都是机考，没有需要大量计算或分析推理的题目。

1. "大学英语（B）"课程复习建议

英语是一门语言，学习外语的最好办法是进到那个语言环境中去，而且要开口说。岂止是外语，就是学习方言也是如此——拿着书本背了半天"你揾边个""佢系度汁乜野"，不如在广州街头站半分钟，就说得两句字正腔圆的粤语了。但我们毕竟不是人人都有和老外交流的机会，即便出境也有兼作翻译的导游的带领，非开口不可的只有两句：Hello! How much? 然后比划一通就可以成交了。

我们学英语不像学语言，倒像是学习符号组合学，总共26个符号，这样拼在一起是这个意思，那样拼在一起是那个意思。从"大学英语(B)"的统考大纲看，虽然有语法、词汇、交际能力、阅读理解、翻译、写作等多种要求，归到根本还是词汇(包括词组)量。而掌握词汇的办法只有一个：记背。每天记10个单词，忘记了2个，第二天把这2个忘的拣回来，又忘了新记的2个，如此一年下来，大约就记住了大纲要求的3000个。用这个水平去对付阅读理解、词汇、完型填空和英译汉总共75分，拿到其中2/3的分数即50分应该不是很大的问题。在剩下的交际用语和写作总共25分之中再拿到一半，就达标了。

考试中，所有题目都不要放弃，不会做也要蒙，这是考略而不是违规。对于写作，尽量使用简单句。先写出最简单的句子，然后加上一些常用的形容词和副词，实在想不起来的时候可以到试卷中"阅读理解"的两篇短文以及其他题目中去找些合适的词，把句子撑长到10个单词左右。没话也要找话说，这样的句子只要8句，就达到考试要求了。

例如，说天气好，先写"今天是晴天"——"Today is a sunny day."这就有5个单词了。然后加长它，"今天确实是极好的春天晴日"——"Today is indeed a wonderful spring sunny day."这就有8个单词了。再加长为"今天确实是极好的春天晴日，蓝天白云"——"Today is indeed a wonderful spring sunny day, sky is blue and clouds are white."这已经有15个单词了。还可以加，例如在blue和white前面各加一个very。

不论选拔考试还是水平考试，争分是唯一目标。不同之处是，选拔考试要尽量多争，水平考试则要求必须争到某个程度。对于两级计分的考试而言，踏踏实实的70分，远胜过玄玄乎乎的90分。

2."计算机应用基础"课程复习建议

图5-28为"计算机应用基础"课程统考试题的类别及所占比例，图中，(a)是题型类别，(b)是内容类别。从图中可以清楚看出，这是一门操作性很强的课程。实际上，在选择题中，还有一定量的题目与操作有关，例如选择题"在Word 2010文本编辑中，页边距由_____设置"就是操作问题。这就提示我们，熟悉计算机操作非常重要，这必须作为我们复习的重点。

与本课程的网络教育统考有关的应用系统是Windows、Word、Excel和PowerPoint，这几个系统我们在平时也经常使用，并不陌生。但我们使用这些系统多数是自己摸索着学用的，以够用为目的，对一些与个人工作或许不常用的功能没有注意，例如 Word 文档中的图形制作与编辑、Excel 的数据分类汇总、PowerPoint 的幻灯片页眉页脚操作等等。我们可以利用这个机会把这些常用系统全面地学一遍。最简捷的途径是听一遍课，然后在电脑上操作一次。通过看书来学习操作的效率是很低的，一大串文字只是说要将鼠标移到什么位置，而这个动作只要看一眼别人的操作就很明白。自己再动一次手，基本上就掌握了。这就是所谓的"百闻不如一见，百见不如一练"。

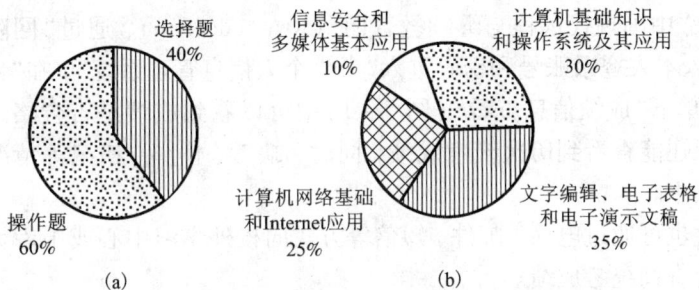

图 5 – 28　"计算机应用基础"统考试题类别及比例

对题型而言，如果 60 分操作题中我们能有把握地拿到 45 分，在 40 分选择题中再拿 20 分，加起来就有 65 分，可以合格。对内容而言，如果计算机基础知识和上述四个应用系统的 65 分中能拿到 50 分，网络基础和信息安全等的 35 分之中再拿 15 分，通过考试也就没有问题了。

到"统考之窗"听一遍课，做一遍练习，然后选做几套模拟试题或往年真题。对于操作题，要注意完成指定任务往往不止一种方式，要选用你最熟悉的一种。如果你试做这些真题能至少拿到 70 分左右，那么参加统考应该是很轻松的事情了。

5.4　统考成绩

统考成绩按合格、不合格两级制评定，由网考办在考试结束一个月后公布，具体发布时间请关注学院公告或全国统考网站的通知。网考办不发放统考成绩证书。学生的统考课程成绩将作为教学计划中相应课程成绩，通过了统考即取得学分，并记入学生学籍档案。

1. 统考成绩查询

统考成绩发布后,考生可以通过手机短信和网络两种方式查询。

(1)手机短信查询方式

移动、联通、电信用户(号码段首三位为 130～139、150～153、155、156、158、159、186～189)发送"AJK + 考号"(如"AJK10131011234123")到 1066335577 进行成绩查询,短信中不能添加空格等任何特殊符号。手机查分开通时间略早于网络查分,每次核收 1 元资费。

(2)网络查询方式

登录"中国现代远程与继续教育网"(www.cdce.cn),通过"网院考生入口",输入本人登录账号和密码进入"考生个人信息管理系统",在"考生考试信息"菜单下"成绩信息查看"(图 5 - 1)中可以看到成绩是否合格。考生通过此途径还能查看到历次统考成绩,同时,缺考、作弊、违纪等情况也一并标识于其中。

学生也可通过电话、邮件、短信等方式向校外学习中心或中南大学网络教育学院查询统考成绩。

2. 统考成绩复核

考生如对考试成绩有异议,可于统考成绩公布后 30 天内提出成绩复核申请,过期不受理。成绩复核只能核查是否将"合格"误记为"不合格",而不是将试卷发回重评。考生的成绩如果是"合格",就毫无复核的必要,因为没有"更合格"、"最合格"的说法。

成绩复核申请必须由考生本人提出,考生可在中国现代远程与继续教育网相关文件(http://www.cdce.cn/tkdetails.aspx?id=715)的附件中下载并填写"考生成绩复核申请表",考生认真阅读填表须知,本人填写、签字,并附上准考证复印件和身份证复印件后递送或邮寄给所属校外学习中心。成绩复核只接受以上书面申请材料,不接受电话、电子邮件、短信、传真等任何其他申请方式。校外学习中心审核、汇总后,向相应考区办公室递交成绩复核申请。各考区办公室按工作流程将成绩复核结果书面答复校外学习中心,校外学习中心在规定时间内将复核结果电话并书面回复考生。整个成绩复核过程中,中南大学网络教育学院并不介入,因此学生切勿将申请复核统考成绩的材料寄到学院。

5.5　统考免考

与在校全日制学习的学生都是 20 岁左右不同，成人从业人员年龄大多数在 25～45 岁之间。与在校全日制学习的学生都是从高中升学而来不同，成人从业人员的基础学历有高中、专科、本科，有少数已经具有硕士学位。此外，网络教育作为一种远程教育，具有为西部等经济欠发达地区服务的任务，这就会面向一些文化状况较特殊的人群。如果简单地要他们都参加网络教育统考，是不合理的，也是不必要的。为此，网考委列出了可以免予参加统考的条件，符合条件者须办理申请免考手续且须通过。

1. 免考条件

网络教育统考的免考条件最初公布在 2004 年的《教育部关于开展现代远程教育试点高校网络教育部分公共基础课全国统一考试试点工作的实施意见》文件中，后来有一些微小调整。这些文件都已收进本书附录。

归纳起来看，免考条件分为已有学历、已获证书、年龄状况、民族身份四类。

（1）已具有国民教育系列本科及本科以上学历者，两门课都可以免考。什么是国民教育系列，前文已有解释。

（2）获得全国计算机等级考试（NCRE）一级或一级以上级别证书（图 5-29）的非计算机类专业学生，可以免考计算机应用基础课程。

全国计算机等级考试一级属于操作技能级，是计算机知识及计算机操作能力的最基础级，内容有 Office 办公软件、图形图像软件、互联网应用等最基本的东西，机考 90 分钟。与网络教育统考十分相似。由此看，有条件者不如参加 NCRE 一级的考证，通过后既能免考计算机应用基础统考，手上又有一份教育

图 5-29　全国计算机等级
考试一级合格证书

部考试中心颁发的证书。NCRE 每年开考两次，上半年考试时间为 3 月份最后一个星期六开始的第 5 天，下半年考试时间为 9 月份倒数第二个星期六开

始的第 5 天。考试费为 100 元左右,因省而异。

(3)中南大学网络教育没有开设英语专业,因此获得全国公共英语等级考试(PETS)三级或以上级别证书(图 5 – 30)者、通过了省级教育行政部门组织的成人教育学位英语考试者都可以免试大学英语(B)统考。

图 5 – 30　全国公共英语等级考试三级或以上级别证书

全国公共英语等级考试也是教育部考试中心组织的。三级是中间级,其水平达到普通高校非英语专业本科毕业的要求。它不但要求考生掌握 4000 左右的词汇以及相关词组,而且要求考生能在生活和工作的多数情景中进行对话,不仅能够询问事实,还能询问抽象的信息,这显然不是我们大多数人的首选。

成人教育学位英语考试由各省的学位管理部门组织,因此难度、题型、考试时间、是否有证书、考试费用等也因省而异。一般来说,其难度略高于网络教育统考。但如果我们有意于学士学位,那么这个考试是一定要参加的,此问题我们将在第 7 章中细说。如果能通过这个考试,那么既为获得学位打开一条通道又能免英语统考,一举两得;如果没能通过这个考试又没有参加统考,则学历学位皆落空。

(4)入学注册时年龄满 40 周岁者可免试英语统考。要注意两处,一是"40 周岁",二是"入学注册时",出生日期以身份证号为准。这个日期有阳历、阴历之分,阴历还有闰月,我们都视其为阳历。如果你入学注册时是 39 岁半又不想参加统考,从策略上说就应该过半年再来报名,现在只有咬紧牙关好好复习了。

（5）户籍在少数民族聚居地区的少数民族学生（以身份证为准）可以免试英语统考，界定标准见教高〔2004〕5 号文件，收在本书附录中。这句话也可以这样说：只要是少数民族聚居地区的非汉族学生都能免考英语，而非少数民族聚居地区的少数民族学生则不能。

另外，入学注册以后取得的本科学历是不能作为免考条件的，对于大学英语四、六级考试成绩也有专门规定。

2. 办理免考

办理免考是一件很严肃的工作，涉及校外学习中心、网络教育学院、网考办的很多工作环节，图 5 – 31 为工作流程简图。但对于学生来说，要做的只有一头一尾两件事情，即根据免考条件将有效证明材料原件交所在校外学习中心扫描，并填写免考申请表，最后到统考信息管理系统的"免考信息查看"（图 5 – 1）核对免考审定结果就可以。

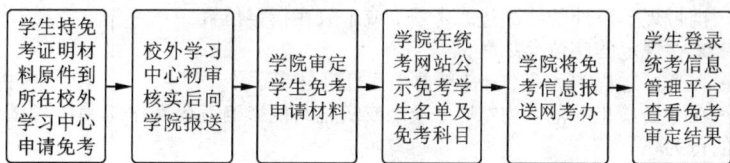

图 5 – 31　办理免考的流程

中南大学网络教育"统考之窗"常年接受学生的国家统考免考申请，并在每次统考报名缴费之前定期审核。免考申请每年办理三批，具体时间请关注学院的通知。

申请免考的学生务必提供真实证件，验证过程中一旦发现学生伪造、涂改证件，将一律以考试作弊处理。

凡经中南大学网络教育学院审核、网考委认定符合免考条件的学生，其学籍表上相应的课程成绩栏内以"免考"记载。

5.6　统考违规处理

网络教育统考是国家教育考试，代表着国家考试的形象，牵涉到考生的合法权益，具有严肃的组织制度和严格的考试纪律。考试中出现的违规行为是对这些制度和纪律的无视甚至是蔑视，都将按《国家教育考试违规处理办法》确定的原则进行处理。网考办据此制定了《试点高校网络教育部分公共基础课统一考试违纪处理办法(试行)》,已收录在本书的附录之中。

　　产生违规行为的表面原因是考前准备不充分,仓促上阵,而根本原因是对自身尊严以及公众秩序极不负责的生活态度。与闯红灯、越黄线这类违规不同的是,考试违规的实施必须是故意的且又是隐匿的,因此考试违规者的心理是焦虑、惊恐、奸伪、自弃等阴暗的,就算侥幸躲过也仍然无法置于阳光之下。对于考试违规者,我们除了按章处理外,还难以控制对其的鄙视和可怜。

　　网络教育统考的违规行为的性质分为违纪、作弊、扰乱考试秩序和替考四类,与机考有关的详列于表5-2中。

表5-2　考试违规行为的性质及处理方式

性质	情节	处理方式
考试违纪	·携带规定以外的物品进入考场,或未放在指定位置 ·未在规定的座位参加考试 ·在考试过程中旁窥、交头接耳、互打暗号或手势 ·在考场禁止的范围内喧哗、吸烟或实施其他影响考场秩序的行为 ·未经考试工作人员同意在考试过程中擅离考场	取消其相关科目的考试成绩
考试作弊	·携带与考试内容相关的文字材料或电子设备参加考试 ·在考试过程中使用通讯设备 ·未经允许传、接物品或者交换试卷、答卷、草稿纸 ·通过伪造证件、证明、档案及其他材料获得考试资格和考试成绩	当次报名参加考试的各科成绩无效,并视情节严重情况停考1~3年
扰乱考试秩序	·故意扰乱考点、考场、评卷场所等考试工作场所秩序 ·拒绝、妨碍考试工作人员履行管理职责 ·威胁、侮辱、诽谤、诬陷考试工作人员或其他考生	
替考	·代替他人或由他人代替参加考试	取消统考资格

　　在统考考试中出现的或阅卷过程中发现的学生考试违纪或作弊行为由考点做出认定,上报后,由网考办做出处理决定。

　　对于网络教育统考,我们既不能如羊豚之于虎狼而畏惧,也不能如鹰隼之于鸦雀而傲慢。只要多些自信,多下些功夫,这个坎总是迈得过去的,走在我们前面的学长学姐们就是榜样。

第 6 章 毕业综合实践

"……我们今天是桃李芬芳，明天是社会的栋梁……同学们，快拿出力量，担负起天下的兴亡！"这是 20 世纪抗战年代的青年高唱的《毕业歌》，激越而悲壮。时过 70 年，校园里流行的是额尔古纳乐队的《毕业歌》，"……这里是我们共同的家，有我们最美的年华……明天又开始的出发，请不要担心害怕"，诚挚而豪放。毕业是从入学那一天就盼望的令人激动的时刻，这一刻，我们不只是在学习道路上奠立了一块里程碑，更是在人生舞台上换了一身装，以新的面貌和新的姿态站在新的征途前。从这里走出去，我们肩头的压力将更重，但我们的步伐也将更坚实。

在本章，我们将介绍培养方案中非常重要的一个环节，也是毕业前的最后一个环节——毕业综合实践。毕业综合实践对于本科生来说，是结合自身职业背景，通过毕业论文或毕业设计综合性地梳理、运用几年来所学知识去分析、解决一个问题。通过毕业综合实践的训练，学生将增强自信，敢于面对挑战。

先前在学校读书时，老师教过我们作文，包括如何立意、如何谋篇，还有插叙、倒叙，等等。我们也写过不少作文，有叙事的，有抒情的，有议论的。在工作中，我们应该写过不少文章，如年度总结、工作汇报、宣传报道，等等。喜欢笔耕的人还设有自己的博客，经常发表些博文，有些文学爱好者则会经常写写诗歌散文或是小说。但说到论文，多数人可能是第一次接触。和上面提到的那些文体相比，论文的最大特点是研究探讨，研究指对现有资料或现象的分析归纳以及对现有材料、结构进行实验，等等，探讨指通过这些分析或实验得到新见解、新结论。没有研究探讨成分的文章都不能算是论文。

毕业论文是论文的一种，有博士毕业论文、硕士毕业论文、本科毕业论文，等等。不同层次的毕业论文的要求是不同的，其中，对本科毕业论文的要求是最初步的。文科、理科、工科、医科等领域都可以用毕业论文的形式完成毕业综合实践。

在一些领域，特别是工科中的建筑、机械、自动化、计算机等领域，往往侧重于具体项目或对象的开发应用，毕业综合实践就常采用毕业设计而不是毕业论文的形式。毕业设计应在完成一定的训练工作量的基础上，力争在该设计中有新见解、新思路，这是和实际的工程设计相比之下的特点。

6.1 毕业论文概述

从本节到 6.3 节所讨论的，既有毕业论文又有毕业设计。论文和设计往往是相关的，即以研究为主的论文中会涉及设计，以设计为主的综合实践又可能要有一些研究性的工作。今天写毕业论文的学生日后可能要做设计，今天做毕业设计的同学日后可能要发表论文。因此，不论我们是决定撰写毕业论文还是进行毕业设计，都要求把这三节读完。

6.1.1 撰写毕业论文的目的与基本教学要求

1. 撰写毕业论文的目的

本科学生教学计划规定的每门课程，总体上看是自成封闭体系的，即每门课都从自己的绪论开始，到自己的最后一章结束。在教学中，课程之间基本上是平行的、相互独立的。如果课程之间有联系，最多也只是知识链条中的前后线性关系，例如静力学、材料力学、结构力学之间的关系。更多的课程之间，如中国古典文献学和外国文学之间、刑法学和国际私法学之间等，在教学中一般是没有联系的。

但实际的社会问题、工作中遇到的问题，都不会只为某一门课所涉及，而是同时与多门专业课程甚至与专业以外的课程有关，是一个综合性的问题。撰写毕业论文，就是训练学生综合运用在校学习的知识和理论，去分析、解决一两个小型实际问题的过程，同时也是学生在校学习期间学习成果的综合性总结。从教学角度来看，毕业论文的基本教学目的有两个，一个是进一步巩固和加强对本科生的基础知识和基本技能的训练，另一个是使学生得到综合运用所学知识解决有关实际问题的训练。

虽然从严格意义上说，本科生撰写毕业论文只是一次全面训练，还称不上是真正意义上的科研论文，但它是毕业前学业水平（包括创新能力）的最高级别的考核，也是授予学士学位的重要依据和必要条件。对于调动学生的积极性，加强培养学生的创新意识、创新能力以及事业心和责任感，同时培养学生严谨、求实的治学方法和刻苦钻研、勇于创新的精神，从而全面提高学生的综合素质，其意义是不言而喻的。

2. 撰写毕业论文的基本教学要求

清楚了毕业论文的训练目的，其基本的教学要求也就随之清楚了。归纳起来，主要是以下五个方面。

(1)培养学生综合运用、巩固与扩展所学的基础理论和专业知识，培养学生独立分析、解决实际问题的能力。此中最重要的是综合运用，如果不能做到综合，就只能是某门课程的大型作业。最能体现学生水平的，是扩展，即能对学校设计的教学大纲有所突破性的工作，而不仅限于简单模仿。

(2)培养学生理论联系实际的工作作风，严肃认真的科学态度。所谓理论联系实际，是指毕业论文都有具体的研究对象，即便是比较抽象的理学学科，到了论文时，都会有一个明确的论点，不能模棱两可。所谓科学态度，是指毕业论文要求事实客观，不能编造数据，也不能把论文基础建立在假设上，更不能胡乱堆砌、生造概念。实事求是，经得起客观事实的检验，才是科学的态度。

(3)培养学生进行社会调查研究的能力。这是针对社会科学类专业的学生而言的。不同的问题有不同的调查方法，不同的调查方法有不同的结论。社科类问题往往没有唯一答案，仁者见仁，智者见智，但无论是仁是智，都必须有依据，这个依据就是社会调查研究。

(4)培养学生收集、整理、使用文献资料的能力。在各个领域中，前人已经作了大量的研究工作，当前的同行也正在进行研究。如果不了解他人已做的工作，我们就很可能把早已有定论的事情当作创新来重复一遍。查阅文献资料是开展科学研究的基本功。

(5)培养学生提出论点、综合论证、总结写作等基本技能。凡是搞研究写论文，一要逻辑严密正确，不能自相矛盾，二要文字通顺，能让别人看得懂，不能写了满篇却不知其所言究为何物。

6.1.2 网络教育毕业论文的特点

网络教育有丰富的、易得的网络资料，绝大部分学生是从业人员，所以毕业论文就有不同于在校普通学生的特点。这个特点总体来说就是其研究更加具有现实意义，因而更加具有实用价值；具体而言就是学术性、科学性、创新性、文献性更突出。也就是说，网络教育本科毕业论文比普通教育本科毕业论文应更接近于一般的学术论文。

1. 学术性

学术性指毕业论文不是摄影性地勾画客观事物的外部直观形态，不是账簿性地记述客观事物的变化发展过程,而是要挖掘出事物的内在本质、归纳出变化演进规律。

毕业论文所研究的问题是比较专门化的,这使得学生容易停留在问题的表面观察上就事论事,打不开研究思路。而好的论文就能将它剖开,从多个角度进行抽象的、概括的叙述或论证,最后形成结论与观点。如果还能够有学术发现和理论创见,那就是上乘的论文了,因为它具备了学术研究与科学论证的性质。

例如护理工作中,护理人员会接触到大量疼痛患者,而疼痛在目前是一种无法精确描述的感觉,如果我们能够针对某种疾病,根据大量的观察和仪器记录,经过整理、分析、验证,提出定量的疼痛度参考标准,哪怕比较粗糙,也不失为一篇很有学术价值的论文。而如果只是写如何照料患者、如何鼓励患者、如何使用镇痛药物,这样的文章就没有学术性。又如土木专业学生设计某高铁车站的站台雨棚,就应分析该高铁车站站台的特殊情况和特别要求,如车辆高速通过时产生的气流影响等,否则论文就没有学术成分,仅仅是设计说明书。

学术性要求论文应以论点的形式构成全文的结构格局,以多方论证的内容组成文章的整体,以一定深度和综合的理论分析、支持论点。因此,论文可以在很大程度上检验学生的分析归纳、逻辑思维、论述表达、革新开拓等方面的综合能力。

2.科学性

科学性指论文所涉问题客观、所依理论正确、所举数据可靠、所用逻辑完美、所成文字严谨。

毕业论文研究的对象必须是客观存在的事实、现象、问题,以及由此激发的理论发现、技术发明或逻辑推导,而不能是天马行空的信口开河、无凭无据的突发奇想。例如对外星生物消化系统的估计、设计蛋白质电脑等,都只是科幻,不能作为论文。

毕业论文所依据的理论必须是经过检验的、为客观事实所验证的、为当前主流认识所接受的,而不能是假设的、片面的、已经历史证明错误的、宗教的。我们不能用某人说过一句肯定话来证明某件事是对的,也不能因为没有人说过肯定的话来证明某件事是错的。如果对某种理论提出质疑,则更应慎重,必须要有令人信服的事实,或者该理论确实存在致命的瑕疵。在准备调研时往往要设计调查表,我们要注意调查内容的全面与客观,不能只收集或者只采纳对自己的写作意图有利的内容。

　　毕业论文如果用到数据，必须实验可靠，可以再现。最忌讳的是为了挺住论文结论，去凭空编造实验数据，这与其说是臆想，不如说是说谎。如果数据是引用的，那么需要进行多资料的对照确认，并在论文中注明数据来源。如果是社会统计数据，还应注明统计时间。不同统计时间得到的数据之间没有横向的可对比性，例如 1990 年的甲城市人口数与 2010 年的乙城市人口数，两者之间就很难说明什么问题。

　　所谓逻辑完美，是指演绎、归纳等推理论证方法符合逻辑法则，不存在逻辑上的错误。常见的逻辑错误有自相矛盾、循环定义、偷换概念、循环论证、推不出、以偏概全、倒置因果、两不可，等等。"自相矛盾"指论据或论述相互抵触，例如"优秀人才必须通过优秀的学校培养，但普通的学校也能培养出优秀人才"；"循环定义"指用 A 定义 B，又用 B 定义 A 的情况，最终使人无法理解，例如"基因是有遗传功能的 DNA 片段，而 DNA 是组成基因的材料"；"偷换概念"出现在使用歧义句或多义词的场合，常用于诡辩和讥讽，例如"因为工作时间不准吸烟，所以我吸烟时间就不工作"，又如"一屋不扫何以扫天下"；"循环论证"的论证结构是"因为 A，所以 B，同时又因为 B，所以 A"，最终是"因为 A，所以 A"，原地兜圈，等于什么也没说，例如"一个人因为吃得多，所以肥胖；一个人因为肥胖，所以吃得多"；"推不出"指因果之间没有联系，所使用的前提得不到结论，例如"因为 $A > B$，所以 $A^2 > B^2$"，事实上，$-1 > -2$，但 $(-1)^2 = 1 < (-2)^2 = 4$；"以偏概全"指用局部、个别现象去推论全部、所有结果，例如做一次摩擦系数测定，就认定在所有条件下都是这个系数；"倒置因果"将原因当成结果，又将结果当成原因，例如"肥胖者由于体重的负担，比正常体重者更不乐意参加体育锻炼"；"两不可"既否定 A，又否定非 A，态度暧昧，例如"某某的观点虽然不全面，但也不能说是片面"。逻辑错误将使论文无科学性可谈。

　　毕业论文在表述上除了通顺还要求：第一，语言使用要确切，定量的容易做到，定性描述的，尤应注意。中国汉字体系庞大，结构复杂，较难用好，例如"很""相当""十分""特别""非常""异常""极其"这些副词所说明的程度就很难把握。对汉语言文学学生而言，更应注意一些词语在流行用法上的错误，例如"七月流火"是指天气转凉而不是炎热、"豆蔻年华"是十三四岁而不是十七八岁、"差强人意"指可以基本使人接受而不是勉强接受、"望其项背"指有希望超越而不是无法追赶。第二，语言内容要清楚明白，不能模棱两可、含糊不清,不能一语双关、意义不确定。特别避免使用歧义句,例如"A的长度是B和C的一半",这会造成两种理解,一种是,"A的长度是B和C加在一起的总长度的一半",即A=(B+C)/2;另一种是,"A的长度是B的长度再加上C的一半长度",即A=B+C/2。又如"二十名当事人的家属到庭旁听",歧义在于旁听的是"二十名当事人的""家属"还是"二十名""当事人的家属"。第三,用语要符合标准规范,例如"艾滋病"不能写成"爱滋病","法治观念"不能写成"法制观念"。又如"呼吸道肿瘤的护理"应写成"呼吸道肿瘤患者的护理",否则就成了去护理肿瘤、唯恐肿瘤没长好了。

3. 创造性

对于网络教育而言,毕业论文要求具有一定的创造性,应该不是太高的要求。我们不要求学生达到填补某个领域的空白的高度,但要求学生在学习和积累的基础上,有效地运用所学基础理论和专业知识,形成对工作实践中接触到的客观事物研究后有独到理解和观点,提出一些局部的新设想、新方法。

在现行社会中,许多看起来是合理的、通行的事情,如果深究一下,就会发现还有许多地方可以探讨、可以商榷、可以改进、可以优化。网络教育历届学生的毕业论文中,也总有这样的一种气息透露出来。表6-1列举了往届部分中南大学网络教育学生有创新性的毕业论文题目。

表6-1　各专业部分有创新性的毕业论文题目举例

专业	毕业论文题目
法学	出生人口性别比失衡的法律思考 论留守儿童法律保障机制的建立和完善 论事实劳动关系的认定与保护　……
工商管理	对我国发展绿色营销的思考 论我国民营企业文化建设 国有企业非正式员工的激励探讨　……
汉语言文学	关于农民工文学整体状况的研究 试论汉语言古典诗文中"诗言志"及"言不尽意"现象 从娱乐节目名称浅谈语言学　……

续表 6 - 1

专业	毕业论文题目
护理学	"知情同意"的伦理与法律上争论问题的研究 程序化电刺激疗法在产瘫患儿早期护理中的应用效果研究 PICC 在高龄住院患者中的应用与护理　……
会计学	从安然公司财务造假丑闻分析会计诚信问题 关于村级债务的思考 论新会计准则中公允价值的运用　……
机械设计制造及其自动化	CRH2 型动车组整车落成工序分析 受电弓的常见故障的分析与处理 车辆段站修货车钩托螺栓拆装机的研制　……
计算机科学与技术	城市公共交通网络管理系统研发 医疗费用远程申报审批系统研发 中国热带农业种子农资综合物联服务平台设计　……
交通运输	论当前机务运用安全管理中的重点和难点 谈机车乘务员在运行中的应急故障处理能力 益阳市道路运输市场存在的问题与解决措施　……
土木工程	基于卫星定位的公路高边坡位移监测系统的研发与应用 桥头跳车的原因及预防初探 燃气管道施工质量管理与安全的探讨　……
行政管理	河北省业主委员会发展的问题及对策 公共领域道德缺失问题研究 永兴县移民问题分析及发展出路探讨　……

罗列这些选题，对我们应该有一些启发。这些论文未必能完全解决所涉及的问题，多数论文还仅仅是在这个问题的边缘上试了一下水。要做到真正的实用，还有待大量的调研、丰富的材料以及复杂的推理，还需要许多时间和精力。毕业论文应是学生日后开展科研的良好发端。

4. 文献性

毕业论文表述了一种对客观事物或现象所具有的规律性与科学性的新认识，因此，它一方面要借助大量已发表的文献作为自己的论证依据，保证自己所形成观点的正确与科学，另一方面，它本身所具有的独见性、创造性与科学性，也将成为有长期保存价值并可供他人检索和查阅的文献。

6.1.3 毕业论文的类型

1.按研究的方式划分

毕业论文按研究方式可分为理论研究型论文、实证型论文和应用研究型论文三大类。

(1)理论研究型论文

理论研究型论文又称思辨性论文。它主要依据研究者已有知识经验的积累以及现有的文献资料,采用思辨性的研究方法对现有理论进行反思、研究、批判、发展,最终以作者的思想为主导形成创新理论的论证或模型、模式。

理论研究型论文的最大特点是以理论分析和逻辑证明为其基本研究活动,无须进行系统的、专门的研究实验支持。这类论文在内容上注重观点创新、理论深度和学术研讨;在方法上,常用因果分析、矛盾分析、历史分析、比较分析、结构功能分析、归纳与演绎、分析与综合、科学抽象等定性分析的逻辑方法。

文科(如文学、历史学、哲学、法学、经济学、艺术学)、少实验或无实验的理科(如数学)专业的毕业论文较多使用这种类型。

(2)实证型论文

实证就是通过一定的研究实验或研究实践等予以证明。实证型论文通过对某一对象或问题的具体调查,及其对调查数据、基本情况的统计学以及相关专业理论分析,或根据某一活动中成功或失败的经验与教训的案例,归纳形成新的理论结构或证明某种理论的合理性、证明客观现实中某种模式的存在、或应用推广中的可行性。

实证型论文以检验假设、证实理论判断,或获得经验体会为主要特征。在成果类型上主要有观察报告、调查报告、实验报告、行动研究报告以及经验总结等。这类论文的格式比较固定,一般先陈述研究背景、研究价值、研究目的、研究过程和方法,然后,重点陈述研究结果,并根据对所得到结果进行的分析讨论导出新发现的情况和问题,最后,确认所研究的问题已经解决,或者陈述研究者的见解。

医学类、需要实验的理科(如物理学、化学、生物学)等专业的毕业论文以此类型为较多。而教育学、管理学专业学生的毕业论文多介于思辨型和实证型之间。

（3）应用研究型论文

应用研究型论文又称应用型论文。这类论文根据对具体现象的研究，提出解决某些实际问题的操作性对策与方法。

应用研究型论文以通过需求分析、总体设计、详细设计等途径解决工程、项目、设备、软件等具体任务为主要特征。在成果类型上主要有设计说明书、各类图纸、程序源代码、工艺流程、使用指南等。一般没有理论方面的新见解，故又常称为毕业设计。

工科类、农科类专业的毕业论文往往呈现为毕业设计的形式。

2. 按研究问题的大小划分

毕业论文按所研究问题的大小可分为宏观性论文、微观性论文两大类。

（1）宏观性论文

以具有普遍性、全局性问题为研究对象的研究论文称为宏观性论文。它研究的面比较宽广，具有较大范围的影响。

撰写宏观性论文需要收集大量资料，且会涉及诸多领域，工作量极大。本科毕业论文极少采用这类题材。

（2）微观性论文

研究局部性、具体问题的论文称为微观论文。它对具体工作有指导意义，影响的面则相对比较窄。也正由于其涉及的面较窄，搜集资料、开展实验、进行计算等的工作量均较小，毕业论文的撰写实践又非常有限，故绝大多数采用微观研究的形式。

3. 按研究的目的划分

毕业论文按研究目的可分为基础研究论文、应用研究论文两大类。

（1）基础研究论文

研究目的在于发展和完善理论，通过研究寻找新的事实，阐明新的理论或重新评价原有理论的论文，称为基础研究论文。基础研究论文理论性较强，应用性则较弱。

（2）应用研究论文

研究的目的在于应用或检验理论，评价理论在解决实际问题中的作用，解决当下实际的特定问题的论文，称为应用研究论文。应用研究论文的应用性很强，但理论性成果往往不多。

6.2　撰写毕业论文的过程

撰写毕业论文需要经过选题、搜集资料、梳理思路、填写毕业论文任务书、撰写(初稿、修改、完稿)、定稿等过程。

6.2.1　选题

1.选题

(1)选题的重要性

如果把网络教育学习比作在大海上航行，那么毕业论文(设计)的撰写过程就如同靠岸前的一段航程。已经看到了天边长长的地平线，我们必须决定在什么地方登陆。这个决定不但规定了航船的航向，还将直接关系到登陆后的继续行进是否通坦。这个决定就是毕业论文选题。毕业论文选题很可能就是接下来我们为之探索一生的目标。

如果只从当下看，选题至少有三个意义：第一，选题将决定毕业论文的价值和效用。好的选题如同一粒好的种子，投入同样的力量，会有好得多的收获。第二，在选题的方向、角度和规模指示下，可以有目的地弥补自身知识储备的不足，有针对性地拓宽自身的知识面。第三，合适的选题可以保证写作的顺利进行，不出现因时间不够而草草收场的情况，也不出现剩下许多时间却无法使用的情况。

要说选好论题是毕业论文成功的一半，丝毫不过分。

(2)选题的原则

毕业论文可以大致反映作者运用大学期间所学得的基础知识来分析和解决本学科内某一基本问题的学术水平和能力。总的来说，选题一般不宜过大，涉及内容应不太繁多，但要求有一定的创见性，能够较好地分析和解决学科领域中不太复杂的问题。因此，我们鼓励学生从自己熟悉的工作业务中寻找合适的论题。

选题的原则具体可归纳为以下三条。

①理论联系实际，注重现实意义

论文有现实意义，是指我们选的题目应与社会生活或实际工作密切相关。当然，并非所有科学研究都有明确的现实意义，例如数学定理、考古发现、河外星系等，就很难硬扯上具体的日常使用，但中南大学网络教育没有开设这样的专业，所以，我们可以强调毕业论文的现实意义。

具有现实意义的主要有三类问题：一是与国家或与国计民生有关的重大问题。这类问题关系国家发展方向、速度，是社会公众关注的热点。二是群众普遍关心的问题。这类问题虽不是全局性的，却是人们关注的或期待解决，或有疑虑需要进行理论探讨和解答的问题。三是虽属具体又未引起社会重视，却代表一定倾向的问题。有现实意义的题目大致有三个来源：一是国家经济与文化建设事业中急需回答的重大理论和实践问题；二是本地区、本部门、本行业在管理工作实践中遇到的理论和现实问题；三是个人在工作实践中发现的理论和现实问题。

我们强调选题的实用价值，并不等于提倡急功近利的实用主义，也绝非提倡选题必须有直接的效益作用。在注重现实意义的前提下，论文还必须有一定的超前意义。

②勤于思索，刻意求新

论文的本质是研究，有一定的抽象性和超前性，完全不同于日常的工作总结和调查报告。因此，论文选题仅仅联系实际是不够的，还要有新意。论文是否有新意，很大程度上决定了其成功与否、质量高低与价值大小。所谓有新意，即论文中能表现自己的新看法、新见解、新观点。有了较新颖的观点，即在某一方面或某一点上能给人以启迪，文章就有了灵魂，有了存在的价值。

论文是否有新意，可以从以下四个层次判认。

第一个层次是，论文从观点、题目、材料直至论证方法全是新的。这类论文价值大，但写作难度也很大。选择这一类题目的作者须对所研究的问题有相当深入的研究、有扎实的理论功底和写作经验。对于毕业论文来讲，限于条件，选择这类题目要十分慎重。

第二个层次是，论文从新的角度或以新的研究方法重做已有的课题，从而得出全部或部分新观点。这个工作是用自己的全新方法对已有成果的推翻或部分否定，也有一定的难度。

第三个层次是，论文以新的材料论证已有的课题，从新的情况变化或新的释义提出新的或部分新的观点、新的看法。这是对已有成果的完善与发展，因为不牵涉否定，因此难度小了许多。

第四个层次是，对已有的观点、材料、研究方法提出质疑。尽管论文没有提出自己新的看法，但因为能够启发人们重新思考问题，所以就有了新意。提出质疑必须要有依据，即我不能证明自己对，但可以证明他人错。

③量力而行，难度适中

　　论文选题要充分估计自己的知识储备情况和分析问题的能力,其次要充分考虑自己的特长和兴趣,最后要考虑是否有资料或资料来源。

　　具体地说,选题要做到课题的难易适中。选题既要有知难而进的勇气和信心,又要做到量体裁衣、量力而行。如果难度过大,远远超过了自己所能承担的范围,那么一旦动笔,就很可能陷入半途而废的被动境地,到头来还要更换题目,重起炉灶,不仅浪费了时间和精力,还容易挫伤自己的写作自信心。如果自己估计综合分析一个问题比较吃力但又确实感兴趣,那么就应该利用增加限制词的方法,把题目定得小一些,便于集中力量抓住重点,把某一问题说深说透。大题可以小作,小题也可以大作,但无论如何,小题大做总比大题小做容易一些。题小而专,问题才能谈得精而深,才能写出有独到见解、观点深刻的文章。题大而泛,反而容易写得肤浅,效果不理想。

　　例如,"论朱光潜的美学思想"这个题目固然很有研究价值,对于今天的审美研究也有巨大的现实意义,但是题目实在太大,恐怕几本书也写不完。我们可以做些限制,把研究范围缩小,如"论朱光潜晚年的美学思想",这样应谈的内容就一下减了许多。如果觉得题目还是大了,就再加限制,如"从《美学和中国美术史》谈朱光潜晚年的美学思想"。如果仍然觉得题目偏大,就再加限制,直至合适。

　　选择那些能发挥自己的专长,学有所得、学有所悟的题材,就能写出较好的论文来。这样做可以最大限度地发挥个人优势,从而获得最理想的效果。作为完成一个教学环节的毕业论文,这是一条很理想的扬长避短的捷径。选题切记千万不能赶时髦,写自己并没有弄懂或没有条件研究的所谓热门问题。

　　对资料或资料来源的估计,也是选题时要考虑的重要因素。除了网上的资源,我们还要善于利用图书馆,善于利用工作单位现有的实验场所、仪器、设备、检测手段等各种条件。

　　(3)选题的思路

　　综上所述,可从以下三个思路来构思毕业论文选题。

　　第一个思路是在已掌握的专业知识领域内,寻找属于工作实践中急待解决的、又有条件解决的问题。这是最有效也是最简单的途径,但研究成果的影响力往往也比较局限。大多数学生的选题是采取这个思路的。

　　第二个思路是从寻找前人研究的不足处选题。随着社会的不断发展,前人已提出来的研究论题必待丰富、完善和发展,这种补充性或纠正性的研究论题,也有科学价值和现实指导意义。做到这一点,要求学生有独特的眼光和超前的意识。

第三个思路是从科学研究的空白点或边缘领域中选题。这是新兴学科、前沿学科、边缘学科、交叉学科的课题，容易得到有影响的重大的新发现，对研究者的全面知识要求也很高。

特别要提醒的是，因为这是毕业论文，所以选题不应过分突破专业。会计学专业的学生再喜欢文学，也不能写文学欣赏的论文，同样，汉语言文学专业的学生就算有会计工作经验，也不能将工作体会当论文来写。

（4）选题的具体方法

①工作总结法

从工作中遇到的诸多问题中选一个最感兴趣、最有体会的问题，通过论文将其向理论高度提送，这是最直接的方法，也是最常用的方法。对于在一线工作的人员来说，解决一个别人感到为难的问题，就是有水平的体现。如果能从解决一个问题入手，上升到能解决一系列类似问题，那就是很有成就了。

②浏览捕捉法

如果我们不满足于解决眼前的具体问题，有志于研究大一点的、有一定普遍意义的问题，就可以通过浏览捕捉法选题。

浏览捕捉法就是广泛地研究各方面的资料，进行分类、排列、组合，从中寻找问题、发现问题，然后将自己在研究中的体会与资料分别加以比较。通过比较，找出哪些体会在资料中没有或部分没有；哪些体会虽然资料已有，但自己对此有不同看法；哪些体会和资料是基本一致的；哪些体会是在资料基础上的深化和发挥，等等。在此基础上，经过反复思考，萌生自己的想法。把这种想法及时捕捉住，再作进一步的思考整理，明确选题的目标。

显然，这种方法除了兴趣、资料之外，还需要时间和精力，有时还需要经费投入。

③追溯验证法

这是一种先有拟想，然后再通过资料、实验验证来确定的选题方法。由于先有结论或先有大概结论，然后去找证据，所以成功率不高。而一旦成功，就是大成果。例如相对论，就是先推导出光线在引力作用下会弯曲，然后再在一次日全食时得到验证的；宇宙大爆炸理论也是这样的研究过程，先假定宇宙的最初是一次大爆炸，然后去找爆炸的痕迹。但在毕业论文中，这样来选题的实属罕见。

6.2.2　收集资料

毕业论文撰写前的理论准备是形成论点和论据的必要条件,而理论准备来自两个方面,一个是已经完成的课程学习,另一个是针对选题的资料收集。

收集资料的目的是全面掌握当前所选题目的研究情况,包括研究方法、相关理论、已有结论等,这样有利于站在最靠前的位置做好自己的研究,有利于避免重复别人的工作,有利于获得支撑自己观点的材料。

1.资料分类

写作论文收集的资料包括三种类型,一是收集已发表的材料,二是通过调研获得的材料,三是通过实验观察获得的数据。

收集已发表的材料要尽可能全面,包括书刊论文、统计材料、典型案例、经验总结、国内外的最新研究动态、相关学科的材料、有关政策文献等,对于搜集的论文文章,还要了解作者当时所处的社会、政治、经济等背景材料。要注意资料的适用性、全面性、真实性、新颖性和典型性,内容相关性太弱的资料、论述明显不可靠的资料、著述年代太久远的资料、发表在无正式刊号刊物的资料,都是不可取用的。

这类资料可以从当地图书馆、资料室获得,为此,论文作者要熟悉、掌握图书分类法。要善于利用书目、索引,要熟练地使用工具书,如年鉴、大全、文摘、表册等。

调研的材料主要通过实地调查研究获得。调查研究能获得最真实、最可靠、最丰富的第一手资料。调查研究时要做到目的明确、对象明确、内容明确,调查的方法有普遍调查、重点调查、典型调查、抽样调查等,调查的方式有座谈会、访问、问卷等。

实验观察数据是通过实验与观察获得的,是形成、产生、发展和检验科学理论的实践基础。数据的获得要求学生在平时有全面、丰富的工作记录。这是理工科、医类等专业研究中较为常用的方法。

2.研究资料

对收集得来的资料不能简单地往论文里堆,必须消化为作者自己的写作营养和能量。这就需要对收集到手的资料进行全面浏览、分析和理解。对不同的资料应分别采用研读、通读、泛读、选读等不同的阅读方法。

研读又称为精读,是对资料进行全面、认真、细致、深入、反复的阅读,阅读过程中应做好笔记,随时记录下阅读心得。通读是对资料进行一次完整的阅读，阅读过程中也应当做好阅读笔记，或在资料上留下标签，便于日后翻查。泛读是快速阅读，选读是只阅读部分内容。不论哪种阅读方式，在阅读过程中都要围绕自己的选题积极思考，体会资料中的论点、论据、论证方法和研究方法与自己论文计划的异同。

对于调研数据和实验数据，则应使用统计学的方法，作出曲线图形，分析数据规律，计算平均值、离散度、分布律、显著性等。未经统计学处理的数据是不能说明问题的。

3. 应用资料

收集及研究资料的最终目的是应用资料。如何把资料用好，科学合理地组织是关键。

资料与论文论点之间应有正确的逻辑关系，要能够不可辩驳地支持论点。资料之间应有主次关系，即分为主要资料和次要资料。主要资料是立论之柱，撑住全篇文章，所以应当完满。次要资料是对主要资料的进一步补充，所以点到即可，不宜过分展开，否则喧宾夺主，文章就没有了核心。

例如研究刹车副的性能，刹车盘和摩擦片之间的摩擦系数、制动轮缸的压力、制动距离等参数是主要资料，温度、湿度、液压油品种等是次要资料。又如研究家族企业，企业管理层人员的相互关系、各种规章制度、分配方式、经营业绩等是主要资料，而管理人员的年龄、企业税务状况、劳务招聘方式等是次要资料。

6.2.3 确定论点、论据和论证方式

1. 形成论点

经过选题决定论文的研究方向，经过收集资料归纳出基本研究问题，这只是研究工作的最初一步。接下来，我们必须非常清楚地知道自己要做的是一件什么事情，知道这件事情需要做到什么程度，这就是形成论点。

论点使研究目标明确，是选题的具体化。例如选题"晚期癌症患者的临终关怀""谈铁路客运段材料成本管理"等，都是无法立即落笔的，因为这些都还只是一个词组，还没有具体要说明的内容。我们选了这个题，只说明这个方面有话可说，但究竟能说什么，还有待建立论点。确立了论点，整个写作便有了核心，有了方向。如果边写作边寻找论点，笔下只能是一堆混乱的文字。

绝大部分本科毕业论文是在已有的研究成果上进行补充性的研究。对前人研究成果予以肯定并作一些发展，称为补充性论点；对已有研究成果进行

否定与纠正,称为匡正性论点。

2.选定论据

论点确定,知道了自己要做什么事。然后就是用什么来做的问题,即如何组织使用论据。

在收集资料过程中,我们已得到许多材料。这些材料中,可用以说明论文中心论点的就是论据。因此,对手边的材料要做取舍,把与主题无关或关系不大的材料舍弃,即便这些材料是煞费苦心、好不容易搜集来的。如果论据不足,就要及时补充。

3.确定论点与论据之间的逻辑结构

为论点服务的各论据之间存在的逻辑关系,就是论文所反映的事物和事理的整体及其各部分之间的联系。这些联系的最基本表现是纵向逻辑联系(空间联系)和横向逻辑联系(时间联系),这两种关系往往是交织在一起的。这些关系表现在论文的逻辑结构上,就是纵式结构、横式结构、合式结构三种形式。

(1)纵式结构

一篇论文有一个总论点,它是由若干个分论点组成的,每个分论点又由若干小论点组成。小论点与分论点之间、分论点与总论点之间,都是顺序的逻辑关系,即纵向逻辑联系。

各层论点之间的纵向逻辑联系构成论文的纵式结构,图6-1(a)是纵式结构的示意图,这是一种树状结构。纵式结构能体现论文思想体系的展开路径,使读者循着这个路径准确了解作者所希望表达的意思。

(2)横式结构

纵式结构只反映论点之间的关系,却没有把论据联系进来。论据与论点、材料与观点之间的联系,就是因果的逻辑关系,即横向逻辑联系。

分论点、小论点都有自己的论据,所以都有自己的横向逻辑联系。论文内容的论点和论据之间的横向逻辑联系具体表现为论文的横式结构,图6-1(b)是横式结构的示意图,这是离散的线型结构。横向结构使论文具有说服力。

(3)合式结构

论文内容之间的逻辑联系是纵向、横向穿插进行,交织在一起的。具体表现为论文同时具备纵、横式结构,称为合式结构,图6-1(c)是合纵式结构的示意图,这是复杂树型结构。所有的论文都应当是合式结构的,只是有的以纵向展开为主,有的以横向展开为主。

纵式结构和横式结构都是简单结构，组合成合式结构后，情况就会复杂得多。其复杂性表现为：①总论点没有横式结构；②分论点、小论点均有了论据身份，因此是纵式结构和横式结构的交点；③小论点的论据只有横式结构，它间接地为总论点服务。

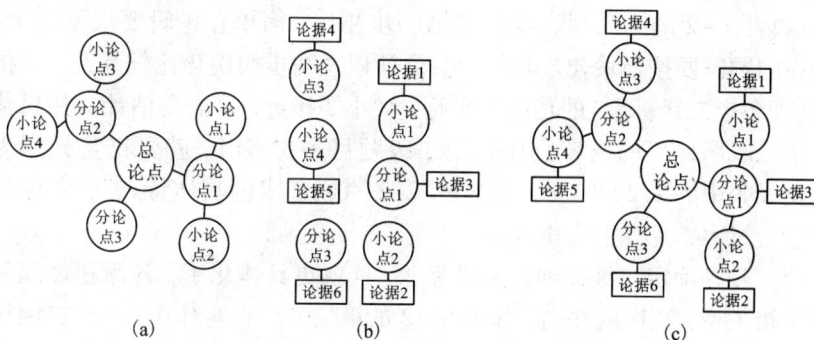

图 6 - 1　论点与论据之间的逻辑结构

从论点与论据之间的逻辑结构分析可以看出，一篇论文既要讲清观点又要让人接受，必须把总论点和材料有机地结合起来，还要处理好分论点和材料的关系，以及小论点和材料的关系。

6.2.4　拟定提纲结构

有了论点，有了论据，就知道了要做什么和用什么来做，又知道了各论据之间的逻辑结构，再下来就要考虑怎么做了。这就是拟定论文的写作提纲结构的问题。提纲就是论文目录的雏形。拟定提纲有助于安排好全文的具体逻辑结构，构建论文的基本框架。

拟定提纲结构一般采用逐级展开的方法，即先确定一级标题结构，再确定二级标题结构，再逐级往下确定。这样搭建的论文结构必定是论述有序的，脉络清晰的，不会出现叙述颠倒、错位、重复、遗漏等情况。

1. 研究类论文的提纲结构

研究类论文的提纲建立要求比较高。我们以"论京剧艺术的生存前景"为例，说明拟定提纲结构的大体过程。先假定这个选题的论点是对京剧艺术的普及持不乐观态度，但肯定其可以在小范围传承发展，同时，我们还假定已经选定了用作论据的资料。

　　第一步是拟定一级提纲(一级标题),如表6-2的第一列。这是最粗线条的提纲,也是论文写作最基本的架子。一级提纲最清晰地描述了论文的几大步。拟定一级提纲要反复斟酌,审视其是否能反映作者的写作目的,特别要注意不能出现逻辑关系混乱。

　　第一级提纲确定后,第二步是将一级提纲分解为二级提纲(即二级标题),如表6-2的第二列。这步跟第一步相比,简单在逻辑要求不再太高,复杂在问题需要按模块初步具体化。之所以说初步模块化比较复杂,是指各模块(即各个二级标题)的功能要平行、大小要接近,这需要估计。如果估计到某个二级题目下的内容会比其他二级题目多许多时,就要将它分割为两块。例如表中的2.2和2.3,原本是"2.2 京剧艺术的具体特点",考虑到篇幅可能会过大,就将它裁开。

　　第三步是确定三级提纲或三级标题,这就更具体化了,各标题之间只有两种逻辑关系:顺序或并列,如表6-2的第三列。在写作中,一、二两级提纲一般不能再变动,而三级提纲可以根据写作情况进行灵活调整。

　　预定各章文字字数是有必要的,它不但关系到篇幅控制(一般刊物都对论文的篇幅上限作了规定),还关系到论文最终是否能有效地安排叙述空间,是否突出了重点。避免因为熟悉就多写,不熟悉就少写的随意性。例如本论文的总字数安排为8400字,其中第1~4章各章的字数都在1600字左右,而作为作者论点的第5章使用2000字,因而突出了其在全文中的地位。在具体撰写中,这些预计字数肯定有变化,但不应变动得太大。

表6-2　论文提纲示例

一级标题	二级标题	三级标题	预计字数
第1章 京剧艺术沉浮回顾	1.1 京剧艺术发展简史	1.1.1 走向成熟期(1860—1917) 1.1.2 艺术高峰期(1917—1937) 1.1.3 分化组合期(1937—1949) 1.1.4 改造新生期(1949—1966) ……	800
	1.2 京剧艺术沉浮原因分析	1.2.1 京剧艺术历次兴盛的原因 1.2.2 京剧艺术历次衰落的原因	700

续表 6 - 2

一级标题	二级标题	三级标题	预计字数
第 2 章 京剧艺术的基本特点	2.1 京剧艺术的基本特点	2.1.1 传承性 2.1.2 文化性 2.1.3 创新性	600
	2.2 京剧艺术的思想特点	2.2.1 始于离者，终于和 2.2.2 离形而取意，得意而忘形 2.2.3 舞台小天地，天地大舞台	500
	2.3 京剧艺术的表演特点	2.3.1 综合性 2.3.2 虚拟性 2.3.3 程序化 2.3.4 夸张性	500
第 3 章 京剧艺术当前面临的境况	3.1 当代主流文艺追求	3.1.1 现代俗白的通俗演唱 3.1.2 消遣崇拜的谐趣小品 3.1.3 世俗理想的武侠故事 3.1.4 柔情主义的影视节目	800
	3.2 京剧艺术不能融入主流的原因	3.2.1 思想的深沉性 3.2.2 格调的苍凉性 3.2.3 艺术的婉约性 3.2.4 表现的抽象性	700
第 4 章 当前对京剧艺术的几种态度	4.1 行业态度	4.1.1 "高水平传承"论 4.1.2 "四位一体"论 4.1.3 "京城文化"论 4.1.4 "活态保护"论 4.1.5 "重占城市市场"论	800
	4.2 民间态度	4.2.1 "改革创新"论 4.2.2 "自然消亡"论 ……	700

续表 6-2

一级标题	二级标题	三级标题	预计字数
第5章　阳春白雪的京剧艺术	5.1　天下没有不散的戏场	5.1.1　京剧艺术面对时代精神的无奈 5.1.2　京剧就是京剧	1000
	5.2　民族艺术精华将成为专门技艺	5.2.1　京剧艺术已经成为人类非物质文化遗产 5.2.2　京剧艺术依靠特定人群传承	1000
第6章　结语			300

论文准备工作做到此处,可以说已经完成了一半多了。

2. 设计类论文的提纲结构

毕业设计的提纲比较程式化。一般来说,分为需求分析、总体设计、详细设计、实现、成果评价等五章即可。

需求分析是说明设计对象的来源及具体要求(相当于论点)。总体设计说明为满足需求而确定的总体框架(相当于一级提纲),例如基本环境分析、采用什么风格、使用什么材料、应用什么开发系统,等等。详细设计将总体设计进一步具体化(相当于二级提纲),例如平面图及技术要求、系统模块图及模块功能分析,等等。实现就是具体的计算及分析、程序编码及调试。成果评价主要是呈现设计开发的结果,如建筑物外观、零件实体、网页界面等,并对其适用性及可改进处进行说明。

设计类论文多有附录,一些不宜出现在文章中的图纸、源程序代码等,就放在附录中,作为设计的补充材料。

3. 护理类论文的提纲结构

护理类论文的结构更简单,一般由研究意义、资料与方法、结果、讨论四个部分组成。表6-3、表6-4分别是某疾病患者护理研究的论文提纲和某疾病患者介入治疗围术期的护理干预研究的论文提纲。

表 6 - 3　某疾病患者护理研究的论文提纲

一级标题	二级标题	三级标题
研究意义及目的		
1. 资料与方法	1.1　临床资料	
	1.2　治疗方法	
	1.3　护理方法	1.3.1　心理护理
		1.3.2　呼吸道护理
		1.3.3　……
		1.3.4　饮食及生活护理
	1.4　统计学分析数据	
2. 结果	2.1　……	
	2.2　……	
3. 讨论	3.1　……	
	3.2　……	

表 6 - 4　某疾病患者介入治疗围术期的护理干预研究的论文提纲

一级标题	二级标题	三级标题
研究意义及目的		
1. 资料与方法	1.1　一般资料	
	1.2　方法	
	1.3　结果	
2. 围术期护理	2.1　术前护理	2.1.1　心理疏导
		2.1.2　术前准备
	2.2　术中护理	
	2.3　术后护理	2.3.1　体位护理
		2.3.2　加强基础护理
		2.3.3　抗凝治疗的护理
		……
		2.3.6　出院指导
3. 小结		

6.2.5　填写及上传"毕业论文(设计)任务书"

1.填写"毕业论文(设计)任务书"

我们平时写书、写论文都不用填写任务书。填写毕业论文任务书是教学环节特有的过程,目的是进行一次写作训练。

毕业论文(设计)任务书是用来填写论文写作思路的一种表格,可以按照学院提供的空白模板自选题目、自拟任务书,或者从学院任务书库中选定任务书,一般由指导教师和学生共同商定完成。

填写任务书时应注意下列问题:

(1)"毕业论文(设计)内容要求(或内容纲要)"栏填写论文的研究目的、拟采用的论文结构、研究路线、论点。将整篇论文放入,或者寥寥数字含糊带过的填法都是不合格的。

(2)"主要参考资料"不应少于4篇。

(3)"毕业论文(设计)进度安排"的"阶段内容"主要填写收集资料、填写任务书、完成论文初稿、定稿等几个节点;"起止时间"是用于参考的,防止因拖延而不能完成撰写。

2.上传"毕业论文(设计)任务书"

任务书填写完毕并请指导教师审定、签名后,在规定时间内上传到网络教育学院。

上传方法是:登录自己的学习平台,选择课程"毕业论文(含答辩)"(图6-3),点击"进入上传"打开上传页面(图6-4)。

图6-3　学习平台的"进入上传"按钮

在这个页面上的操作步骤是:在"论文题目"栏中填写论文的标题(该标

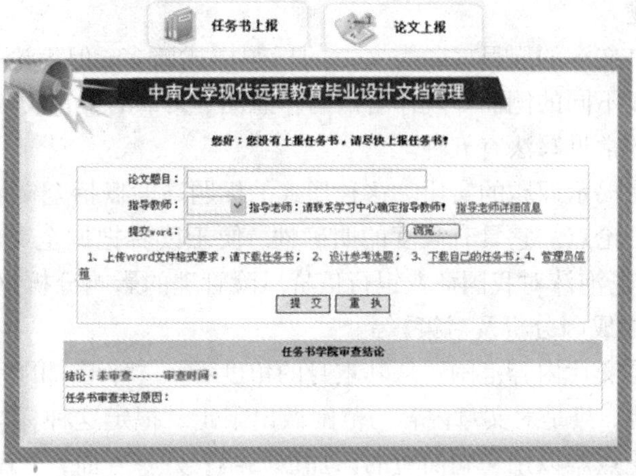

图6-4　毕业论文任务书上传页面

题必须与任务书内所填写的论文标题一致），在"指导教师"栏选择指导教师姓名，点击"浏览"按钮上传任务书，任务书的文件名必须以学生本人的学号命名。在上传后请点击"下载"链接，验证上传是否成功，如果能正确下载并打开文件则说明上传成功，如果不能正常下载，需要重新上传。

任务书上传后，由指导教师根据学生实际情况，通过系统对学生上传的任务书进行审核和修改，达到要求后下达给学生。学生自拟任务书但指导教师审核未通过的，由指导老师提出修改意见并要求学生修改，直至符合要求。指导教师也可从学院任务书库中选择合适的任务书直接下达给学生。学院主要抽查指导教师下达的任务书质量情况。凡是抽查不合格的任务书，学院将与指导教师沟通，由指导教师调整、修改原任务书或直接从学院所建任务书库中选择合适的任务书下达给学生。任务书下达后，学生即按指定的任务书完成毕业论文（设计）工作。

6.2.6　撰写毕业论文

1. 论文各部分要求

论文由题目、摘要、关键词、目录、正文、谢词、参考文献、注释、附录等部分组成。

（1）题目

题目是论文的总名称，又称为总标题。题目在形式上应简洁、明确、有概括性,字数不宜超过 20 个字。

①总标题

总标题是文章的眉目。各类文章的标题样式繁多,但无论是何种形式,总要以全部或不同的侧面体现作者的写作意图、文章的主旨。

总标题的常见写法有五种。

第一种是揭示课题的实质。这种形式的标题高度概括全文内容,往往就是文章的中心论点。它具有高度的明确性,便于读者把握全文内容的核心。如《房地产市场泡沫对我国商业银行信贷风险管理的影响分析》《公共管理视角下"医闹"的成因分析及对策》等。

第二种是交代内容范围。从其本身的角度看,这种形式的标题看不出作者所指的观点,只是对文章内容的范围做出限定。拟定这种标题,一方面是文章的主要论点难以用一句简短的话加以归纳;另一方面,交代文章内容的范围,可引起同仁读者的注重,以求引起共鸣。如《抽象行政行为可诉性研究》《柴油机"飞车"的原因及防止措施》等。这种形式的标题被普遍使用。

第三种是用"从……看……"的判定句式。这种形式的标题给予全文内容的限定,可伸可缩,具有很大的灵活性。文章研究对象是具体的,面较小,但引申的思想又须有很强的概括性,面较宽。这种从小处着眼,大处着手的标题,有利于科学思维和科学研究的拓展。如《从财政支出结构变化看地方政府事权演变》《从〈边城〉看沈从文的人性美思想》等。

第四种是提问式。这类标题用设问句的方式,隐去要回答的内容,实际上作者的观点是十分明确的,只不过语意婉转,需要读者加以思考罢了。这种形式的标题因其观点含蓄,能迅速激起读者的注意。如《医疗护理纠纷可以避免吗?》《"为他人谋取利益"能减轻受贿罪吗?》等。

第五种是用形象化的语句。如《如此失败的爱情观》《我辈岂是蓬蒿人》等。

标题的样式还有多种,大家可以在实践中大胆创新。

②副标题

副标题的作用是点明论文的研究对象、研究内容、研究目的,对总标题加以补充、解说。

凡是一些商榷性的论文,一般都有副标题,如在总标题下方添上"与××商榷""我对××问题的看法"之类的副标题。

另外,为了强调论文所研究的某个侧重面,也可以加副标题,如《诚实信用原则的适用——对保险合同诚实信用原则适用的思考》《关于构建监狱信访工作格局的思考——以豫西监狱为例》等。

对于使用形象化语句作总标题的时候，也常用副标题说明论文的具体任务，如《度尽劫波兄弟在，相逢一笑泯恩仇——论两岸统一的民族文化基础》《真实的永恒——浅论张爱玲小说的细节描写》等。

③分标题

分标题即论文中的各章、节、段的标题，它的主要作用是清楚地显示文章的层次。分标题的字数也不宜过多，一般都把本层次的中心内容以词组的形式表示。分标题是一个系统，即目录系统，因此要注意各分标题之间的协调与风格一致。

（2）摘要

摘要用最简短的文字（中文摘要约 100～200 字）勾画出全论文的整体面目。包括论文的主要论点、论文的研究成果、全文的框架结构等，在摘要中须有简扼的说明，它是全文内容的缩影。因此，摘要要有高度的概括力，语言要精练、明确。

写作摘要的主要目的在于使其他读者能迅速了解论文的总体情况，以便决定是否值得进一步阅读。可以说，摘要是把论文推荐给读者的"广告"，字数不多，但要把问题讲清楚，还要吸引人。可见，把摘要写好不是一件轻松的事情，需要反复思考、多次修改。

毕业论文的摘要还有便于评阅教师在未阅读论文全文时，先对文章的主要内容有大体上了解的作用。

摘要可分为报道性摘要和指示性摘要两大类。报道性摘要主要介绍研究的主要方法、成果、成果分析等，其提示作用比较全面，所用文字也较多。指示性摘要只简要地叙述研究的成果，如观点、数据、看法、结论等，不涉及研究手段、方法、过程等的介绍，因此使用的文字较少。毕业论文一般使用指示性摘要。

毕业论文的摘要要求有中文、英文两种版式，两种文字摘要的内容应基本一致，英语写作不是很熟练的学生应当把握好这次机会，自己写英文摘要，而不请别人代劳。

（3）关键词

关键词是跟论文关系最密切的 3～8 个单词，它可能就在总标题中，也可能出现在正文里。关键词的作用是便于文献标引，所以，它们应最能表达论文的主要内容。

(4)目录

目录放置在论文正文的前面,是论文的导读图。

设置目录的目的有两个:第一是使读者能够在阅读该论文之前对全文的内容、结构有一个大致的了解,以便读者决定是精读还是泛读;第二是为读者选读论文中的某个分论点时提供方便,读者依靠目录可以节省许多翻查的时间。

为实现这两个目的,目录的编排与标题必须做到清楚、准确、完整。清楚指目录能展现论文各段的最核心的内容,不能故弄玄虚,让人无法捉摸。准确指目录必须与全文的纲目相一致,也就是说,本文的标题、分标题与目录存在着一一对应的关系;准确的另一个意思是所标注的页码无错。完整指目录应反映出文章的各项结构,包括参考文献、附录等,都应在目录之中,不得遗漏。

前文谈到的提纲与目录有密切的关系,提纲的结构就是目录的结构。但两者又不完全一样,提纲是指导写作的模板,目录是引导阅读的地图。在文字表述中,目录要考虑读者的习惯,因此,更应注意文字的组织。

(5)正文

正文是论文的主体,一般包括前言、本论、结论三个部分。

前言有时也称绪论、引言等,是论文的开头部分,主要任务是说明论文的写作目的、现实意义、对所研究问题的认识,并提出论文的中心论点等。前言要写得简明扼要,问题点到而止,篇幅不可太长。

本论是毕业论文的主体,包括研究内容与方法、实验材料、实验结果与分析讨论等。在这个部分要运用各方面的研究方法和实验结果,分析问题,论证观点。作者的科研能力和学术水平就反映在这个部分。

一般来说,学术论文本论的内容应包括三个方面。第一是事实根据,即通过本人实际考察与实验得到的事例、规律、数据或现象,或者是经本人研究与思考所得到的想法、理论。这部分内容须得客观、翔实、可信、新颖。第二是前人的相关成果,包括前人的考察方法、考察过程、所得结论等。这部分内容同样也要客观,不断章取义,不无中生有,不作有态度的评价。第三是本人的分析、论述和结论等。这部分工作要做到使事实根据、前人成果和本人的分析论述有机地结合,尤其要注意其间的逻辑关系。在理论分析中,应将他人的意见、观点与本人的意见、观点明确区分。无论是直接引用还是间接引用他人的成果,都应该注明出处。注意论文不是散文,也不是宣传报道，论文的用语要适中，语气要平和，不要带有过多的感情色彩和煽情词句。

结论是毕业论文的收尾部分，是围绕本论所作的结束语。其基本的要点就是总结全文，加深题意。结论应是整篇论文的结论，而不是某一局部问题或某一分支问题的结论，也不是正文中各段文字的小结的简单重复和堆砌。结论应当体现作者更深层的认识，且是从全篇论文的全部材料出发，经过推理、判断、归纳等逻辑分析过程而得到的新的学术总观念、总见解。因此，结论须能准确、完整、明确、精练地阐述自己的创造性工作或新的见解及其意义和作用，一般来说，还可提出需要进一步讨论的问题和建议。

具体地说，结论部分一般包括以下三个方面的内容：一，本文研究结果说明了什么问题；二，本文对前人的有关看法做了哪些修正、补充、发展、证实或否定；三，本文研究的不足之处或遗留未予解决的问题，以及对解决这些问题的可能的关键点和方向。

（6）谢词

谢词是毕业论文特有的组分，主要简述自己通过做毕业论文的体会，并对指导教师和协助完成论文的有关人员表示谢意，因为他们给予了学术研究的支持和直接帮助。有的学生喜欢罗列出一大堆名单，还逐个说明感谢的原因，其实没有必要。比如感谢父母和妻子或丈夫等，这对于论文学术意义的贡献有点牵强。还有感谢刚出生的儿子的，理由是他的降生"使我增添了写论文的喜悦"，这就更不靠谱了。

（7）参考文献

在毕业论文末尾要列出在论文中参考过的专著、论文及其他资料，所列参考文献应按文中参考或引证的先后顺序排列。

列出参考文献的目的有四个：第一是能反映出真实的科学依据；第二是体现严肃的科学态度，言明是自己的观点或成果还是别人的观点或成果；第三是对前人的科学成果表示尊重；第四是为了便于检索。

毕业论文的撰写应本着严谨、求实的科学态度，凡有引用他人成果之处，均应按论文中所出现的先后次序列于参考文献中，并且只列出正文中以标注形式引用或参考的有关著作和论文，不能为了表示自己博览群书而塞入一个与本论文研究无关的书单。

（8）注释

在论文中，有些概念、术语、名词解释、数据来源等必须说明，但又不宜直接穿插在论文中的，可在正文之外进行注释。

（9）附录

对于一些不宜放入正文中、但对于论文论证的成立又是不可缺少的部分，或有重要参考价值的内容，例如问卷调查原件、数据、源代码、图纸、图表及其说明等，可编入毕业论文的附录中。

2. 论文格式

各所大学对毕业论文的格式，从字体、字号、页面规格、计量单位标注、图号、表号、标点使用、参考文献名称等都有十分细致详尽的规定。中南大学网络教育本科毕业论文的格式规定请查阅本书附录，或浏览"毕业指导"网页(图 6-2)上的相关内容。学生最后递交的毕业论文一定要符合格式规定。

学生应养成按格式要求撰写论文的习惯，在今后往杂志社投稿时，务必先了解该杂志的文章格式要求，在格式上先达到发表的标准。

3. 问题咨询

在撰写毕业论文或设计的过程中，如果有专业方面的问题需要咨询，可以根据学院提供的各专业咨询邮箱，发电子邮件给有关老师进行咨询。或加入学院按专业建立的 QQ 群，直接向老师提问。如果有管理方面的问题需要咨询，可以进入自己的学习平台，选择课程"毕业论文（含答辩）"下的"提问"按钮(图 6-3)，给负责毕业论文管理的老师留言，寻求答复。

6.2.7　论文修改完善与上传

1. 论文修改完善

教师会对学生的论文进行分析点评，从论文格式、论文内容、论点等方面提出修改意见。我们要根据老师的要求，并在指导教师的指导下，对论文做进一步的充实、修改与完善。通过这一环节，进一步做到写作意图表达清楚，基本论点和分论点准确、明确，材料使用恰当、有说服力，材料的安排与论证有逻辑效果，段落结构完整，衔接自然，句子词语正确妥当，文章合乎规范。

最后一步是誊正、打印、装订。

2. 上传论文

根据指导教师提出的意见修改后的论文（设计）终稿，须从学习平台上传到网络教育学院。上传论文的方式与上传任务书相同：选择课程"毕业论文（含答辩）"(图 6-3)，点击"进入上传"打开上传页面，然后点击"论文上报"(图 6-4)，打开论文上传页面，如图 6-5 所示。

论文必须以学号进行命名，上传后也应测试一下上传是否成功，以免因

图 6 - 5　论文上传页面

为文件打不开等意外而错过学校审查时间，最终可能影响毕业。

上传论文的目的有两个：一是学校需要将所有学生的论文归档，作为教学资料保存；二是论文是否能通过，学生能不能参加答辩，还有"查重"一关要过。"查重"就是确认论文为学生原创，没有剽窃抄袭等学术不端行为。"查重"可以通过专门的文件监测系统完成，也可以通过人工检查完成。如果这关过了，那么，恭喜你可以参加论文答辩；如果过不了这一关，那么就只好请你从选题开始，把各个环节重新走一遍。

6.3　毕业答辩

6.3.1　毕业答辩的目的

学校组织毕业论文答辩的主要目的是进一步审查论文，即进一步考查和验证学生对所著论文论述到的论题的认识程度和当场论证论题的能力，进一步考查学生对专业知识掌握的深度和广度，同时审查毕业论文是否为学生自己独立完成即检验毕业论文的真实性。显然，毕业答辩是一个教学环节。

一般说来，从学生提交的论文中，已能大致反映出学生对自己所写论文的认识程度和论证论题的能力。但由于种种原因，有些问题没有充分展开细说，有的可能是限于全局结构不便展开，有的可能是受篇幅所限不能展开，有的可能是作者认为这个问题不重要或者以为没有必要展开详细说明，有的很可能是作者深入不下去或者说不清楚而故意回避了的薄弱环节，有的还可能是作者自己根本就没有认识到的不足之处,等等。通过对这些问题的提问和答辩,可以进一步弄清学生没有展开深入分析的主要原因,从而提高学生对自己所写的论文的认识程度、理解深度和当场论证论题的能力。这是答辩的第一个目的。

通过论文可以看出学生已掌握知识面的深度和广度,但撰写毕业论文的主要目的不是考查学生知识面的深广度,而是考查学生综合运用所学知识,独立地分析问题和解决问题的能力,培养和锻炼开展科学研究的能力。学生在写作论文中所运用的知识有几种状态:有的已确实掌握,能融会贯通的运用;有的可能是一知半解,并没有转化为自己的知识;还有的可能是从别人的文章中生搬硬套过来,其基本涵义都没搞清楚。在答辩会上,答辩小组成员把论文中有阐述不清楚、不详细、不完备、不确切、不完善之处提出来,让学生当场作出回答,从而检查学生对所论述的问题是否有深广的知识基础、创造性见解和充分扎实的理由。这是答辩的第二个目的。

审查答辩小组或答辩委员会由三名以上教师组成,其鉴别论文真伪的能力比指导教师更强些,而且在答辩会上还可通过提问与答辩来暴露作弊者,从而保证毕业论文写作的诚信作风。这是答辩的第三个目的。

从学生这个方面来看,答辩的基本目的就是检验、展现自身的研究能力和水平,证明论文的原创性,根本目的是按时毕业。为顺利通过毕业论文答辩,学生必须有针对性地做好准备。

6.3.2 毕业答辩前的准备工作

学生答辩前的准备工作主要有三个。

第一个准备工作是继续对论文中的有关问题作进一步的推敲和研究。要把论文中提到的基本材料搞准确,把有关的基本理论和文章的基本观点彻底弄懂弄通,做到能脱离文稿用口语方式表达的程度。

答辩过程的第一个环节是学生在10分钟左右的时间里作论文自述,因此第二个准备工作是写好并背诵陈述稿。自述是口语形式的,不能简单地把论文摘要念一遍,或者把论文目录读一通,这样做的效果会很糟糕。自述既要说明问题的重点,又要让别人听得下去。

学生在答辩前需要准备好毕业论文(设计)任务书、论文打印稿和答辩需要用到的提纲、图表、公式、图纸等的挂图、PPT演示稿或需要展示的实物,以及其他辅助自述的必要资料。这是第三个准备工作。

6.3.3 毕业答辩

1. 答辩

所谓答辩，是指为自己的科研成果或论文进行解释并答复专家提问。学生在规定时间内向答辩小组陈述自己论文的主要工作和结果后，答辩小组教师会根据学生的陈述或论文内容提出几个问题。学生应记录下这些问题，经过 5~10 分钟的准备后，返回发言席回答这些问题。

对于不同类型的论文，答辩的主要侧重点有所不同。理论研究型论文答辩的问题主要是研究的基本思想及线路、核心论点与已有同类研究成果的区别与比较、理论、模型研究运用的相关基础，等等。应用研究型论文答辩的问题主要是论文问题的提出依据、论据的来源及分析运用的工具、应用理论对于论文问题解决的合理性、提出解决问题的方案实践可行性，等等。实证型论文答辩的问题主要是选择研究问题的出发点、调查抽样及问题设置的科学性、分析工具运用的合理性与先进性、提出实施方案的可行性与前沿性等。

学生可以据此自己设计一些问题，并模拟答辩现场对这些问题进行回答，做到胸有成竹，有备无患。

2. 答辩过程应注意的问题

要顺利通过答辩，至少有以下七个问题应当引起重视。

(1) 熟悉内容

如果说答辩像一次汇演，那么论文就是剧本。如果不熟悉剧本，这场戏如何演得下去；如果演员要拿着剧本上台，这戏又怎么看得下去。

我们说熟悉，是要求学生必须对自己所著的毕业论文内容有比较全面的了解和比较深刻的理解。全面指的是广度，深刻指的是深度。例如研究唐后主李煜，那么不仅要知道李后主，还要知道南唐中主和宋太宗，这是广度；不仅要知道他亡国之怨的终，还要知道他骄侈之靡的始，这是深度。又如研究企业员工薪酬激励问题，那么，同时还应知道社交激励、精神激励的作用，这是广度问题，此外还应知道薪酬激励的负面作用，这是深度问题。

答辩小组教师的提问一般是限在论文的论述范围之内的，但如果我们在回答提问时能站在超出论文的位置，犹如在层楼之上看街市，效果一定极佳。

(2) 图表穿插

任何毕业论文，无论是文科还是理科，都或多或少地涉及用图表表达论文观点，故应该有此准备。可以是论文中使用的图表，更欢迎专为答辩而设计的、论文中没有的图表。图表不仅是一种直观地表达观点、节省答辩时间、扩充答辩信息量的方法，更是一种调节论文答辩会气氛的手段。

论文答辩小组的教师长时间地听述后，体力、心理上会感到疲劳，听觉也难免不自觉地出现排斥性，对你论述的内容不能准确全面地接纳吸收，适当使用图表穿插能很好地解决这个问题。图表可以使用投影仪放映，但重要的、核心的、被反复使用的图表最好画在大型纸张上悬挂，避免在电脑上来回跳帧使人眩晕。

（3）紧扣主题

在一次毕业论文答辩中，答辩学生往往较多。对于答辩小组教师来说，他们不可能精细地阅读每一篇毕业论文，他们对每一位学生的毕业论文内容的了解是概要的、纲领的。因此，在整个论文答辩过程中能否围绕主题进行，能否最后扣题就显得非常重要了。能自始至终地以论文题目为中心展开论述，会使老师的思维跟着你走，最终形成明朗的认识，有利于对你的毕业论文给予肯定。

如果遇到个别回答不了的问题、或者是没有把握回答的问题，可以直言自己没有考虑过，同时感谢老师的提问。万不可用离开主题的方法去搪塞，这样做会把自己逼入泥淖，难以折返。

（4）时间控制

论文答辩会对学生有答辩时间要求，学生在进行论文答辩时应重视论文答辩时间的掌握，充分用好这段非常有限、非常珍贵的时间。掌控好时间，使之发挥最大效用，不仅能表现出答辩人提取知识信息的轻车熟路，还能表现答辩人惜时守时的良好素质，同时也是对答辩小组教师和其他答辩人的尊重，势必给在场人员留下良好的印象。

时间控制得不好有两种情况。一种是拿着写好的稿子近乎机械性地回答问题，像是宣读上级命令，态度严肃，不能够稍作展开。另一种则相反，从猿到人，侃侃而谈，天马行空，漫无边际，答辩时间早就用过了，还意犹未尽。

使用 PPT 演示稿也有时间控制要求，要保证每一帧至少停留 20 秒钟以上，让大家能看清屏幕上的图像，不能匆匆忙忙地拉洋片。

（5）语速适中

毕业答辩学生一定要注意在论文答辩过程中的语流速度，要有急有缓，有轻有重。一些重要的、关键的内容叙述之后，要略有停顿，留给听众适当的思考时间。

参加毕业论文答辩的同学一般都是首次面临答辩环境，多数人在论文答辩时，说话速度往往越来越快，声音则越来越低，以致别人无法听清他们究竟在说什么。给人的印象是没有底气也没有中气，结果是影响了毕业答辩成绩。

（6）目光移动

我们建议毕业生在论文答辩时做到脱稿或半脱稿，这样可以腾出目光来，判断自己的陈述效果并及时调整陈述方式，并与现场人员实现视线交流。发现听众有茫然的表情时，适时复述一遍，或换一种说法补充一次；发现听众有疲惫的表情时，可用幽默的语言让他们兴奋起来。在听众中移动目光，让听众感到在众多人员中你是在和他说话，就会产生亲切感，相互的距离就可以拉近。移动目光也是一种自信的表现，答辩场上最需要的就是自信。

（7）儒雅礼貌

在答辩过程中，举止要儒雅，言语要礼貌。

答辩时穿着要朴素一些，整洁一些，不要穿太炫目的花衣或太露的短衣。发言时要站得稳，不要左右晃动身体或不停地抖动双膝。需要走动时要走得实，不要拖着鞋跟。需要做手势时，手势幅度不可过大。在答辩台上，许多细节都会让人注意，大方、自然、得体、到位，都是儒雅的表现。

语言的礼貌主要表现在答辩完了的时候。回答完问题应当主动征求教师意见，例如说一句"不知我的回答能不能让老师满意""请老师指点"等，不要愣在那里等老师宣布结束。当老师示意你的答辩结束时，不要忘记说一声"谢谢"。这些都是必要的礼节修养。

6.4　毕业综合实践的成绩与查询

毕业论文（设计）成绩分为优、良、中、及格、不及格五个级别。成绩为不及格的学生不能毕业。学生申请学士学位，其毕业论文（设计）成绩须为优或良。

毕业论文（设计）成绩的评定由选题质量、论文质量、学术创新、论文格式、答辩情况五个部分构成，详见表6-4。

表6-4　毕业论文(设计)成绩评定标准

序号	项目	评分考察点	分值		
			差	中	好
1	选题质量	①选题符合专业培养目标。 ②选题有理论意义或现实价值。	5	10	15
2	论文质量	①论点鲜明,论据丰富。 ②论证思路清晰,逻辑性强。 ③语句通顺,语言准确。	10	20	30
3	学术创新	①论文归纳出该学科及相关领域的最新成果。 ②论文提出了独到的见解。 ③论文提出了合理化建议和创新方法。	8	16	25
4	论文格式	①论文整体符合规范要求。 ②论文的所有组成部分齐全。 ③内容摘要及正文等字数达到要求。	5	10	15
5	答辩情况	①熟悉论文内容,陈述流畅。 ②能准确回答问题。	5	10	15
	满分				100

得分90~100分者为优秀,70~89分者为良好,60~69分者为中等,0~59分者为差。

毕业论文须为学生本人完成。如有抄袭、代写、雷同等作弊行为,一经发现,所写毕业论文即为无效。网络教育学院将对上传的每一篇毕业论文(设计)进行"查重"即抄袭审查,如果被认定抄袭的依据达到一定比例,该论文将不予通过。学院在每年5月底和11月底分别公布本次论文查重的结果。学生可以通过图6-7所示页面,查看"毕业论文(设计)"的审查结果。

论文学院审查结论
是/否抄袭:否
抄袭依据:

图6-7　论文审查结果公布页面

审查结果公布后,为了确保公平公正,学生可以就学院的审查结论提出申诉。如果认为学院审查过严或审查有偏差,可以发邮件至学院公布的邮箱申请复审，只要将自己的论文中独立完成部分用红色字体标出即可。学院会另行组织老师重新进行审查，直到得出最客观的结论为止。

毕业综合实践的成绩查询可直接登录个人学习平台，选择"成绩查询与申诉"按钮进行成绩查询，如对成绩有异议，也可在查询页面直接提出申诉。

6.5　提高论文写作水平与学术诚信作风

6.5.1　毕业论文写作中常遇到的问题

1. 不善发现问题

"我的毕业论文写什么好？"不少学生会为这个问题很伤脑筋。这种为写论文而去找题目的状态，确实很难写出好的论文来。写论文和写诗歌一样，要有一种十分强烈的愿望，是一种长久积储和压抑的喷发。诚然，写论文不是写诗，不能那样率性、发散、抒情。但在"有话要说，不说不快"这一点上，两者之间并无本质区别。

写论文就要选题，这在本章的一开始就讲得十分明白。至于如何选题，在那里也说了许多，大家也觉得很有道理，很有启发。而一旦到了铺开纸张的时候，就觉得事情根本没有想象中的那么简单，头脑中还是一片空白、一团乱麻。

问题出在哪里呢？应该说，问题出在我们的学习习惯上。由于各种原因，我们的学习是接受式的，是被灌输的，考试是有标准答案的，我们没有质疑书本知识的习惯，由此修成的结果就是问题意识的空白。读完一本书，没觉得有什么问题；读完第二本书，也觉得没有什么问题。等教学计划要求读的书全读完了，基本上都没有问题了的时候，却要在生活和工作的空隙中再深究专业学问，去找有创新价值的问题，这太不现实。

其实我们身边不缺少问题，缺少的是发现问题的眼睛；我们面前不缺乏创新的机会，缺乏的是渴求创新的心。写论文是一次模拟科研，没有问题就没有论文，选题决定论文的质量。

我们在平时就应当有问题储备，事实上我们也有这样的条件。你读这本书读到这里的时候，距离写毕业论文还有将近两年的时间，这段时间你应当经常留意身边的事情和手中的工作中不协调、不科学、不合理、不尽如人意的地方。每一件这样的事物都可能是我们将要研究的对象。

毕业论文选题，只是在众多问题中设定研究目标。设定目标、知识储备、思维能力、写作经验,是完成论文的四大法宝。设定目标及形成问题的能力,是论文写作中具有奠基性质的至关重要的能力。

2.思维能力不足

一个人的思维能力指他在知识领域里思维的广度、深度、灵活度、缜密性、独创性等。所谓思维能力不足,是指一个人考虑问题的思路狭窄、肤浅、死板、粗糙、僵化,等等。

设定目标是一种能力,思维能力是一种智慧。一个人如果思维能力不足,那么即便有了极富研究价值的目标,他也走不了多远,因为他没有到达目标的智慧,很快就会迷失方向。

设定目标、知识储备、写作经验等等无一不与思维能力相关。思维能力强的人,在其他方面必定也强;思维能力弱的人,在其他方面必定也弱。思维能力是一种全面的能力,有思维能力的人就是智者,他们有思想有态度、不说空话也不说废话,他们看问题总能看到最本质处、考虑问题总能考虑到最坏处,他们看到的事物都是彼此相连而不是相互离散的,他们能用最简单的词语说最复杂的道理、也能用最复杂的词语讲最简单的故事。

思维能力的提高要靠我们平时的多读、多思、多记。希望自己在写毕业论文那段时间突然聪明起来,是很不聪明的想法。

3.缺乏写作信心

"我从没写过论文,能写得好吗?"如果这个问题始终纠缠着你,那么你十有八九是写不好的。因为你没有信心,做事就很勉强,而勉强之下是做不好任何事情的。

把毕业论文的最低要求说白了,就是用学过的书本知识解释一下书本以外的事情,再说说自己的见解,读者也就是答辩小组那三四位并不挑剔的教师,这本来难不到什么地方去。但有的学生心里还是不踏实,还是战战兢兢。这又是为什么呢?因为缺乏写作信心。

这些学生为什么会不自信呢?估计是知己而不知彼。所谓知己,是知道一直以来自己的学习方式是记背型的,考试题目是标准型的,知识结构是堆放型的,英语水平是应付型的,所谓综合运用学过的知识,不过是被灌输的知识的反刍;所谓不知彼,是不知道写论文这种陌生的实践活动究竟有多难,不知道自己写的东西让别人看了会不会觉得很幼稚很可笑,不知道万一通不过答辩会是什么情景。

既然如此,解决写作信心不足的办法也就清楚了,那就是下一节要说的:准确定位。

4. 写作过程简单

写作过程简单指不善事前准备、不善谋篇构架、不善文字修饰、不善反复修改。

不善事前准备者高估自己的能力而低估论文写作的难度，在选题还未终定、资料依然拮据、思路尚不甚畅通的情况下就匆忙动笔，管它三七二十一，坚信车到山前必有路，大有"背水一战"的气概。结果由于准备不足，常常不得不回头补充论据、移动论点，甚至前功尽弃，重新选题。

不善谋篇构架者往往是没有逻辑概念、不会使用逻辑工具的人，他们认为所有的人都和他一样只会顺序思考、线性理解。殊不知天下的论文都是网状结构的，连蜘蛛都知道结网要先纲后目。不善谋篇构架者最终提交的文章必定是乱麻一团，不知道哪里是头、哪里是尾，越理越乱。

不善文字修饰者缺乏写作修养，其写作不但语气平直、没有文采，而且经常用语不妥、用词不当，甚至产生错误的表达。论文虽然不是小说，但毕竟是文章而不是经文。文章就要有文章的意味，文章的意味就是有所修饰。

不善反复修改者总是不求精致之人，他要做的事情是完成任务，而不是最好地完成任务。好钢要千锤百炼，好文章要反复修改。不妥的词语要改，不顺的句子要改，甚至位置不当的段落都有可能要改。关于修改论文，有三点应当注意：①论文写好后放几天再改；②要能忍痛割爱，舍得改；③核心论点不能改。

6.5.2　提高论文写作水平的途径

1. 勤于思考

勤于思考有助于提高思维能力。所谓勤，就是要让练习成为每天的功课，思维能力的提高依靠日常的训练。勤于思考就是训练思维的独立性、灵活性、逻辑性、全面性和创造性。

思维的独立性指善于独立思考，遇事都要问一个为什么是这样，想想是不是只能如此而不能有例外，不人云亦云，不迷信书本和权威。一时没有答案就找资料，找不到现成的资料就观察事实，从而得出自己的结论。同时，一个为什么后面会跟着一串为什么，问题就可以越看越明白。例如有人说虾有 14 对足，一般的人听了也就过了，但有独立性思维的人就会想："这些足的用途都是一样的吗？所有的虾都是 14 对足吗？"这些问题在网上都可以找到答案。于是他继续想："市场上见到的'小龙虾'也有 14 对足吗？海鲜馆里的'赖尿虾'真的是虾吗？"问题得到答案，答案又带出新的问题，在空间一直延伸到深海大虱，在时间一直追溯到寒武纪的奇虾。最后，他可以就虾的足的问题写出一篇论文来，《从足的数量与功能的演变看十足目动物的进化》，而论文的起因是别人无意的一句话。

思维的灵活性指思维起点灵活(能从不同角度、不同方向，用不同方法来解决某个问题)、思维过程灵活(能从分析进入综合、又从综合来到分析，具有跳跃性，不是"一根筋"地考虑问题)、概括—迁移能力强(即能自觉运用规律，不囿于事物的表面现象)、善于组合分析(即视野宽阔，富于联想)、思维终点灵活(即对同一问题能得到多个合理的结论)。思维灵活的人都有辩才，而论文的写作与答辩正需要这样的能力。

思维的敏捷性指思维过程简洁高效，反应迅速果断，不迟疑呆滞、犹豫不决。思维敏捷要具备正确和快速两个条件，其中正确是第一位的，即准中求快、又准又快。思维敏捷性的培养有赖于直觉思维的训练和当机立断作风的加强。直觉思维虽然是一种粗线条的、极简略的跃进式思维，但它能够通过对事物的直接感知，迅速把握住对象的整体。思维敏捷的人都有急智且有幽默，在答辩中，他们很占优势。

思维的逻辑性指思考问题严密科学，不穿凿附会。逻辑学是研究思维规律的学科，传统的逻辑学以概念、判断、推理为三大基本要素，人的思维就是由这三大要素决定的。思维必须满足同一律、矛盾律、排中律和理由充足律，违反这些规律就形成逻辑错误。逻辑学是一门很古老的学科，在古希腊就已经很成熟。出现大学后，逻辑学一直是大学的主干基础课程。但我国目前开设逻辑学课程的专业不多，同学们可以自学补上，掌握其基本理论并不难。

思维的全面性比较好理解，就是能看到问题的全部，不以管窥豹，不以局部代替整体。难的是怎样做到全面思维。比较有效的方法是以旁观者的眼光看进程，从无关者的角度看问题。好比评价一段铁路，一个人如果站在自我的立场上，他只能看到自己所在车厢的内部布置和无关的窗外风景，如果站在旁观者的位置，他就能看到路基、铁轨和整列火车。如果能将自己浸于与自己现有观点矛盾的经历中看问题，看问题就会更全面、更客观。

前面所说的思维独立性、灵活性、全面性，最终在创造性上集结。思维的创造性指对问题有独到见解，不溺于模仿复制。要创造，就要突破"公认"(独立性)，就要有思路的跳跃(灵活性)，就要寻优探佳(全面性)。创造性是思维的最优性质，也是毕业论文环节企图培养的目标。

2. 准确定位

每个学生的学习基础、工作情况、修业情况、写作能力都不一样，因此，所撰写的毕业论文的选题质量、写作水平、创新程度都不一样。准确定位就是根据自己的条件，客观地设计所写论文的宽度、深度和难度。

从论文的要求看，是要做到三点：要在专业范围内选有一定意义的研究对象，要把论据论点讲清楚，要有一些自己的见解。这三条的每一条都有很大的弹性，"一定""清楚""一些"，都有范围。例如对于 100 而言，10 也是"一定"，60 也是"一定"；对于 10 而言，2 也是"一些"，6 也是"一些"。但只要基本做到这三点，就是一篇合格的论文；如果其中的一两点做得比较好，就是一篇质量良好的论文；如果三点都做得比较好，或者其中有一两点做得特别好，就是优秀论文。

这就为我们定位论文质量级别提供了两条思路。一种思路是，首先按最低要求设计，定出最下限，确保能通过。然后根据自己的能力(包括知识能力、工作经验、写作水平)和准备工作的程度(如资料的丰富程度、提纲的复杂程度等)，将各点的难度逐步向上提，提到自己觉得到了能实现的最大高度为止。这有点像跳高比赛，横杆一点一点地升，升到自己水平的极限。另一条思路是反过来，首先按最高要求设计，把论文结果设定为优秀。然后根据自己的能力和准备工作的程度，将各点的难度逐步向下降，降到自己觉得不必再降的高度为止。这又有点像求职，虽然最终没能找到最理想的岗位，但毕竟是在当时条件下能找到的最好岗位。

不论哪种思路，目的都是对自身水平的检验与考量，都是使自己的水平得到最佳表现，都是要在原有基础上，通过毕业论文训练的途径得到提高。

3. 勤写勤练

对于平时写作机会不多的学生来说，在"论文"这个很有分量的词面前会有一定的畏惧感。他们对自己写作能力的评价很低，总觉得自己根本不可能写好论文，有一定程度的焦虑情绪。

写作不靠天赋——诗人、大文豪和诺贝尔文学奖获得者除外。大量的理、工、农、医专业的论文作者并没有写作特长，论文也不需要作者必须具备写作特长。反而，太熟悉诗歌散文写作的人对论文写作很难适应。论文对写作的要求是很简单的：层次清晰，语句通顺，用词妥帖。我们只要用心，一点困难都没有。与一般的论述文相比，只是篇幅长一些，多用陈述句，慎用倒装句、排比句、反诘句，少些口语化词汇。

长久不动笔确实是个现实问题。以往最常见的动笔机会是写信,给家人、朋友、师长写信,每个月少不了十几封。现在都用电话了,因为随时可通话,所以每次通话时间也就短了,不需要专门组织文字,也不需要考虑如何才能准确表达。现在,我们比较缺乏写作的自我效能感。

解决这个问题只有靠平时勤写勤练,在写练中随时给自己积极的心理暗示,体验进步和成功。具体方法上,大家可以建立自己的博客专页,经常发表一些小型作品,提高创设问题情境的能力和思维品质。网络教育学习过程中的各次形成性考核、小论文等也是很好的训练机会,可以帮助我们逐渐熟悉论文格式和写法,同时积累写作经验。

阅读对提高我们的论文写作能力会有一定的帮助。通过翻阅杂志看看别人的论文是怎么写的,网络上也有不少毕业论文的范文,会给我们的论文写作一些启发。

6.5.3　树立诚信的写作作风

1.学术不端问题

(1)学术不端的概念

我们先说诚信。简单地说,“诚”就是诚实、不弄虚作假,“信”是守信、不欺诈坑弱。诚信就是以信用取信于人,为人真实,不说谎,靠得住。诚信是一种人人应具备的优良品格,一个人讲诚信,他就是一个文明的、有修养的、堂堂正正的人。在写作中遵守诚信的原则,是为人为文的起码原则,也是职场生存的必守法则。

学术不端行为是指违反学术诚信和学术道德、在学术研究中造假、冒用他人成果等行为,学术不端行为的本质是学术腐败。

(2)学术不端的类型

学术不端有数据虚假、剽窃抄袭、委人代作等表现形式。

①数据虚假

毕业论文、设计不可避免地要使用数据,这些数据或来自实验、或来自调查、或来自计算、或来自现场观察,它们是重要的论据,必须真实可靠,不能有丝毫的虚假。为保证数据的严肃,论文作者应该保留数据获取的最原始资料,如实验记录、测试单、调查问卷等,尽管这些资料不会出现在论文中。但是如果论文结果受到质疑,这些原始数据资料就是做解释的最直接材料。

如果论文作者没有做过任何数据采集工作,却谎称做过实验调查,无中生有地编造数据，伪造图表，这称为捏造数据。捏造数据是最严重的学术不端行为之一。如果论文作者确实做过一些实验调查，也获得了一些数据，但因数据"不好"使用，于是，有目的地对数据、图表进行人为的遴选或改动，这称为窜改数据。窜改数据也是一种不能容忍的学术不端行为。窜改数据行为有多种，如隐藏不利的数据而只保留有利的数据、夸大实验范围（包括实验对象数量、实验次数等）、用图像软件合成新图片，等等。

②剽窃抄袭

剽窃抄袭是指在使用他人的观点或语句时没有做恰当的说明，使读者误以为是论文作者的工作。剽窃和抄袭是同一个意思，都有盗用性质。一般把隐蔽地袭用他人成果称为抄袭，把他人的成果声称是自己的成果则叫做剽窃。

那么，别人的成果就不能引用吗？别人的观点就不能参考吗？我虽然直接照抄了别人的语句，但已经注明了文献出处，不能算剽窃了吧？这些问题的答案都是否定的。别人的成果可以引用，别人的观点可以参考，但必须用自己的语言进行描述；虽然直接照抄了别人的语句后注明了文献出处，但如果不用引号明确标出是直接引用，也是文字剽窃。

根据学术论文写作的具体情况，有两种情况，即便出现与其他论文完全相同的文字也不视为剽窃。一种是已经成为学术界常识的观点，即使不做注明，读者也不会误解为是作者独立提出，例如用到质能公式 $E = mC^2$，就不一定非要注明来源是爱因斯坦的哪一篇论文，用到遗传学定理，也不一定要注明孟德尔。第二种是常见短句和格式化描述，例如"根据以上分析可以得出""砝码受到重力和细线的张力作用从静止开始以加速度 α 下落""金融危机对世界的经济发展产生了不可估量的消极影响"等，这些话让不同的人来写都会是这样，所以不能视为剽窃。

③委人代作

委人代作就是把他人提供的文章冒充成自己的论文，署自己的名字。文章的提供有两种渠道。第一种是购买论文，主要是通过网上或者非法中介提供论文，支付一定数目的金钱来换取论文。第二种是请他人代写论文，主要是请熟人、朋友或其他人代写，可能要支付酬金，也可能缘于情面。

2. 树立诚信的论文写作作风

科学应是一片净土，在这里不求功名也不求利禄，唯求真理。学术就是揭开事物的面纱，显其本质面目，学术的生命只有一条，那就是真实。科学工作者孜孜不倦所追求的，是他的成果被承认。正因为如此，科学在社会中地位圣洁，没有尘霾；形象纯洁，没有伪饰。研究学问的人受到大众的尊敬和称赞，学者是真、善、美的化身。学术不端的恶劣行为污染了这片净土，败坏了科学的声誉，动摇大众对科学的信仰，伤了大众的心。其结果是真正的学术受到怀疑，科研失去了社会的支持，科学的进步受到严重阻碍。

学术不端行为严重挫伤脚踏实地、认认真真搞科研的人的积极性。造假者不费吹灰之力就能和经年辛勤耕耘者平起平坐，剽窃者堂而皇之地把盗来的成果挂在自己身上满街炫耀，伪作者不学无术却金榜题名，老老实实地做学问的人，如何与他们竞争！学术不端之风如不止，谁还愿意在学术上摸爬滚打？与我们生活息息相关的科技、文化又怎么能有实质性的进步？

学术造假还对同行、对公众造成误导。如果有同行相信了虚假的所谓学术成果，并试图在这个基础上做进一步研究，结果可想而知。如果公众相信了虚假的所谓学术成果，其结果和相信假药广告、相信假产品宣传是完全一样的。

对于毕业论文，有的学生可能会说，我们写的又不是正式公开发表的文章，学术不端的结果不会这么严重。对于这种想法，我们只能说：要心疼自己那颗求真的心，君子慎始慎独，勿以恶小而为之。

从毕业论文开始，我们就有维护学术规范、学术道德的权利和义务，维护学术规范、学术道德其实也是在保护自己的利益。所以，我们一定要树立诚信的论文写作作风。

第 7 章　学位指南

　　和第 5 章一样,本章主要为本科学生而写。不感兴趣的专科生可以跳过,但建议浏览一下,说不定你读过后会有新的想法,最终经过专升本学习获得了学位。

　　我们知道,1957 年获得诺贝尔物理学奖的李政道和杨振宁是博士,1971年为中美外交关系穿针引线的基辛格是哈佛大学的博士。2012 年 3 月 23日,印度尼西亚总统苏西诺获得清华大学荣誉博士学位时慨言"人生应当自摇篮学习到坟墓",9 天后,匈牙利总统施米特不得不宣布辞职时强调他"在论文问题上问心无愧",因为他完成于 20 年前的博士论文被查实为抄袭,博士学位被撤销。如今,对于新聘人员的学位要求越来越高。许多学校招聘教师时明言非博士免谈。为提高队伍素质、"优化结构",一些地方甚至要求新聘的城管队员是硕士,尽管他们的工作是沿街巡查并驱走乱摊游贩。我们经常接到诸如某公司销售部副经理、某乡镇加工厂生产科科长等人递来的名片,那上面往往也赫然印着"博士"或"硕士"二字。

　　近些年,我国每年招收博士研究生 6 万人以上,硕士研究生 50 万人左右。图 7 - 1 为 1993 年至 2011 年间博士和硕士招生人数。普通本科教育学生招生人数向 400 万趋近,成人本科教育(包括网络教育)学生在 2011 年就

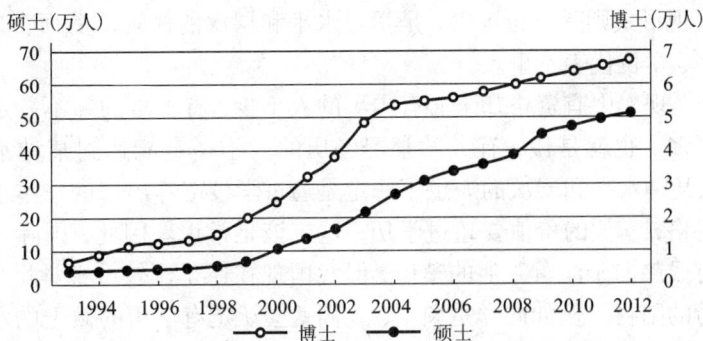

图 7 - 1　1993 年至 2011 年间博士和硕士招生人数

超过 150 万人，普通本科学生中的绝大多数和成人本科学生中的一部分在毕业时可以成为学士。"博士了没?""学士了没?"或许会成为今后的常用问候语。

博士、硕士、学士都是学位名称，那么，学位究竟是什么呢? 它和学历有什么关系呢? 那种模样怪怪的方顶帽有前后之分吗? 我们怎样才能戴上那顶帽子? 这些都是本章要说明的问题。

7.1　学位概说

7.1.1　学位和学历

学位是大学或科学研究机构授予个人的一种终身性的学术称号，标志被授予者的受教育程度和学术水平所达到的标准，表示了一个人在学术领域内取得的地位或成就。那么，学术又是什么呢? "学"指学问、学识，"术"指技能，延伸之则为研究，因此，一个人的学术水平指的是他的学识和研究水平。

学位和学历是不同的概念。学历是指人们在教育机构中接受科学和文化知识训练的正式学习经历，表明的是这个人曾在何校接受过哪一级哪一专业的正规教育，以及何时毕业、结业或肄业。只要有过这段经历就有对应的学历，而不论他在这段经历中是佼佼者还是碌碌者、不论他在一个班级中学习成绩是第一名还是倒数第一名。学位的被授予者则必须达到规定的水平，是其在所属学科领域达到了一定水准后给予的证明。虽然二者最终都是以证书的形式来表现，但学历最终以毕业证书表现，证明学习经历符合了一定准入标准，并且学业符合毕业标准，同时还证明其学习属于国家计划之内; 学位的最终表现形式则是学位证书，是学习水平和层次的体现。简而言之，学历代表资格，学位代表本事。

显然，现实中有资格却未必有本事的人不少，有本事的却不一定够资格的人也很多。也就是说，有大学学习经历的人不一定能达到某种水平和层次，达到某种水平和层次的人也不一定是通过学校培养出来的。本事的价值要超过资格，学位的价值要超过学历，这应该是常识。因此，国际上考察一个人的时候趋向于注重于他的学位，但我国现在还是比较重视学历，学位往往是学历的陪衬。例如同样是硕士，人们就会认定有学历的硕士的水平比没有学历的硕士高。我国以后也应更注重从学位的角度去衡量一个人的价值。

在学士学位问题上，先学历后学位的强制性标准更为突出。我国《高等教育法》规定："本科教育应当使学生比较系统地掌握本学科、专业必需的基础理论、基本知识，掌握本专业必要的基本技能、方法和相关知识，具有从事本专业实际工作和研究工作的初步能力。"国家《学位条例》又规定，"较好地掌握本门学科的基础理论、专门知识和基本技能"，"具有从事科学研究工作或担负专门技术工作的初步能力"的"成绩优良"的"高等学校本科毕业生"可以授予学士学位。比较这两个规定，我们可以得出两个结论：（1）具有本科学历是获得学士学位的必要条件，就是说，你水平再高能力再强，只要没有本科毕业证书就不可能被授予学士学位；（2）对于学科的基础理论、专门知识和基本技能，本科学历要求是"较系统地掌握必需和必要部分"，学士学位要求是"较好地掌握"且以"成绩优良"为标志。这就是说，本科优则学士。

7.1.2　学位和学力

学士学位与本科学历捆绑紧密，但硕士、博士学位却有一块相对开阔的天地，通往这块乐土的衢道除了学历外，还有一条旁径，称为"同等学力"。

我们在这里讨论这个问题的出发点，是考虑到有些毕业生会继续向研究生层次深造，因此不是多余。

学力指一个人的知识水平以及在接受知识、理解知识和运用知识方面的能力。能力是能够顺利完成某项工作任务的主观条件，是一种素质。能力是潜在的，不一定要表现出来才得到承认。我们说一枚炸弹会毁掉一座建筑物，大家都是相信的，如果有人说"没见到它爆炸我就不信"，那不是抬杠就是别有用心。学历是经历证明，学位是水平鉴定，学力则是能力存在。有学力者不一定有学历，也不一定有学位，这是很常见的。世界首富比尔·盖茨只有 1 年哈佛大学的学历，台湾"经营之神"王永庆的最后学历是小学毕业，然而他们都有超人的学力，不但事业成功，还轻松地分别获得了哈佛大学、圣若望大学送来的荣誉博士学位。须知荣誉学位不是名誉学位，不是镶着花边的名誉称号，而是真真实实的最高水平的博士。

知道了什么是学力，就容易理解什么是"同等学力"了。同等学力是研究生教育工作中经常出现和使用的概念，指学习经历不同，但在知识水平和学习能力方面达到同等程度的人员。例如只有大学本科结业或只有专科毕业的人欲申请硕士学位，就可以以同等学力的身份报名专业学位。这个同等学力是怎么来的呢？可以是自学，可以是系统的非学历培训，可以是大学组织的研究生课程进修班，也可以是其他的什么途径。要证明你已经具有同等学力，还有一些事情要完成。有想法的学生可以查看国务院学位委员会《关于授予具有研究生毕业同等学力人员硕士、博士学位的规定》，或者上"中国学位与研究生教育信息网"(www.chinadegrees.cn)浏览有关的资料，图7－2为这个网站的 logo。不要到教育部网站去找，此事不归教育部管理。

图 7－2　中国学位与研究生教育信息网站的 logo

7.1.3　学位分类

我国的学位由低至高分学士、硕士、博士三级。另有一种叫"博士后"的，并不是一种学位，更不是一种高于博士的学位，它是指获得博士学位后，在高等院校或研究机构等设立的博士后流动站或博士后科研工作站从事科学研究工作的一个阶段，是一种工作经历。

学士学位由高等学校授予达到规定学术水平的本科毕业生。由于学科门类不同，学士有文学士、理学士、工学士、法学士、医学士等 11 种。

硕士学位分学术性硕士学位和专业(或职业)硕士学位两种类型。学术性硕士学位侧重理论和研究，一般适合于大学刚毕业的学生攻读，有法学、文学、理学、工学、医学、管理学等 12 个学科门类。专业硕士学位主要培养有特定职业背景的高级专门人才，特别适合于在职人员结合自身工作以同等学力人员身份攻读，有金融、审计、汉语国际教育、出版、建筑学、工程、临床医学、护理等近 40 个与职业关系密切的学科。

博士学位距离我们多数人可能远了一些，故不再细谈。但这并不意味着我们怀疑网络教育学习中会产生博士。

在眼前，我们关注的是学士学位。学士学位也分两种，一种是"普通高等教育本科毕业生"的学士学位，授予全日制普通高等教育本科毕业生，另一种是"成人高等教育本科毕业生"的学士学位，授予网络本科学历教育、成人高等教育、高等教育自学考试(本科)的毕业生。这两者有区别，但产生区别的原因主要不是学习的难易、学时的多少，也不是为了让普通全日制学习的学生感到平衡，而是两者的教育使命不同、培养任务不同，因此，对学位规定的水平也不同。不是我们不努力，也不是我们水平低，而是系列不一样。普通高等教育学士是马的标准，成人高等教育学士是牛的标准，前者要求善于驰骋，后者要求善于耕犁。牛自有牛的世界，没有必要因为没配到马鞍而耿耿于怀。事实上，在评定职称、升迁职务、报名考研等场合，这两种学位证书并没有区别。

全日制普通高等教育本科生一般在毕业时就能拿到学士学位证，但申请成人高等教育学士学位还要增加一些程序，这在本章第 4 节中再谈。

7.1.4　学位的意义

这一段原本是想回答"学位有什么作用"的问题的，但这个问题在前文已经回答了：学位是标志被授予者的受教育程度和学术水平所达到的标准的学术称号。那么，称号又有什么用呢？

境外的大学绝大多数是学历学位一证制的（图 7 - 3、图 7 - 4），与其说想拿到毕业文凭必须同时拿到学位，不如说只要拿到学位就能拿到毕业文凭。学位很硬很有用。

图 7 - 3　美国海斯堡州立大学的文凭　　图 7 - 4　英国阿斯顿大学的文凭

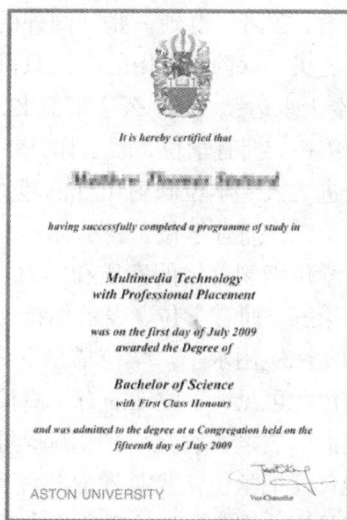

　　在新中国实行学位制度以前，有学位的人凤毛麟角，都是国外大学的学位，阳春白雪，和者盖寡，不足为羡。加上西方黑暗化和"知识反动论"宣传，学位成了一种"污点"，几乎就是敌人或特务。改革开放后，人们看到了世界，国外并非寒风枯树、朽棚冻鸦。学位是知识的体现，而知识是建设国家的根本，加上我国有了自己的学位制度，因此，学位是一种闪光点，是一种自励，一种价值。许多职场待遇也纷纷与学位紧密挂钩，学位魅力四射。到今天，随着教育大众化的实现和终身学习的开启，当初因稀而贵的学位，已如飞入寻常百姓家的王谢堂前燕，不再是明珠钻石。图7-1很清楚地说明了这个问题。就好像代步工具，如今新买了一辆轿车，那种感觉远没有以往买到一部自行车那般让人自豪不已；又好像住房，如今买了一套三居室，那种感觉也远没有以往分配到一间筒子楼房间那般激动。

　　表面上，学位的作用只是证明你在某一段时间的学习达到了某种水平或层次，通过了考核，除此以外，什么也证明不了。没有学位，你的日子不会艰难得捉襟见肘，有了学位，你的生活也未必会发生神奇的变化。这不是我们放弃学位的理由，因为如果没有它，有些事情你就做不成，有些地方你就去不了。学位依然能够影响你的人生——没有学士学位，你申请考研就会困难陡增，在诸如得到一张到国外的工作签证之类的机会前只有干瞪眼。有学位好比买了保险，没用的时候只是抽屉里的一张纸，而一旦要用的时候，就是"奉天承运"。为什么这张证书，能够起到这么大的作用呢？

　　第一，拥有学位，表示你是一个积极进取，不断努力，想成为优秀人才的奋进之人。学位映射出你的毅力和精神。

　　第二，拥有学位，表示你有一定的智商水平，具备了较强的自主学习能力。学位镌刻着你的素质和实力。

　　第三，拥有学位，表示你接受了系统的专业教育，具备了一定的科研能力和实际应用水平。学位描摹下你的专长和匠能。

　　由此可见，学位证的有无直接关系到我们今后学习的成绩、工作的发展和生活的质量。它是一把钥匙，可以打开许多无从开门的"铁锁"。但是我们不能仅仅把学位认为是攫取某种利益的工具。学位是个人资本，是人生命轨迹的见证，其本身就体现着生命的价值，学位就像是荣誉一样。到你青丝成雪时，你可以拿来慰藉的或许不是你有多少钱，而是可以自豪地向你的儿孙讲述当年为了取得学位所付出的艰辛。

7.2　学位史和新中国学位制度的建立

我国在战国时代就有博士了。西汉的贾谊、董仲舒等都被举为博士。我国古时的博士是官职，从事相当于议事、参谋、智囊团之类的工作，同时还管理朝廷的档案。一直到明清，宫廷里还有博士走动。学士这个名称出现得也很早，周朝的时候就有学士，指的是读书人，相当于我们今天说的学生。魏晋以后，学士是一种官职，有点像现在的秘书。至于"大学士"，其地位要高得多，称得上是秘书长。家喻户晓的敢铡驸马爷的包公就是大学士，清代的刘墉和纪晓岚也都是大学士，他们为皇帝起草诏令，批答奏章，一人之下，万人之上，权同宰相。硕士也是一个古词，专指品节高尚、学识渊博的雅士，但不一定是官。总之，这三种士都不是学位。至于"状元""榜眼""探花"，指科考殿试中的前三名，类似于夺到金、银、铜牌的冠、亚、季军，也不是学位。

学位始于中世纪的欧洲，最初只有学士一种学位，是作为任教资格认证用的，就是今天的"教师资格证"。到 13 世纪初叶，法国巴黎大学首创学位制度，学位分博士、硕士和学士三个等级。直到 19 世纪末 20 世纪初，很多国家才开始建立学位制度，并迅速发展。

在我国，1915 年，袁世凯曾以中华民国临时政府"大总统令"颁布《特定教育纲要》，规定授予的学位有学士（技士）、硕士、博士三种，并建立了学位的评定授予机关。1935 年，国民党政府公布《学位授予法》，也规定了学位分学士、硕士、博士三级。1940 年，又通过了《博士学位评定会组织法》和《博士学位考试细则》，但一直没有授予过博士学位。新中国成立后从 1953 年开始招收研究生，至"文化大革命"运动前，12 年里共毕业研究生 16397 人，也曾经三次尝试建立学位制度，但由于种种原因未能建立起来。1966 年到 1977 年这 12 年里，研究生培养工作完全停止，就根本没有讨论学位的必要性了。"文革"结束后，首批经过高考的学生于 1978 年 3 月入学，就是七七级大学生。1978 年底，首批研究生又入学。他们的入学是催促建立学位制度的一个重要动因，三次尝试未能成功的学位制度问题被重新摆上桌面研究。终于，1980 年经人大表决通过了《中华人民共和国学位条例》，并于 1981 年1 月 1 日开始实施。新中国学位制度从此诞生，也标志着新中国教育走上法制化轨道，极大地推动了"尊重知识、尊重人才"的社会风气的形成。1982 年2 月，七七级本科生拿到了学历证书，也拿到了学士学位证书。同年 3 月 4

日，中国科学院数学物理学部学位评定委员会一致通过决议，批准授予高能物理研究所研究生马中骐理学博士学位。马中骐成为中国授予的第一个博士，证书编号是001，学位评定委员会主席是钱三强，中国的居里。1983 年 5 月 27 日，我国首批 18 位博士在人民大会堂举行学位授予典礼(图 7 - 5、图 7 - 6)，当时的国务院总理赵紫阳和他们进行了座谈，对其重视实属空前。

图 7 - 5　新中国首次学位授予大会现场

图 7 - 6　新中国培养的首批博士

7.3　学位的标志

以下我们只讨论学士，必要时说一下硕士，不再讨论博士。

7.3.1　学位证书

学位证书是表明学位获得者学术达到相应水平的纸质证明。学士学位证书的格式是由教育部制定的，证书文字有证书名称、持证人基本信息(姓名、性别、出生年月、照片、学习经历)、学位信息(学位科类、学位评定委员会主席印鉴、授予学位的日期)和证书编号四个部分。持证人照片上要加盖学校钢印。证书上还标明"成人高等教育本科毕业生"字样。

2008 年 5 月 31 日以前的学士学位证书是开本式的，可以折起来，加上一个硬皮外壳，像一个本子，如图 7 - 7 所示。外壳由各个学校自己制作，一般都做成大红色的，感觉很热烈。2008 年 6 月 1 日后改用单页式，A4 纸大小，版心为浅绿色，底纹衬托防伪图案水印，如图 7 - 8 所示，证书的文字内容没有变。单页式学位证书加套硬皮外壳后，外观、重量都比开本式增了一倍，大气多了。

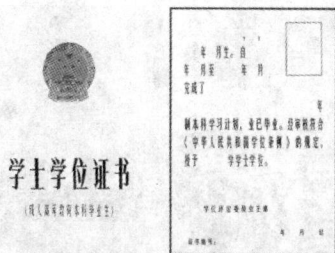

图 7 - 7　开本式学士学位证书　　　　图 7 - 8　单页式学士学位证书

　　学位证上印着的国徽图案，在毕业证书上是没有的。这是因为根据国家《学位条例》，学士学位"由国务院学位委员会提出，经国务院批准公布"的"国务院授权"高等学校授予，而毕业证书是根据《高等教育法》由学生所在高等学校发给的。

　　学位证书丢失是不能补办的，一旦丢失了，只能到学校去办理一个证明。遇到一些较真的单位，还会要求你到公证机关对这份证明进行公证。即便是经过公证的证明，给人的印象怎么都不如原件好。所以，一定要保管好你的学位证书，毕竟来之不易。

7.3.2　学位服

　　学位服是在学位授予典礼上才穿的一种礼服，也是获得学位的有形标志，它与众不同的式样，营造出一种特殊的氛围。典礼上，校长、导师、获得学位的学生，都穿着由不同颜色代表不同身份的学位服，聚在礼堂里、草坪上、树阴下、池塘旁。穿了学位服的校长给学生的是祝福和叮咛，穿了学位服的导师给弟子的是期望和勉励，学位服加身的学生则欢呼雀跃，一起把学位帽抛向空中。学位帽向上飞，唤起学生对这段学习时光的美好回忆；学位帽在空中转，倾诉学生对老师的感谢和对母校的眷恋；学位帽落回学生手中，沉甸甸的帽子将是学生走向社会后的依靠和动力，像帆、像桨，更像翅膀。

　　图 7 - 9 为身穿学位服走向毕业典礼礼台的中南大学领导。左一是校长张尧学院士，他穿的是校长服。左二是原校长黄伯云院士，他穿的是导师服。图 7 - 10 为毕业生把学位帽抛向空中，一片欢腾。

图7-9 身穿学位服的中南大学领导

图7-10 毕业生把学位帽抛向空中

1. 学位服演化史

学位服是一种大学礼服。大学源于欧洲,所以学位服的出现与沿革都和欧洲大学有关联。

中世纪初期,古典的希腊和罗马文化随着罗马帝国灭亡而走到了尽头,基督教会成了当时文化的主要代表者。教育是教会的职能之一,分散在各处的修道院、教区学校是主要的教育机构,学习课程有语法、逻辑、算术、音乐、天文等,教师又被称为博士(意大利)、硕士(巴黎)。出现了城市后,一个城市中一部分教师组织了自己的行会,学生则组织成同乡会,这些组织都称为University,就是大学。意大利的博洛尼亚大学(图7-11)建立于1088年,是西方最古老的大学,这里升起了但丁、伽利略、哥白尼、丢勒等一批人类文化科学瀚空中最灿烂的星斗。牛津大学、巴黎大学等随后出现。当时,只有决定要留校的毕业生才参加考试,留校任教也就是当上了传教士。所以,考试合格了,就要穿上僧侣的长袍,并掏钱买葡萄酒请大家喝,这就是礼服和毕业典礼的雏形。长袍有各种颜色,代表不同的身份。除了长袍,还有坎肩,也是当时的服饰,现在改成垂布。400年后开始流行帽子,一种名叫"灰泥板"的平顶方形礼帽被牛津大学选用,它的原意是泥瓦工的砂浆托板,但大家觉得它更像一本书,能代表"学术",有书卷气。后来,人们又在帽子上饰一束穗,演化为今天的流苏。16世纪,牛津大学和剑桥大学规范了有明确定义的学位服饰,学位服成为大学须严格管理的大事之一。1636年哈佛大学成立,大学礼服开始在美国流行。美国的大学管理机构更重视学位服规范体系,还专门出台了一部关于学位服饰的法规。

还有一种说法是,学位服是13世纪初叶巴黎大学为了能在学位授予典礼上体现出不同学识的各级学位,请巴黎的服装设计师设计的。这种说法不仅排除了泥工瓦匠的街巷成分和宗教的神秘色彩，而且融入了蜚声世界的巴黎时装精神，更容易为学子接受。

图 7 - 11　意大利博洛尼亚大学

图 7 - 12　英国牛津大学

2. 学位服的组成

每套学位服由学位帽、流苏、学位袍、垂布共四部分组成(图 7 - 13)。

(1)学位帽

学位帽为方型黑色，帽子开口置于脑后正中，戴帽时帽顶应水平，不能像古代皇帝那样前高后低。

(2)流苏

流苏是一种下垂的、彩色丝线制成的穗子。最常见的流苏在灯笼的下方、舞台大幕的边缘、妇女裙边下摆等处，一些装饰品如中国结、旌旒、香包、绣球等也往往配上流苏。夕阳里河堤边，水牛背上的牧童手中的笛子如果缀上一个流苏，顿时情趣无限。

校长、导师帽的流苏为黄色，学士学位帽的流苏为黑色。学位授予典礼上，身着导师服的校长、学位导师首先把学位获得者的流苏从右前边拨到左前边，称为"拨穗"(图 7 - 14)，然后庄重地授予学位证书。被授予者则向导师鞠躬，表示谢意。拨穗礼是很严肃的场面，绝不可为了表示亲切而握手或拥抱。

(3)学位袍

校长袍为红黄两色，导师袍为红黑两色，学士学位袍为黑色，硕士学位袍为蓝色，博士学位袍为红色。学位袍外不能加套其他服装或任何服饰。有的人喜欢整天挎个包，穿上学位袍以后，那个心爱的包只有请人暂时代管一下了。

(4)垂布

垂布位于颈肩的位置，为套头三角兜型，佩戴在学位袍外，三角兜自然垂在背后(图 7 – 13)。垂布按规定用不同颜色代表不同类别,且都有一定的象征意义,例如粉色代表文科类包括文史哲法教、灰色代表理科和经管类、黄色代表工科类、绿色代表农学、白色代表医学、红色代表军事学。明快的蓝色和橙色都没用,而用了色调有点低涩的粉色和灰色,这是很耐人寻味的设计思路。

穿学位服时,还有一些附加的要求。例如着装人应配白色或浅色衬衫,不可穿花衬衣;男生应系领带,女生可扎领结;男生要着深色裤子,女生要着深色裤子或深、素色裙子;应着黑色皮鞋。我们有时见到一些学生穿学位服时,内穿背心短裤,下穿凉鞋,袜子都不穿,那个样子,活脱脱一个空手而归的狼狈渔翁。

图 7 – 13　学士学位服

图 7 – 14　拨穗礼

3.中国的学位服

随着改革开放和对外交流的不断发展,中国建立了适合于中国高等教育的学位制度。同时,与之相匹配的学位服饰也提到了日程安排上来。1994 年,国务院学位委员会发布了《关于推荐使用学位服的通知》及其附件《学位服简样》和《学位服着装规范》,向学位授予单位推荐使用既有中国特色又符合世界惯例、统一规范的学位服,同时对学位服的简样及学位服着装规范给予明确规定,自此开始确立中国学位服的规范体系。

图 7 – 15　我国学位服的民族特色修饰

　　与国际的学位服相比，我国学位服的特点是：学位服在袖口处绣有长城图案，前襟纽扣采用中国传统的布制"如意"扣，套头三角兜形垂布采用织有中国民族特色花纹的织锦缎制作。中国的学位服在外形上与世界惯例统一，而在细节上体现出浓厚的民族特色(图 7 − 15)。

7.4　学位申请

　　根据《中南大学成人高等教育本科毕业生申请学士学位实施办法》，符合学士学位授予条件的，经本人申请，学院及校学位委员会审核合格，授予成人高等教育学士学位并颁发成人高等教育学士学位证书。为了满足越来越多的学生对学位申请的要求，现就学位管理工作中学位外语考试和学位申请两个重要环节分别进行阐述。

7.4.1　学位外语考试

　　学位外语考试全称是"成人高等教育学士学位外语考试"，是由各省学位委员会组织的、面向参加成人学习系列的学生在完成本科学历且课程成绩符合一定标准之后、申请学位前必须参加的考试。目前，该考试由各省依据独立的考试大纲独立命题，没有全国统考，报名及考试时间、成绩有效期、考试次数都由各省教育厅的学位办公室规定。

　　学位外语考试的成绩一般均可登录各省学位办的官方网站进行查询，或者致电学位办，申请出具成绩单或者合格证。表 7 − 1 所列是目前各省学位管理部门网址及学位外语考试报名时间、考试时间。由于各省学位外语考试的报名时间和方式均有差异，而且报名方式和考试时间有可能随时变动，所以表格数据仅供参考，准确的报名时间和考试方式请留意各省学位办网站，避免错过。

表 7 − 1　各省学位管理部门网址及学位外语考试报名时间、考试时间一览表

省份	学位管理部门网址	报名时间	考试时间
黑龙江	www. hlje. net/xwb/	上年 11 月初	4.10
天津	211.81.22.16	上年 11.1 ~ 12.16	4 月第一个周日
宁夏	www. nxks. nx. edu. cn	3 月中旬	5 月底
云南	www. ynjy. cn	2.10 ~ 3.10	6 月

续表 7-1

省份	学位管理部门网址	报名时间	考试时间
广东	xwb. gdhed. edu. cn	3 月中旬	6 月
广西	www. gxedu. gov. cn	5 月初～6 月中旬	8 月
吉林	www. jlxw. cn	上年 12 月～当年 4 月	8 月底
新疆	www. xjedu. gov. cn	4 月初	5 月底
湖北	www. hbee. edu. cn	上年 11.15～11.30	4 月中旬
山东	xwb. sdpec. edu. cn/sdadgei	3.1 前	4 月中旬
江苏	jyt. njau. edu. cn	9 月中下旬	11 月第三个周末
河南	xwb. haedu. gov. cn	9.7～9.17	11 月
重庆	61. 186. 220. 70/bx70/sites/xwb	6.5～6.29	9.25
甘肃	xwb. gsedu. cn	3.22～4.25	7 月中旬
陕西	xwb. shaanxi. gov. cn	9 月	11 月
山西	sxxw. tyut. edu. cn	9.13	11 月底
内蒙古	www. nm. zsks. cn	10.15～10.25	12.21
湖南 *	xwb. hnedu. cn	4 月中旬；10 月中旬	6 月中旬；11 月
河北 *	xwksw. hebtu. edu. cn	3 月；8 月底 9 月初	5 月；11 月
江西 *	www. jxedu. gov. cn/xbwsbs	3 月初；9 月底	4 月；11.5
四川	cxw. sc. edu. cn	上年 12 月底	3 月
辽宁 *	www. lnzsks. com	3 月；9 月	5 月；11 月中旬
安徽 *	210. 45. 241. 145/ahtkb	3 月底 4 月初；9 月	6 月份；11 月份

省份中带"*"号者为每年开考 2 次，其余为每年开考 1 次。

为了帮助报名参加学位外语考试的学生更加顺利地通过考试，中南大学网络教育学院专门聘请了有成人学位外语考试辅导经验的教师录制了辅导课件，制作了辅导课程。学生可从中南远程学习平台(图 3-10)的"成人学位英语辅导"课程栏目进入。课程结合历年考题的出题特点和考试重点进行深入分析，帮助大家掌握考题规律，指明备考方向。视频教学中还配备了重要知识点提示、重点及难点辅助讲解、单元测试等诸多交互元素，实现课件"教学互动"，从而达到身临其境的教学效果。建议学生将课件下载在本地电脑，这样就能不受网速影响，自由观看。

7.4.2　学位申请程序

1. 申请人条件

各校具体的成人学士学位条件有些不同，有的严一些，学生需要加试综合课程，有的相对宽一些，只对平时的考试成绩作了些要求。中南大学的条件属于中等难度。

《中南大学成人高等教育本科毕业生申请学士学位实施办法》全文见附录，归纳起来说，申请人主要应具备如下几个条件：

在思想品德和遵纪守法方面，要求学生不在留校察看及以上的纪律处分之中。

在学业方面，学生的毕业论文或毕业设计成绩为优或良，且学位课程（即学院网页公布的教学计划中带"＊"号的课程）成绩不低于 70 分。

在外语方面，学生须参加湖南省学位委员会办公室组织的"湖南省成人本科毕业生申请学士学位外语水平统一考试"，或经这个办公室同意参加学生所在省学位办组织的成人本科学位外语水平统一考试，且成绩合格。也就是说，非湖南省的学生可以参加湖南的成人学位外语考试，也可以参加当地的成人学位外语考试，但一定要获得湖南学位办的批准。每年有哪些省是获得了湖南学位办同意的，中南大学网络教育学院会在网上通知公布。

2. 申请程序

学位申请程序比较简单，申请者将学位申请表一式两份（表格模板见学院公告）、与学院本科毕业证书同底 2 寸照片 3 张、学位外语合格成绩单原件、学位评审费（具体金额根据湖南省学位办要求确定）总共 4 样东西交到所在的校外学习中心，后面的工作就由校外学习中心和网络教育学院完成了。

申请成人学士学位者的网络教育本科毕业生必须在获得毕业证后、从入学开始算最多 5 年内提出申请，一旦逾期就不能再申请。

从这个时间限定可知，申请成人学士学位者应在从入学开始算最多 4 年内通过成人学位外语考试。因在第 5 年参加的考试的成绩要到第 6 年才能拿到，此时如再提出申请学位已属逾期。

学位申请的时间有的省一年一次，有的省一年两次，具体以中南大学本科生院的通知为准，一般是在每年的 4 月和 10 月提交学位申请材料，请留意学院网站公告。

7.5　努力获取学士学位

综合前文的介绍我们可以知道,学位对于一个人是有特殊意义的,它在表明一个人的学术水平时,也表明了他的社会地位与为人价值。如果你的学术水平确实不比别人低,只是没有学位来作证,那么在某些对证书非常认真、非常执著的场合,你就只有遗憾和苦笑。我们还知道,申请学位是有时间规定的,过了此村就再没有此店,想回头来拿也不行,正如高速路上不准倒车一样。此外,我们也知道,获得学士学位之途虽不是晓风柳岸,但绝不是巉岩蜀道;需要你花点工夫,或许还要流点汗,但不会是一件很悲壮的事情。

获取学位主要是要做到以下几点:

首先要坚定拿学位的目标和决心,早早策划,决不轻言放弃。决心是很重要的,因为除了自己,没有人能决定我们的时间分配。当你稍有空余的时候,想到学位,你就会翻开书本,探究字里行间的奥妙;当你学习中遇到问题时,想到学位,就会设法弄个清楚,而不会将问题投入放生池;当你在玩牌的时候,想到学位,那张椅子就会如同针毡,赢牌也会觉得很乏味;当你在钓鱼的时候,想到学位,就会觉得自己跟塘边那株柳树上无聊的聒噪的知了似乎"情与貌,略相似"。

其次是要确定除学位外语外的其他条件不会成为你拿学位的障碍。这就要求对学位课程要多投精力,认真完成平时作业,细心回答考试试题,总之,学位课程的学习成绩要达到学位标准。此外,还要认真撰写出有一定水平的论文,并通过校外学习中心与指导老师进行充分沟通。论文要多易其稿,不断修改,不断淬炼,做到内容、插图、排版都是上乘的,无可挑剔。答辩时气态饱满,神情自然,成竹在胸,妙语如珠。有一定水平的论文和答辩,加上导师对你的充分了解,一定能取得良好的毕业论文及答辩成绩。

第三是认真准备学位外语考试。学位外语考试往往是多数学生拿学位的最大障碍。如果学生在学校指导下积极准备成人学位外语考试,应该不难攻克。准备应该从入学的第一年就开始,外语水平全靠日常积累,突击的方法争不到几分。作为策略,最好在入学后第二年就报考学位外语,如果第一年就参加就更好,通过了还能免去统考。如果没通过,可以知道自己的差距所在及差距大小,据此多上网浏览学位外语辅导课件,然后尝试第二次或第三次。学生必须在入学起的 4 年内通过成人学位外语考试,根据各省情况该考试每年只有一至两次，务必把握好每一次考试机会。如果等到毕业前或毕业后才想起学位，就只有最后一次成人学位外语考试机会了。如果准备时间仓促，一旦考试未通过，即与学位擦肩而过，到时再回眸多少次也没用。

　　我们期望有更多的学生能拿到学士学位，这个期望是有依据的，不需要奇迹。

结　语

　　将网络技术应用于教育，从时间上看，我们与国外的差距并不大。英国开放大学(OU)是全球最著名的开展远距离高等教育的学校之一，它于1971年正式招生，承诺其根本宗旨是对学习者开放、学习地点开放、学习方法开放和观念开放。开始时，主要教学手段是函授和广播电视，使用网络是后来的事情，这和我国的情况差不多。现在，英国开放大学拥有在校学生约20万人，教学质量评估在全英高校中排在前五位。美国的凤凰城大学(图1)也是一所从事成人教育的高校，成立于1976年，第一批学生只有8个人。1989年，凤凰城大学推出网上教学计划，成为全美第一个提供网络教学的大学。2012年，凤凰城大学已拥有200多个校区、34.53万学生，其中研究生近10万。加拿大的滑铁卢大学、建立于1983年的日本放送大学(图2)、2002年才使用数字化课件的韩国国立开放大学、2006年创办的只有1个教师的可汗学院，等等，都办得很成功，在国际上影响颇大。从技术上看，我们所掌握的不比西方发达国家少。从硬件条件看，我们使用的设备也不比他们差，在公众使用的终端方面，我们的条件比他们要好。因此，对于办好网络教育，我们应该有信心。

图1　位于美国菲尼克斯的凤凰城大学总部

图2　位于千叶县的日本放送大学总部

　　从全球发展趋势来看，随着教育全球化推进，远程教育和传统教育之间，一方面是争夺教育市场的竞争正在加剧，一方面是相互合作、相互借鉴、资源共享正在加强。终身教育体系新体制、新格局正在构建之中。例如美国把网络教育看成是教育"长期发展战略的关键"，英国把发展远程教育作为高等教育改革的突破口，加拿大、墨西哥、瑞典等国注重和积极开展远程教育国际合作和国内合作，德国、南非、法国、日本等国积极开展"面向未来、面向学习型社会、面向终身教育"的远程教育，韩国的远程教育正从电子学习向移动学习迈进，印度则大力将远程教育推向农村。

国外有的经验我们可以取，我们现在的做法中有些就是"引进"的，但也有学不了的。且不说教育思想和管理制度，就连一些表面的东西，由于文化差异，我们也难以接受。例如国外的网页偏于简洁（图 3），课程、交互也以文字为主，而我们还是比较喜欢多一些图片和动画，色彩也很重，整个页面塞得满满的网页，因为担心"浪费"了屏幕资源，花了大量的人力和财力建立视频交互通道。又如课件，我们比较接受正规的讲课模式，而对于教师盘腿坐在课桌上讲课（图 4）、把鼠标当粉笔而不是在课前认真制好 PPT（图 5）等做法，不论讲得多么精彩，总有一种过于随意的感觉，总是不太习惯。我们心目中的好教师就应该有个教师的样子，至少多数人是这么认为的。因此，我们还是应当走出一条自己的路来。

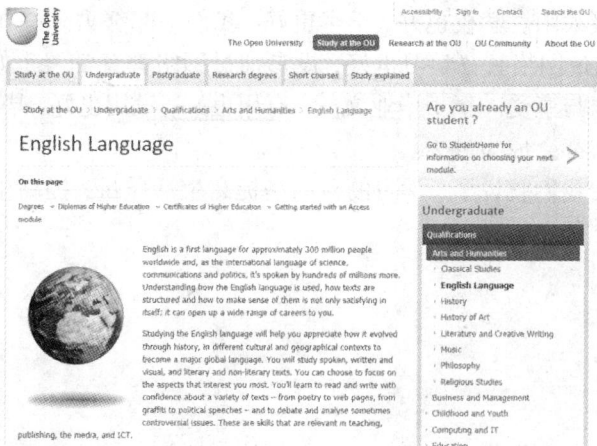

图 3　英国开放大学英语课程页面

与国外网络教育比较，我们的主要差距是对网络教育的认识。网络教育是国民教育的一部分，所以也有传承文化、启迪智慧的重任，也要有思路有想法。作为学校，对受教育者要有高度的责任心和深切的爱心；作为学生，要有强烈的学习饥渴感、高尚的为人追求和坚韧的学习毅力。

图4　耶鲁大学公开课《死亡哲学》截屏

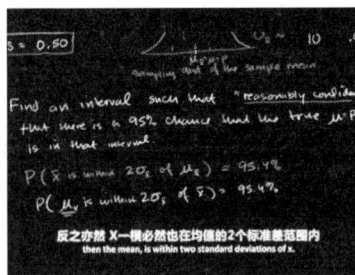

图5　可汗学院公开课《统计学》截屏

　　我国的网络高等学历教育才开展了十多个年头，虽然积累了不少经验，但依然是个新事物。时至今日，许多工作虽然似乎已经成了规范，事实上还是在试点，学校和学生都要继续探索。我们不敢说自己做得有多好，心安的是在认真地做，也不敢说大家都一定会学得有多好，但相信大家都在认真地学。这个基本估计是一定要有的，要说心头需有阳光，首先要求我们自己能敞开心扉迎接太阳。学校也好，学生也好，我们一起努力。好在学习是人生的必须，参加过网络教育学习也好，没参加过网络教育学习也好，学习始终是我们的追求与享受。至于毕业文凭，有用也好，没用也好，毕竟曾经有过，而且到了将来都会成为过去。

　　在一开始我们就说了，学习的目的是提高生活质量，提高生命价值。两年半后，你会有体会的。

附录　常用管理文件

1. 高等学校学生行为准则

教育部教学〔2005〕5号

一、志存高远，坚定信念。努力学习马克思列宁主义、毛泽东思想、邓小平理论和"三个代表"重要思想，面向世界，了解国情，确立在中国共产党领导下走社会主义道路、实现中华民族伟大复兴的共同理想和坚定信念，努力成为有理想、有道德、有文化、有纪律的社会主义新人。

二、热爱祖国，服务人民。弘扬民族精神，维护国家利益和民族团结。不参与违反四项基本原则、影响国家统一和社会稳定的活动。培养同人民群众的深厚感情，正确处理国家、集体和个人三者利益关系，增强社会责任感，甘愿为祖国为人民奉献。

三、勤奋学习，自强不息。追求真理，崇尚科学；刻苦钻研，严谨求实；积极实践，勇于创新；珍惜时间，学业有成。

四、遵纪守法，弘扬正气。遵守宪法、法律法规，遵守校纪校规；正确行使权利，依法履行义务；敬廉崇洁，公道正派；敢于并善于同各种违法违纪行为作斗争。

五、诚实守信，严于律己。履约践诺，知行统一；遵从学术规范，恪守学术道德，不作弊，不剽窃；自尊自爱，自省自律；文明使用互联网；自觉抵制黄、赌、毒等不良诱惑。

六、明礼修身，团结友爱。弘扬传统美德，遵守社会公德，男女交往文明；关心集体，爱护公物，热心公益；尊敬师长，友爱同学，团结合作；仪表整洁，待人礼貌；豁达宽容，积极向上。

七、勤俭节约，艰苦奋斗。热爱劳动，珍惜他人和社会劳动成果；生活俭朴，杜绝浪费；不追求超越自身和家庭实际的物质享受。

八、强健体魄，热爱生活。积极参加文体活动，提高身体素质，保持心理健康；磨砺意志，不怕挫折，提高适应能力；增强安全意识，防止意外事故；关爱自然，爱护环境，珍惜资源。

2. 大学生诚信守则(试行)

立身诚为本,处世信为基。养德始于真,修业成于勤。忠诚报祖国,荣耻铭于心。

信仰须高洁,立场当坚定。精诚探真知,独创著文章。评奖要真实,考试应自警。

真挚敬师长,坦诚待同学。文明行网络,是非应辨明。花销要适度,兼职重信誉。

诚实求助贷,守信还款清。客观荐自我,郑重许承诺。踏实干事业,契约必践行。

3. 教育部关于开展现代远程教育试点高校网络教育部分公共基础课全国统一考试试点工作的实施意见

教高〔2004〕5 号

各省、自治区、直辖市教育厅(教委)、新疆生产建设兵团教育局、各现代远程教育试点高校:

为了贯彻落实《教育部办公厅关于对现代远程教育试点高校网络教育学生部分公共课实行全国统一考试的通知》(教高厅〔2004〕2 号),做好试点高校网络教育部分公共基础课全国统一考试(以下简称"统考")工作,我部决定委托全国高校网络教育考试委员会(以下简称"网考委")开展统考试点工作。为保证试点工作的顺利进行,提出如下实施意见:

一、统考试点工作要按照网络教育应用型人才的培养目标,针对从业人员继续教育的特点,重在检验学生掌握基础知识的水平及应用能力。

二、在我部的领导下,由网考委负责实施统考试点工作。网考委下设办公室(以下简称"网考办")、统考课程专家组和若干考区办公室,各机构负责人采用任期制,由网考委主任任命。网考办作为网考委的日常办事机构,主要负责组织落实统考试点的有关具体工作;统考课程专家组根据统考科目的需要设立,承担制订考试大纲、命题、题库建设、对统考课程进行业务指导和统考质量分析等工作;考区办公室负责考区的阅卷及相关工作。统考考务工作在网考委的领导下,主要由"中央广播电视大学现代远程教育校外教学支持服务体系"承担。中央广播电视大学对考务工作负有领导和协调责任。

三、各地教育行政部门要对当地的统考试点工作进行指导、监督和协调，考区办公室所在地的省级教育行政部门要指导当地的阅卷工作。考务单位在考前和考后将考试实施方案和考试情况及时报告当地教育行政部门。

各现代远程教育试点高校要根据我部关于统考工作的要求和网考委的具体部署，做好宣传动员、报名、免考资格审查、参与题库建设等工作。

四、考试对象为现代远程教育试点普通高校的本科层次网络学历教育的学生和中央广播电视大学"人才培养模式改革与开放教育试点"项目的本科层次学历教育的学生。2004 年 3 月 1 日以后(含 3 月 1 日)注册入学的学生要依照本实施意见的规定参加统考，对 2004 年 3 月 1 日之前注册入学的学生进行抽测。

五、统考科目按不同学历起点和不同专业类别确定：

高中起点本科学生的统考科目是：

(一)理工类专业统考科目包括："大学英语(B)""计算机应用基础""高等数学(B)"(数学专业考"高等数学(A)")；

(二)文史法医教育类专业统考科目包括："大学英语(B)""计算机应用基础""大学语文(B)"(文史类专业考"大学语文(A)")；

(三)英语类专业统考科目包括："大学英语(A)""计算机应用基础""大学语文(B)"；

(四)艺术类专业统考科目包括："大学英语(C)""计算机应用基础""大学语文(B)"；

(五)其他专业统考科目包括："大学英语(B)""计算机应用基础"，由试点学校在"高等数学(B)"和"大学语文(B)"中再任选一门进行统考。

专科起点本科学生的统考科目是：

(一)英语类专业统考科目包括："大学英语(A)""计算机应用基础"；

(二)艺术类专业统考科目包括："大学英语(C)""计算机应用基础"；

(三)其他专业统考科目包括："大学英语(B)""计算机应用基础"；专科起点本科教育入学考试科目中没有"大学语文"或"高等数学"成绩的，按不同专业须加试统考科目"大学语文(B)"或"高等数学(B)"，考试科目的选择同高中起点本科学生的专业分类。

六、关于免考的规定：

(一)已具有国民教育系列本科以上学历(含本科)，可免考全部统考科目；

(二)除计算机类专业学生外，获得全国计算机等级考试一级 B 或以上级别证书者可免考"计算机应用基础"；

(三)除英语专业学生外，获得大学英语等级考试(CET)四级或以上级别证书者、全国公共英语等级考试(PETS)三级或以上级别证书者、省级教育行政部门组织的成人教育学位英语考试合格证书者，可免考"大学英语"；

(四)入学注册时年龄满 40 周岁的非英语专业学生可免考"大学英语"；

(五)除英语专业考生外，户籍在少数民族聚居地区的少数民族学生(界定标准见附件)可免考"大学英语"。各试点高校要将本校免考学生名单公示并报网考办备案。

七、统考公共基础课的要求与高等教育本科相应公共基础课的要求相一致。统考试点工作由网考委统筹安排，全国统一大纲，统一试卷，统一考试，统一阅卷标准。统考暂定每年组织两次，考试时间在 3 月和 9 月。学生在修业年限内可以多次参加考试，每次参考门次由学生自定。试点期间的统考成绩有效。

八、考试费用由现代远程教育试点学校统一缴纳。考试费应专款专用于统考工作，不得挪作他用。

九、试点期间，统考课程成绩分为合格与不合格，合格标准由网考委确定，考试结果由网考办公布。所有统考科目成绩合格作为教育部高等教育学历证书电子注册资格的条件之一。

十、统考考试试卷(含答案及评分参考、听力磁带)启用前属于机密级国家秘密。根据《中华人民共和国保守国家秘密法》《中华人民共和国保守国家秘密法实施办法》及有关法律、法规，网考委制订统考安全保密规定。

十一、网考委成立统考突发事件"应急领导小组"，建立考试信息沟通机制，快速有效地应对全国与地区、考点发生的突发事件。

十二、网考委对统考试点工作做出突出贡献的单位和个人给予表彰。对参加统考的考生以及考试工作人员、其他相关人员，违反考试管理规定和考场纪律，影响考试公平、公正进行的行为，视情节轻重、影响大小分别给予相应的处罚。网考办和考区办公室负责对考试违规行为进行认定与处理。

十三、网考委按照本意见制定统考工作管理办法。

中华人民共和国教育部
二〇〇四年十一月二十六日

附件:

免考"大学英语"的少数民族学生的界定

一、西藏自治区、新疆维吾尔自治区、广西壮族自治区、内蒙古自治区、青海省、云南省、贵州省、四川省、重庆市、宁夏回族自治区、甘肃省、陕西省等西部地区的少数民族学生。

二、下表所列少数民族自治州、少数民族自治县的少数民族学生。

少数民族自治州

省(区)	名称	人民政府所在地	成立日期
吉林省	延边朝鲜族自治州	延吉	1952.09.03
湖南省	湘西土家族苗族自治州	吉首	1957.09.20
湖北省	恩施土家族苗族自治州	恩施	1983.12.01

少数民族自治县

省(区)	名称	人民政府所在地	成立日期
黑龙江省	杜尔伯特蒙古族自治县	泰康	1956.12.05
辽宁省	喀喇沁左翼蒙古族自治县	大城子	1958.04.01
	阜新蒙古族自治县	阜新	1958.04.07
	新宾满族自治县	新宾	1985.06.07
	岫岩满族自治县	岫岩	1985.06.11
	清原满族自治县	清原	1990.06.06
	本溪满族自治县	小市	1990.06.08
	桓仁满族自治县	桓仁	1990.06.10
	宽甸满族自治县	宽甸	1990.06.12
吉林省	前郭尔罗斯蒙古族自治县	前郭	1956.09.01
	长白朝鲜族自治县	长白	1958.09.15
	伊通满族自治县	伊通	1989.08.30

续上表

省(区)	名称	人民政府所在地	成立日期
河北省	孟村回族自治县	孟村	1955.11.30
	大厂回族自治县	大厂	1955.12.07
	青龙满族自治县	青龙	1987.05.10
	丰宁满族自治县	大阁	1987.05.15
	围场满族蒙古族自治县	围场	1990.06.12
	宽城满族自治县	宽城	1990.06.16
湖南省	通道侗族自治县	双江	1954.05.07
	江华瑶族自治县	沱江	1955.11.25
	城步苗族自治县	儒林	1956.11.30
	新晃侗族自治县	新晃	1956.12.05
	芷江侗族自治县	芷江	1987.09.24
	靖州苗族侗族自治县	渠阳	1987.09.27
	麻阳苗族自治县	高村	1990.04.01
海南省	乐东黎族自治县	抱由	1987.12.28
	琼中黎族苗族自治县	营根	1987.12.28
	保亭黎族苗族自治县	保城	1987.12.30
	昌江黎族自治县	石碌	1987.12.30
	白沙黎族自治县	牙叉	1987.12.30
	陵水黎族自治县	陵城	1987.12.30
湖北省	长阳土家族自治县	龙舟坪	1984.12.08
	五峰土家族自治县	五峰	1984.12.12
广东省	连南瑶族自治县	三江	1953.01.25
	连山壮族瑶族自治县	吉田	1962.09.26
	乳源瑶族自治县	乳城	1963.10.01
浙江省	景宁畲族自治县	鹤溪	1984.12.24

4. 试点高校网络教育部分公共基础课统一考试试点工作管理办法

网考委〔2005〕1号

第一章　总　则

第一条　为确保试点高校网络教育部分公共基础课统一考试(以下简称"统考")试点工作的顺利实施,使统考试点工作组织严密、要求严格、纪律严明,建立良好的考风,确保考试质量,根据《教育部办公厅关于对现代远程教育试点高校网络教育学生部分公共课实行全国统一考试的通知》(教高厅〔2004〕2号)和《教育部关于开展现代远程教育试点高校网络教育部分公共基础课全国统一考试试点工作的实施意见》(教高〔2004〕5号)的要求,特制定本办法。

第二条　本办法包括五个文件:《试点高校网络教育部分公共基础课统一考试考点设置和管理办法(试行)》(见附件一,以下简称《考点设置和管理办法》)《试点高校网络教育部分公共基础课统一考试安全保密规定(试行)》(见附件二,以下简称《统考安全保密规定》)《试点高校网络教育部分公共基础课统一考试阅卷工作管理办法(试行)》(见附件三,以下简称《阅卷工作管理办法》)《试点高校网络教育部分公共基础课统一考试违纪处理办法(试行)》(见附件四,以下简称《统考违纪处理办法》)《试点高校网络教育部分公共基础课统一考试过程应急预案(试行)》(见附件五,以下简称《统考过程应急预案》)。

第三条　全国高校网络教育考试委员会(以下简称"网考委")下设办公室(以下简称"网考办")。网考办负责组织落实统考试点工作的实施和管理,包括组织制定考试大纲及命制试题、建设题库,考试组织过程的监督,信息发布,财务管理,组织建设考试管理信息系统等工作,并及时向网考委和教育部汇报有关试点的实施情况。网考办主任、副主任由网考委主任任命。

第四条　网考委组织成立统考课程专家组。统考课程专家组在网考办组织下负责制订考试大纲、命制试题和建设试题库。课程专家组由学术地位较高的学科专家组成,人选由现代远程教育试点学校和有关单位推荐,网考委主任聘任。

第五条　统考试点的考务工作由中央广播电视大学现代远程教育校外教

学支持服务体系建设、运营与管理的具体实施机构"中央广播电视大学奥鹏远程教育中心"（以下简称"中央电大奥鹏远程教育中心"）承担，主要包括考点设置与管理、考试报名、考试实施等工作。中央广播电视大学对考务工作负有领导和协调责任。

第六条　网考委在全国设若干个考区办公室，负责阅卷及相关工作。考区办公室领导班子由阅卷所在地的网考委委员、试点高校网络教育学院和省级广播电视大学等单位的相关负责人组成。考区办公室原则上设在普通高校网络教育学院。考区办公室实行主任负责制，主任由担任网考委委员的当地省级教育行政部门有关负责人担任，常务副主任由担任网考委委员的网络教育学院负责人担任，主任、副主任由网考委主任任命。考区办公室的日常工作由网考办指导和协调。

第七条　各地教育行政部门要对统考试点工作进行指导、监督和协调。

第二章　大纲制定及试题命制

第八条　网考办组织课程专家组制定考试大纲和命制试题。

第九条　考试大纲应根据现代远程教育的特点和应用型人才的培养目标，针对从业人员继续教育的特点，重在检验学生掌握基础知识的水平及应用能力。

第十条　试卷命题（含题库试题审定）工作采取集中封闭的工作形式，参与命题人员和有关管理人员为涉密人员。涉密人员必须遵守保密规定和有关纪律，网考办要与涉密人员签订保密责任书。参加命题工作的人员不得公开其命题人员身份，不得以任何形式泄露与命题相关的内容和工作情况。

第十一条　命制试题应以考试大纲为依据，命题工作应严密组织、规范管理，实现命题工作的科学化和标准化。题库建设可采取在高校征集试题的方式进行。

第十二条　命题工作结束后，考试原始试题载体应在具有安全防盗设施的场所进行保管，存放在安全保密设施中，保管人员不能少于2人，要有监督机制。命题过程中的相关材料要统一集中管理和销毁。

第三章　考点设置与管理

第十三条　考点申办单位必须是具有法人资格的办学单位，满足《考点设置和管理办法》中的考点设置条件，并承诺严格执行网考委制定的考试管理制度。

第十四条　中央电大奥鹏远程教育中心根据《考点设置和管理办法》设置考点，由中央广播电视大学审核后报网考办批准。中央电大奥鹏远程教育中心应向网考办报告考务实施方案。

第十五条　中央电大奥鹏远程教育中心负责对考点的业务管理，中央广播电视大学定期对考点进行评估检查，并将评估结果报网考办。网考办对考点进行抽查，对不符合要求的考点给予相应的处理。

第四章　报　名

第十六条　网考办定期公布统考考试计划、考点名单。

第十七条　报名工作通过报名管理系统进行。学生在规定的时间内，在所就读的试点高校校外学习中心报名。试点高校网络教育学院对本校报考学生进行资格审核后，将报考名单与科次等信息提供给中央电大奥鹏远程教育中心，办理集体报名手续。

第十八条　报名办法详见网考办公布的"统考报名管理办法"。试点高校网络教育学院负责本校学生的免考资格审查，将本校免考学生名单公示并报网考办备案。

第五章　考试实施

第十九条　中央电大奥鹏远程教育中心按照网考委要求负责考试过程的组织实施。考试方法根据课程特点采用笔试、机（网）考等方式。

第二十条　试卷印制在网考办指定的国家统一考试试卷定点印制单位进行。试卷印制单位必须严格执行国家《印刷、复印等行业复制国家秘密载体暂行管理办法》（国保〔1990〕83 号）和网考委制定的《统考安全保密规定（试行）》的相关保密条款。

第二十一条　试卷的分发、运输、签收、保管应严格执行《统考安全保密规定（试行）》，考前任何人不得以任何理由拆封试卷，试卷只能根据考场指令在考场当众启封。

第二十二条　各考点要严格执行网考办制定的考试计划，在规定日期、规定时间组织考试，严禁提前或推迟考试。

第二十三条　中央电大奥鹏远程教育中心组织落实考务工作的有关要求，对考务人员进行考前培训，检查、完善考务工作各环节。全体考务人员要严格按照网考委的规章制度实施考务工作，认真履行职责，确保考务工作正常进行。中央广播电视大学对组考工作要加强指导、监督和检查。

第二十四条　监考人员主要从高校的教师和管理人员中聘请，并须经过岗位培训。监考人员必须以高度负责的态度，严格维护考场纪律。对各种违纪、舞弊行为要及时制止，如实作好记录。

第二十五条　学生必须在规定时间、规定考点凭规定的有效证件（身份证件和准考证）进入考场参加考试，证件不齐全者不得参加考试。

第二十六条　每场考试结束后，监考人员应清点、核对试卷和记录考场情况，经主考人签字后密封。考点应按规定要求将试卷和考场记录送至考区办公室。

第二十七条　考点在考前和考后要将有关考试组织实施情况及时报告当地教育行政部门，接受所在地的教育行政部门的指导和监督。

第六章　阅　卷

第二十八条　考区办公室负责本考区的阅卷组织及相关工作，包括选聘阅卷教师和有关工作人员、落实阅卷地点、组织阅卷和监控阅卷过程，确保试卷的保密和安全。考区办公室负责本考区的考试违规认定等工作。

第二十九条　网考委在北京、沈阳、上海、杭州、武汉、广州、成都和西安等八个城市设立考区办公室。北京考区办公室分管北京市、天津市、河北省、山东省、山西省等地区的阅卷组织及相关工作；沈阳考区办公室分管黑龙江省、吉林省、辽宁省、内蒙古自治区等地区的阅卷组织及相关工作；上海考区办公室分管上海市的阅卷组织及相关工作；杭州考区办公室分管浙江省、江苏省、安徽省、江西省等地区的阅卷组织及相关工作；武汉考区办公室分管湖北省、湖南省、河南省等地区的阅卷组织及相关工作；广州考区办公室分管广东省、福建省、广西壮族自治区、海南省、港澳台等地区的阅卷组织及相关工作；成都考区办公室分管重庆市、四川省、贵州省、云南省、西藏自治区等地区的阅卷组织及相关工作；西安考区办公室分管陕西省、甘肃省、宁夏回族自治区、青海省、新疆维吾尔自治区等地区的阅卷组织及相关工作。

第三十条　考区办公室成立阅卷领导小组。阅卷教师必须是相应学科的高校教师，阅卷工作应严格遵守《阅卷工作管理办法》，并要在规定的时间内完成。

第三十一条　试卷评阅和登分须在符合条件的阅卷场所内集中进行。试卷由专人保管，交接试卷要履行登记手续，不得将试卷带出阅卷场所。阅卷人员必须遵守纪律，保守机密，不得拆、撬试卷密封线，评卷期间不会客、不查学生分数。

第三十二条　评卷按照网考办统一发布的参考答案、评分标准和考区试评小组确定的评分细则进行。评卷采用按题分组的流水作业方法，不得按试卷份数包干评阅。阅卷组长负责核查评阅结果，严防错评、漏评，如有更改须由评阅组长和复查人员共同签名。

第三十三条　在阅卷过程中若发现雷同试卷，由阅卷组长组织不少于3名阅卷人员进行鉴定，一经认定即按作弊处理。由阅卷组长填写雷同试卷表，由考区办公室统一上报网考办。

第三十四条　阅卷成绩按照规定的格式录入指定系统，并将签字盖章后的报表由考区办公室统一上报网考办。考区办公室不得对外公布考试成绩和阅卷情况。

第三十五条　机(网)考的成绩登录、汇总和上报工作按网考办统一要求进行。

第七章　考试违纪处理

第三十六条　本考试属于国家机密级考试，参加统考的学生、考务工作人员及其他相关人员，有违反考试管理规定和考试纪律的，应按照国家有关保密法规和《统考违纪处理办法(试行)》处理。

第三十七条　有考试违纪行为的考生，其相关科目的考试成绩无效；有考试作弊行为的考生，当次考试全部科目成绩无效，并视情节严重情况给予停考1~3年的处理。代替他人或由他人代替参加考试者，取消统考资格。网考办向有关单位通报考生违纪或作弊情况。

第三十八条　考试工作人员(命题、考务、阅卷及其他相关人员)不认真履行工作职责、玩忽职守，致使考试工作遭受重大损失的，应当停止其参加当年及下一年度的统考工作，并由网考办予以相应处罚和通报。

考试工作人员营私舞弊，严重违反考试纪律，应当停止其参加统考工作，予以通报并通知其所在单位，调离考务工作岗位；情节严重，构成犯罪的，由司法机关依法追究刑事责任。

第三十九条　发生考点管理混乱、考试工作人员玩忽职守所造成考点或者考场纪律混乱、考点作弊现象严重的情况由网考办做出暂停该考点承办统考的资格或取消考点资格的处理。

对出现大规模作弊情况的考场、考点的相关责任人、负责人，由有关部门分别给予相应的处理；情节严重、构成犯罪的，由司法机关依法追究刑事责任。

第四十条 因考务组织工作出现重大失误,造成大面积考点出现混乱或作弊现象严重,应对中央电大奥鹏远程教育中心进行经济和行政上的处罚。

第四十一条 违反保密规定,造成统考的试题、答案及评分标准(包括备用试卷、答案及评分标准)丢失、泄密,或者使考生答卷在保密期限内发生重大事故的,由网考办协同有关部门视情节轻重,分别给予责任人和有关负责人相应处分;构成犯罪的,由司法机关依法追究刑事责任。盗窃、损毁、传播在保密期限内的统考试题、答案及评分标准、考生答卷、考试成绩的,由有关部门依法追究有关人员的责任;构成犯罪的,由司法机关依法追究刑事责任。

第八章　考籍及成绩管理

第四十二条 网考办为参加统考的学生建立考籍档案。考籍档案包括考生基本信息、考试成绩、有关考试期间的处分记载等。

第四十三条 考试成绩由网考办统一发布,其他任何单位和个人均无权发布。各试点高校网络教育学院在规定时间内按要求向学生公布成绩,学生也可以登录全国统考信息系统查询成绩。

第四十四条 答卷保留由考区办公室负责,保留三个月后销毁。有问题、有争议或用于研究的答卷应延期销毁,或者单独保存、备查。

第九章　安全保密工作

第四十五条 统考试题及参考答案、评分标准启用前属于国家机密材料。

第四十六条 网考委设立统考保密工作领导小组,组长由网考办主要负责人担任。保密工作领导小组指导监督考试试卷的命题、印刷、运送、保管等环节的保密工作。各级考试实施单位均应设专人负责考试任务中的试卷安全保密工作。阅卷工作中的安全保密工作由考区办公室负责。

第四十七条 各级考试实施单位和工作人员要认真执行《统考安全保密规定(试行)》,并承担相应的行政和法律责任。

第四十八条 考试工作中出现突发事件,按《统考过程应急预案(试行)》执行。网考委成立统考突发事件全国应急领导小组,各省成立相应的省级应急领导小组,各考点也要成立应急工作小组,各级考试实施单位应急小组要保证信息畅通并能快速有效地处理各类突发事件。

附　则

第四十九条　本办法自公布之日起执行。

第五十条　本办法解释权归网考委。

全国高校网络教育考试委员会

二〇〇五年一月二十五日

5. 关于调整全国大学英语四、六级考试作为"大学英语"统考免考条件规定的通知

网考委〔2005〕12 号

各省、自治区、直辖市教育厅(教委)，新疆生产建设兵团教育局，各现代远程教育试点高校，各考区办公室：

教育部于 2004 年 11 月 26 日下发了《教育部关于开展现代远程教育试点高校网络教育部分公共基础课全国统一考试试点工作的实施意见》(教高〔2004〕5 号)，规定获得大学英语等级考试(CET)四级或以上级别证书者可免考"大学英语"。目前，教育部对全国大学英语四、六级考试进行了改革。规定大学英语四、六级考试成绩的记分体制为标准分制，不设及格线，并决定 2007 年 1 月起，四、六级考试将不再接受非在校生报考。因此，网络教育的学生将不能报考四、六级考试，大学英语四、六级考试作为网络教育英语统考免考条件已无意义。针对上述情况，我委决定调整四、六级考试作为"大学英语"统考免考条件的规定。具体要求如下：

1. 在 2006 年 1 月 1 日前，已经获得四、六级考试证书的考生仍然按照原有规定免考"大学英语"；参加改革后的四、六级考试，成绩达到 420 分的考生可免考"大学英语"。

2. 2006 年 1 月 1 日后，大学英语四、六级考试将不再作为统考"大学英语"免考的条件。

3. 网络教育英语统考的其他免考条件不变。

特此通知。

全国高校网络教育考试委员会

二〇〇五年九月一日

6. 全国高校网络教育考试委员会关于调整《大学英语》考试有关内容及增设修学俄语、日语考生免考《大学英语》条件的通知

网考委〔2006〕03 号

各省、自治区、直辖市教育厅（教委），新疆生产建设兵团教育局，各现代远程教育试点高校，各考区办公室：

根据 2005 年统考试点经验和高校网络教育外语教学有关情况，我委决定从 2006 年起调整《大学英语》考试有关内容，并增设修学俄语、日语考生免考《大学英语》的条件，具体如下：

1. 取消《大学英语》听力部分考试。

鉴于传统成人教育的教学计划中不开设英语听力课程，试点高校网络教育亦多未开设英语听力课程，决定取消《大学英语(A)》《大学英语(B)》和《大学英语(C)》听力部分考试。

2. 取消《大学英语(A)》口语部分考试。

取消口语和听力部分的大学英语考试时间仍为 120 分钟，卷面成绩满分仍为 100 分，考试大纲规定的其他部分考试内容做题量和分值等的相应调整。

3. 修学俄语、日语的学生可以参加《大学英语(C)》统考；也可以通过取得国家承认的俄语、日语考试合格证书，免除大学英语统考。具体如下：

(1)专业外语为日语的学生，可参加《大学英语(C)》统考；也可以通过取得日本语能力测试(JLPT)三级或以上级别证书、或取得日语专业四级或八级证书的条件，免除大学英语统考。

(2)公共外语为日语的学生，可参加《大学英语(C)》统考；也可以通过取得日本语能力测试(JLPT)四级或以上级别证书、或取得大学日语四级证书的条件，免除大学英语统考。

(3)公共外语为俄语的考生，可参加《大学英语(C)》统考；也可以通过取得大学俄语四级证书的条件，免除大学英语统考。

特此通知。

全国高校网络教育考试委员会
二○○六年三月二十七日

7. 中南大学成人高等教育
本科毕业生申请学士学位实施办法

中大教字〔**2011**〕**20**号

根据《中华人民共和国学位条例暂行实施办法》、原国家教委《关于整顿普通高等学校授予成人高等教育本科毕业生学士学位工作的通知》(学位〔1991〕11号)和湖南省学位委员会办公室《关于组织成人高等教育本科毕业生申请学士学位外国语学位课程全省统一考试的通知》等文件精神,结合我校实际,制定本办法。

第一条　成人高等教育本科毕业生,系指国家承认学历的成教、网络教育和高等教育自学考试本科毕业生。

第二条　对我校具有学士学位授予权的本科毕业生,达到下列要求者,经校学位委员会审定,可授予学士学位:

(一)坚持四项基本原则,遵纪守法,未受留校察看(含留校察看)以上纪律处分或受处分已解除;

(二)完成培养方案的各项要求,经审核符合毕业要求,且满足:

1. 毕业设计(论文或其他毕业实践环节)成绩良好(含良好)以上;

2. 指定的学位课程成绩70分(含70分)以上;

(三)外语条件

1. 非英语专业参加湖南省学位委员会(简称省学位办)组织的"湖南省成人本科毕业生申请学士学位外语水平统一考试"或经湖南省学位办同意参加所在省学位办组织的成人本科学位外语水平统一考试,成绩合格;

2. 英语专业第二外语参加"湖南省成人本科毕业生申请学士学位外语水平统一考试"或经湖南省学位办认定学校组织的第二外语水平考试,成绩合格。

第三条　申请学位的规定年限:自考学生获本科毕业证后两年内,其他学生在不超过标准学制两年内达到授予学士学位的标准,可向学校申请学士学位。

第四条　授予学士学位的程序:对符合上述授予要求的学生,由本人提出申请,所在学院初审汇总,分别由继续教育学院和网络学院进行资格审查,报本科生院培养管理办公室审核,经学校学位委员会审定后,由学校授予学士学位并颁发证书。

第五条 对已经授予的学士学位，如发现有舞弊作伪等违规情况，经学校学位委员会复议，予以撤销。

第六条 本办法自公布之日起施行，由本科生院负责解释。原《中南大学成人教育本科毕业生申请学士学位实施细则(试行)》(中大教字〔2002〕9号)同时废止。原有相关规定与本办法不一致的，以本办法为准。

中南大学

二〇一一年五月三日

8.中南大学网络教育毕业论文(设计)工作条例

中大网字〔2009〕2号

毕业论文(设计)是本科专业教学计划的重要组成部分，是网络教育培养目标要求的重要教学环节。为了切实做好毕业论文(设计)工作，规范毕业论文(设计)教学过程的管理，努力提高毕业论文(设计)质量，特制定本条例。

一、总则

通过毕业论文(设计)，使学生基本了解和掌握从事科学研究工作的一般步骤和基本方法，培养科学的思维方式、正确的设计思想以及综合运用所学理论、知识和技能分析和解决实际问题的能力，在知识、能力和素质诸方面得到综合训练、转化和提高，为今后的工作学习打下良好坚实的基础。

在毕业论文(设计)工作中，要认真贯彻理论与实践相结合，教学与科研、生产相结合，教育与国民经济建设和社会发展相结合的原则，加强理论、知识和技能综合运用能力的训练和提高，加强学生创新意识、创新能力和创业精神的培养。

二、组织与管理

(一)毕业论文(设计)工作在主管校长领导下，实行网络教育学院(以下简称学院)、管理中心、校外学习中心三级管理。

(二)学院成立以院长为组长的毕业论文(设计)工作领导小组，制订毕业论文(设计)管理规章制度，负责毕业论文(设计)工作的宏观管理、组织、指导、协调工作，组织对毕业论文(设计)进行检查、评估和总结，仲裁毕业论文(设计)最终成绩。

（三）管理中心成立以主管教学的领导为组长的毕业论文（设计）工作领导小组，贯彻执行学校有关毕业论文（设计）的规定，布置、协调有关工作，切实解决工作中的实际问题，同时对所属学习中心的毕业论文（设计）工作进行检查、评估和总结。

（四）校外学习中心成立以主管教学的领导为组长的毕业论文（设计）工作领导小组，组织落实毕业论文（设计）过程中的各项工作。

1. 依据学院有关毕业论文（设计）的规范和要求，拟订具体工作计划和实施细则。

2. 选配毕业论文（设计）指导教师。

3. 组织毕业论文（设计）选题。

4. 下达毕业论文（设计）任务书。

5. 组织毕业论文（设计）质量检查。

6. 组织毕业答辩资格审查、毕业答辩、成绩初评。

7. 上报符合要求的电子版毕业论文（设计）以及论文成绩和答辩初评成绩。

8. 推荐优秀毕业论文（设计）。

9. 组织毕业论文（设计）工作总结，定期向学院及管理中心汇报工作，接受检查和评估。

三、指导教师及其职责

（一）毕业论文（设计）指导教师由各校外学习中心就地聘请具有毕业论文（设计）指导经验的中级以上专业技术职称教师担任。每位指导教师指导的学生一般不超过 8 人。因特殊原因超过此范围者，应经学习中心主管教学的领导审核，报学院批准后方可执行。

（二）指导教师的主要职责：

1. 指导学生选题。选题应满足专业培养目标要求，有利于巩固、深化所学知识，结合学生的本职工作和社会发展实际需要等进行选择，确保学生在毕业论文（设计）工作中得到科学研究、工程设计能力等基本训练；题目难度和分量要适当，使学生在规定的时间内经过努力能够完成。

学院公布一批各专业毕业论文（设计）题目供学生选择；也可以由指导教师拟定；或者由学生结合工作拟定，选题经指导教师审定后确定。同一学习中心选相同题目的人数不能超过 3 人。

2. 题目确定后，指导教师应及时拟定毕业论文（设计）任务书，并上报学院审批。任务书应包括研究内容、目的要求及进度安排。学院对上报的任务书进行审查，审查通过的任务书，正式下达给学生；审查未通过的任务书，其指导教师和学生必须根据学院审查意见修改并重新上报。

任务书下达后，论文(设计)题目原则上不能变动，如更改题目须由学习中心批准，并报学院审批备案。

3. 抓好关键环节的指导，及时掌握学生毕业论文(设计)的进度和质量，定期辅导答疑，发现问题，纠正错误。在指导过程中应根据学生的能力和条件，因材施教，激发学生的主观能动性，培养学生的独立思考能力和创新能力。

4. 加强对学生撰写毕业论文(设计)的指导，认真审阅初稿，提出修改、补充意见和建议，帮助学生完善毕业论文(设计)。

5. 毕业论文(设计)撰写工作结束后，指导教师应对学生毕业论文(设计)进行全面审核，客观地写出评语，并给出建议成绩。

6. 指导学生进行毕业答辩准备。

四、对学生的基本要求

(一)学生应重视毕业论文(设计)工作，努力学习、刻苦钻研、勤于实践、勇于创新，保质按时完成毕业论文(设计)的任务。

(二)尊敬师长，团结协作，严格遵守各项规章制度，虚心接受教师和有关工程技术人员的指导和检查。

(三)独立完成毕业论文(设计)工作，严禁抄袭、套用他人研究成果。学生以前发表的论文不能替代毕业论文。

五、实习调研

(一)学生应根据毕业论文(设计)选题或选题意向进行毕业实习调研，深入社会，了解现实问题，积累第一手资料，理论联系实际，完成实习报告或调研报告。

(二)学生应结合选题进行文献资料的检索和查阅，了解选题的研究背景、已有成果、达到的水平以及当前动态等。

(三)由于选题和实习是结合本职工作进行，故不单独安排。实习报告是毕业论文(设计)的素材，不上交，不单独记成绩，但在评定毕业论文(设计)成绩时会参考实习情况，统一评定。

六、毕业论文(设计)内容要求

(一)毕业论文(设计)要理论联系实际,运用科学的研究方法对选题进行综合分析,解决论文(设计)中的问题。论文的主要观点对已有的研究成果应有改进或发展、或有自己的见解,设计中的工艺、技术问题要有改进和提高。

(二)论文(设计)中的理论依据要充分,数据资料要准确,论证推理要严密,推导计算要正确。

(三)工程设计类论文(设计)要求结构和工艺合理,论文(设计)中的表格、插图要规范准确,图表的绘制及技术要求要符合国家标准。

(四)经济、管理、法学、文科类专业毕业论文(设计)一般不少于8000字;理工科类专业毕业论文(设计)一般不少于10000字;医学类专业毕业论文(设计)一般不少于6000字。

(五)毕业论文(设计)应提交电子文稿(包括论文题目、作者姓名、学号、所在学习中心、论文目录、中英文摘要、论文正文、参考文献、附录),并按《中南大学网络教育毕业论文(设计)规范》撰写和排版打印。

七、毕业答辩与成绩评定

(一)毕业论文(设计)答辩与成绩评定是毕业论文(设计)工作的一个重要环节。各校外学习中心毕业工作领导小组负责本中心的答辩工作,成立专业答辩委员会(或小组),制订答辩规则、程序、要求以及时间、地点安排等,并提前将安排结果上报学院。

(二)毕业论文(设计)工作结束后,学生应将毕业论文(设计)文本按封面、任务书、目录、中文摘要及关键词、外文摘要及关键词、正文、参考文献、附录等顺序装订成册,附录主要包括设计图纸、计算机程序、过长的公式推理过程等。

(三)指导教师应对学生毕业论文(设计)全过程进行考核,包括任务完成情况、知识应用能力、独立工作能力、创新能力、外语水平、文本质量和工作态度等,实事求是地填写指导老师评语和建议成绩。

(四)答辩前应及时向学生公布答辩委员会(或小组)教师名单和学生参加答辩的日程、地点等。答辩时,学生简述毕业论文(设计)的主要内容,然后回答答辩委员会(或小组)的提问。

(五)毕业论文(设计)答辩成绩评定可从以下五个方面综合考核:

1.任务完成情况；

2.学生的业务能力和水平；

3.论文(设计)质量；

4.创新能力；

5.答辩中的自述和回答问题情况等。

(六)毕业论文的成绩评定采用四级记分制，即优、良、中、差。成绩应呈正态分布，优秀论文(设计)比例控制在15%左右。其余档次成绩由答辩委员会提出建议，校外学习中心领导小组裁定。

(七)毕业论文成绩"差"的，为不合格论文，不能获得相应学分。凡不合格的毕业论文(设计)，可以在以后的毕业论文(设计)阶段安排参加重做。

(八)学习中心上报毕业论文成绩和答辩成绩。学院组织人员对毕业论文(设计)进行审查，并最终给出毕业论文终评成绩。

(九)学院公布论文审查结果，接受论文申辩，处理申辩结果。凡抄袭论文一律按"差"论处。

八、其他

(一)学生毕业论文(设计)电子稿、答辩记录和成绩评定表等相关材料交学院档案办整理归档保存5年。

(二)毕业答辩费用在学费内开支，学习中心不得收取任何费用，答辩学生的交通、食宿、论文打印等费用自理。

九、本条例自发布之日起执行。原有关规定与本条例不一致的，以本条例为准。本条例由中南大学网络教育学院负责解释。

中南大学

二〇〇九年十月二十二日

9.中南大学网络教育学生学籍管理规定

中大网字〔2014〕2 号

为维护网络教育正常教学秩序，培养德、智、体等方面全面发展的社会主义事业建设者和接班人，以适应我国社会发展和经济建设对高级专业人才的需要，根据《中华人民共和国高等教育法》《普通高等学校学生管理规定》和《国家教育考试违规处理办法》，以及教育部有关现代远程教育文件的精神，结合中南大学实际情况，特制定本规定。

第一章　入学与注册

第一条　凡按照国家有关规定录取的新生，按中南大学网络教育录取通知书中规定的要求，到指定的中南大学现代远程教育校外学习中心（以下简称学习中心）办理入学手续。

学生入学注册时提交的基本数据，在学习期间不能更改。

因故不能按时办理入学手续者，应说明原因，并附有关证明向中南大学网络教育学院（以下简称学院）书面请假，假期不得超过 15 天。未经请假或逾期不办理相关手续者，除因不可抗力等正当事由外，视为放弃入学资格。

取得入学资格的新生因故不能按期进行学习的，应在入学注册截止日期前，由本人向学习中心提出书面申请，说明原因并附有关证明，经学院批准，可以保留入学资格 1 年。保留入学资格者不具有学籍。在保留入学资格期内凭有关证明，表明能进行正常学习者可向学院申请入学。学院审查合格后，准予办理入学手续。学院审查不合格或逾期不申请入学者，除因不可抗力等正当事由外，取消入学资格。

第二条　每个学习阶段课程考核完毕即进入下一学习阶段。在新学习阶段开始 30 天内，学生必须持本人学生证到所在学习中心办理注册手续。因故不能如期报到注册者，必须履行请假手续。凡未经请假者，除因不可抗力等正当事由外，不予注册。

第二章　学分和学习年限

第三条　中南大学网络教育实行学分制。各层次、各专业最低毕业学分数按各专业教学计划的规定执行。

第四条　中南大学网络教育实行学分制和弹性修业年限。

高中起点专科 基本学制 2.5 年，学习年限为 2.5 ~ 5 年。

专科起点本科 基本学制 2.5 年，学习年限为 2.5 ~ 5 年。

第五条　学生在教师指导下，根据自身情况，自主安排学习进程。

学生在满足本专业最低毕业学分的前提下，通过办理有关选修手续后，可跨专业选修其他课程。

第三章　课程考核与成绩记载

第六条　学生必须参加专业教学计划规定的课程考核。考核成绩及格即取得该课程学分,成绩和学分载入学生学籍表,并归入学生学籍档案。

第七条 考核成绩评定可以采用百分制,优、良、中、及格、不及格五级计分制或合格、不合格两级计分制。

百分制和五级计分制与获得学分的关系如下:90 至 100 分为优,80 至 89 分为良,70 至 79 分为中,60 至 69 分为及格,均可以获得学分;0 至 59 分为不及格,不能获得学分。

第八条 学生应当按要求完成课程平时学习环节的学习任务,学生平时学习环节的成绩按 10% ~ 30% 的比例计入该课程总评成绩。

第九条 国家高等教育本科及以上层次毕业生攻读网络教育第二学历或第二学士学位者,可以申请免修"大学英语""计算机应用基础"两门课程。学生办理免修手续时间与注册时间同步。

第十条 在与本校有现代远程教育资源共享协议合作的院校之间,学生可以办理相关手续后互选课程,学分互认。

第十一条 凡课程考核成绩不及格,或者因其他原因缺考的学生都应重考。重考学生在学习中心辅导教师的指导下自主安排重修。重考时间安排与以后的每个学习阶段考核同时进行。

毕业论文(设计)或毕业综合训练未通过的学生,可以在以后的毕业论文(设计)或毕业综合训练阶段参加重修。

第十二条 根据教育部要求,本科层次学生必须参加教育部组织的全国高校网络教育部分公共基础课统一考试(简称统考)。中南大学网络教育本科层次学生应参加统考科目"大学英语(B)"和"计算机应用基础"的考试,其统考成绩作为相应的课程成绩,并获得相应学分。

统考课程的免考办理以教育部文件中的免考条件为准,具体要求见《教育部关于开展现代远程教育试点高校网络教育部分公共基础课全国统一考试试点工作的实施意见》(教高〔2004〕5 号)、《全国高校网络教育考试委员会关于调整全国大学英语四、六级考试作为"大学英语"统考条件规定的通知》(网考委〔2005〕12 号)、《全国高校网络教育考试委员会关于调整〈大学英语〉考试有关内容及增设修学俄语、日语考生免考〈大学英语〉条件的通知》(网考委〔2006〕03 号)和《关于获得全国公共英语等级考试(PETS)三级或以上级别证书者可免考"大学英语"的补充规定》(网考电函〔2010〕21 号)文件要求。

凡经中南大学网络教育学院审核、网考委认定符合免考条件的学生,其相应的课程成绩栏内以"免考"记载。

第四章　学籍异动

第十三条　学生有下列情况之一者，予以退学。

1. 经二级甲等以上医院诊断，确定因伤病无法继续学习的。

2. 未按时缴纳学费且未办理学费缓缴手续的。

3. 累计休学两年期满不按时办理复学的。

4. 弄虚作假取得学籍的。

5. 本人申请退学的。

凡自愿申请退学的学生，须填报"退学申请审批表"，由学习中心初审，学院审查批准后办理退学手续。非学生本人申请但需予以退学的由学习中心上报名单，学院公示一周后在注册期间办理，学生如对退学处理有异议，可在公示期内向学院提出书面申诉。

退学学生的已交学费按学校有关规定执行。

第十四条　学生有下列情况之一者，应予休学。

1. 因病经二级甲等以上医院诊断，应当休学治疗的。

2. 因公或其它特殊原因，本人申请或学习中心认为应当休学的。

学生休学须填报"休学申请审批表"，经学习中心同意后，报学院审批备案。

学生休学一般以一年为期限，可连续休学两年，但累计不得超过两年。休学时间计入有效学习年限内。

第十五条　学生休学期满，须填报"复学申请审批表"，向学习中心申请复学，经学习中心同意后，报学院审批备案。不按时办理复学者，按自动退学处理。

第十六条　学生录取后因特殊原因需转专业学习，须在进入第二学习阶段前办理，原则上相近学科类专业之间才能互转。

学生转专业后，学号不变，学习期限从原专业入学注册起算。转专业学生学费计算按学校有关规定执行。

学生转专业后教学计划按照转入专业要求执行，原专业已修课程中与转入专业教学计划相同课程的学分予以承认。

第十七条　学生学习期间因工作调动、迁移等原因需要转学习中心学习的，须本人填报"转学习中心申请审批表"，经双方学习中心同意，由所在学习中心将有关材料报学院批准，可以转学习中心。转学习中心学生学费计算按学校有关规定执行。

第十八条　所有学籍异动手续在每个学习阶段注册时办理。

第五章　毕业、结业与肄业

第十九条　学生毕业时应按教育部颁布的《高等学校学生行为准则》(教学〔2005〕5 号)作全面鉴定。

第二十条　学生在有效学习年限内修完本专业教学计划规定的课程，并取得规定的最低毕业学分，准予毕业，发给中南大学网络教育毕业证书，并在教育部办理电子注册手续。

本科毕业生的学士学位授予按照《中南大学成人高等教育本科毕业生申请学士学位实施办法》(中大教字〔2011〕20 号)执行。

第二十一条　对于在有效学习年限终止时，已修完本专业教学计划规定的课程，但有三门以下(含三门)课程未获得学分，经学生本人申请，发给中南大学网络教育结业证书。

取得结业证书的学生在结业后一年内，经本人申请，重新修读未能取得学分的课程，且达到毕业条件者，换发毕业证书。

第二十二条　对于在有效学习年限终止时，累计修读的学分未达到毕业或结业要求，经学生本人申请，发给中南大学网络教育肄业证书。

第二十三条　毕业、结业、肄业证书和学位证书如遗失或者损坏，经本人申请，学院核实后出具相应的证明书。证明书与原证书具有同等效力。

第六章　学生违纪处理

第二十四条　对于违纪学生的处理，参照《中南大学学生违纪处分条例》(校长令 12 号)的规定办理。

第二十五条　被开除学籍的学生可发写实性的学习证明，不退学费。

第七章　附则

第二十六条　本规定对学籍管理的要求与教育部对网络教育学籍管理最新规定和要求不一致的，以国家有关文件为准。

第二十七条　本规定自发布之日起施行，由中南大学网络教育学院负责解释。原《中南大学网络教育学生学籍管理规定》(中大网字〔2009〕3 号)同时废止。

10. 中南大学网络教育课程考试考场规则

一、考生听到预备铃响，凭中南大学网络教育学生证和身份证进入考场，对号入座。

二、考生迟到超过30分钟，不得进入考场参加考试；开考30分钟后，方可交卷离场。考生退场后不得在考场附近逗留、谈论和再进入考场。严禁将试卷带出考场，一经发现，该试卷以零分计。

三、对于闭卷考试，考生不得携带任何书籍、报纸、稿纸、通讯工具和带有存储功能的电子工具进入考场，非考试用品一律集中存放于指定地方。考试过程中凡夹带、偷看、抄袭、传递、代考等均属作弊，凡作弊者成绩记零分并按校规给予纪律处分。

四、对于开卷考试，考生可携带有关的教材、书籍、计算器及绘图的工具，但不允许带电脑、手机等电子工具进入考场。考生在考试过程中，只能自己独立思考、独立答题，不能交谈、偷看、传递、代考，否则以作弊论处。

五、考生在考场内要保持肃静，不准吸烟或吃东西，严格遵守考场纪律。

六、考生对试题有疑问时，不得向监考人员询问；如涉及试题字迹不清、试卷分发错误等问题应举手询问。

七、考试结束铃响，考生应立即停止答题，并将试卷、答题纸、草稿纸整理好，放在桌上，迅速离开考场。草稿纸必须随试卷完整上交，否则试卷无效。

八、考生应自觉服从监考人员管理，不得以任何理由妨碍监考人员的正常工作。

11. 中南大学网络教育优秀毕业生评选办法
中大网字〔2009〕5号

为进一步加强学风建设，全面推进素质教育，激励学生奋发学习、立志成才，发挥优秀学生的模范带头作用，特制定本办法。

一、评选范围与比例

1.中南大学网络教育学院正式在籍本专科毕业生，修满教学计划规定学分且成绩优良者都可以参加优秀毕业生的评选。

2.评选人数原则上不超过本学习中心同届毕业生人数的5%。

二、评选条件

1.认真学习和实践"三个代表"重要思想，坚持科学发展观，坚定自觉地同党中央保持一致；热爱祖国，热爱社会主义事业；具有坚持真理、实事求是、勇于开拓、勇于进取的精神。

2.学习目标明确，态度端正，勤奋努力，刻苦钻研，学习中能做到理论联系实际，自主学习能力强，学习成绩优秀。

3.能处理好学习和工作的关系，工作中做到爱岗敬业、遵纪守法、勤政廉洁、乐于奉献、艰苦奋斗。

4.学习期间能结合所学知识在发明专利、技术革新、重大任务、特殊事件等方面有突出的成绩，或学习期间在公开刊物上发表与专业有关的论文、著作、作品，或学习期间获得地市级以上荣誉称号。

三、评选程序

1.校外学习中心对符合优秀毕业生评选条件的学生进行初审，并组织同届毕业生评议，必要时征求学生所在单位的意见，并审核学生出示的工作成绩材料。

2.符合推荐条件的毕业生填写优秀毕业生登记表，并提供佐证材料。

3.校外学习中心汇总推荐材料，报中南大学网络教育学院。经学院审查通过后，上报学校审定，并将拟确定优秀毕业生名单在中南大学现代远程教育网站上予以公示。

4.公示一周后，学校根据公示过程中反映的情况，最终确定优秀毕业生名单，正式行文公布。

四、表彰奖励

1.对优秀毕业生在全校范围内进行通报表彰，表彰文件发送至各管理中心和校外学习中心并抄送学生所在单位。

2.颁发优秀毕业生证书。

3.优秀毕业生材料存入本人档案。

五、本办法自发布之日起执行，原《中南大学现代远程教育优秀毕业生

评选办法》(中大办字〔2003〕40 号)同时废止。本办法由中南大学网络教育
学院负责解释。

中南大学
二〇〇九年十月二十二日

12. 中南大学网络教育毕业论文(设计)规范

一、毕业论文(设计)格式的规范

一份完整的毕业论文(设计)应包括下列内容:题目、目录、中外文摘要
及关键词、正文、参考文献、附录。分述如下:

(一)题目

题目的名称应力求简短、明确、有概括性,直接反映毕业论文的中心内
容和学科特点。题长一般不超过 20 个字,如确有必要,可用副标题作补充。

(二)目录

毕业论文(设计)要求层次分明,必须按其结构顺序编写目录,它是文章
展开的步骤,也是作者思路的直接反映。

目录格式虽然只是论文的结构层次,但它反映了作者的逻辑思维能力,
要注意的是所用格式应全文统一,每一层次下的正文必须另起一行。

目录独立成页,工程设计、研究类毕业论文的目录,常以章、节、目来编
排,将章、节依次顶格书写,在其同行的右侧注上页码号。如:

目 录

第 1 章 ××× ·· 1
1.1 ×××× ·· 1
1.1.1 ×××× ·· 1
1.1.2 ×××× ·· 2
    1.2 ×××× ·· 3

文科类论文目录按如下编写:

目　录

(三)中、外文摘要及关键词

摘要一般不分段,不用图表,而以精练的文字对论文的内容、观点、方法、成果和结论进行高度概括,具有独立性和自含性,自成一篇短文、富有报道色彩。中文摘要以 350 字为宜,置于前页;外文摘要与中文摘要对应,紧接其后。

关键词(也叫主题词),是反映内容主题的词或词组,一般 3~8 个。中文关键词放在中文摘要的下面。关键词之间用分号分开。

(四)正文

正文包括绪论、本论、结论三个紧密相连的部分,此外,还有一个结束语。

1.绪论(即概述或引言或前言等)

绪论是毕业论文的开头,应阐述课题的来源、要求、意义,完成任务的条件,将采取的对策、手段、步骤和应该达到的目标。如果是一个大课题中的子课题,应简述该课题的全貌及本子课题的具体任务。

2.本论是正文的主体,它包括文献资料的综述,该课题的现状和发展趋势,方案的论证与比较,结构设计,参数计算,经济分析,安全环保,有关问题的讨论和应采取的措施等。

对于实验研究类论文,结果讨论是全文的核心。撰写时,对必要而充分的实验数据,误差分析,各种现象及产生现象的原因,分析和推理中认识的由来和发展都应做出交待,并指出所得结论的前提和适用条件。运用图表反映研究结果,则是常见的有效表达方式。

3.结论(或结果讨论)

结论集中反映论文的特点、结果和理论见解,撰写时要简明扼要,措辞严密,留有余地。结论主要反映当事人的工作成绩,属于他人的已有结论应当少提。要实事求是,切忌言过其实。

4.结束语

学生在结束语中,以精练的文字,对在毕业论文(设计)工作中曾直接给予帮助的人员,如指导老师、答疑老师和其他有关人员表示自己的谢意,所写内容要实在,语言要诚恳。

(五)参考文献

毕业论文的最后必须列写所用过的参考文献。

列写参考文献必须严格按照论文中引用文献的先后顺序依次列写。所列写参考文献的格式,详见本规范第二点"毕业论文(设计)的要求与书写规范化"之第14项。

(六)附录

凡不宜收入正文中的,又有价值的内容可编入毕业论文(设计)的附录中。如:

1.大号的设计图纸;

2.篇幅较大的计算机程序(以研究软件程序为主的毕业论文(设计)题目,其程序可作为正文的一部分);

3.过长的公式推演过程。

二、毕业论文(设计)的要求与书写规范

1.引用有关政策、方针性内容务必正确无误,不得泄漏国家机密。

2.一律使用 A4 纸撰写,提交至学习中心的稿子要求打印。

3.编排格式。

一级标题:3 号黑体

二级标题:5 号黑体

三级标题:5 号楷体

正文:5 号宋体

表题、图题:小 5 号黑体

参考文献:小 5 号楷体

版芯:39 行×40 字

4.封面采用 A4 白色纸张,格式附后。

5.使用普通语体文写作,要文句通顺,体例统一,无语法错误,简化字应符合规范,正确使用标点符号,符号的上下角标和数码要写清楚且位置准确。

6.采用中华人民共和国国家标准(GB 3100 ~ 3102 – 93)规定的计量单位和符号,单位用正体,量用斜体。

7.使用外文缩写代替一名词术语时，首次出现的，应用括号注明其含义，如CPU（central processing unit，中央处理器）。

8.国内工厂、机关、单位名称等应使用全名，如不得把中南大学写成"中大"。

9.公式应另起一行并居中书写，一行写不完的长公式，最好在等号处或在运算符号处转行。公式编号用圆括号括起，示于公式行末右端。公式编序可以全文统一依前后次序编排，也可分章编排，但二者不能混用。文中公式、表格、图的编排方式应统一。

10.文中引用某一公式时，公式号应加括号，如"由公式（××）可知…"。

11.文中表格（插表）可以全文统一编序；也可以逐章独立排序。表序必须连续。文中引用时，"表"在前，序号在后，如"表12"。

表格的名称和编号应居中写于表格上方，表序在前，表名在后，其中空一格，末尾不加标点。如：

表 12　××××××××

12.文中插图都应有名称和序号。可以全文统一编序，也可逐章独立编序。图序必须连续。文中引用时，"图"在前，图序在后，如"图5"。

图的名称和编号应居中写于图的下方，图序在前，图名在后，其中空一格，末尾不加标点。以统一编序为例，如：

图 5　×××××××××

插图应在描图纸或洁白图纸上用黑线绘制。黑色要浓，线条要光滑。不得用铅笔或圆珠笔绘制，不得用彩色纸或方格纸绘制。

13."正文"中如对某一述语或情况需加解释而又不宜写入正文时，可用注释加以说明，即在此述语或情况后引用注释符号［注］，置于右上角。注释文字不得跨页书写。当同一页有多个注释时，应依次编号，如［注1］，［注2］。

14. 参考文献的书写格式：

①文中引用的文献依次编序，其序号用方括号括起，如［5］、［6］，置于右上角。

②期刊文献书写示例：

作者. 论文篇名［J］. 刊物名. 出版年，卷（期）：论文在刊物中的页码A～B

如：高曙明. 自动特征识别技术综述［J］. 计算机学报，1998，21（3）：281～288

③图书文献书写示范：

作者. 书名［M］. 出版地：出版社，出版年月

如：Sander E 等著. Visual FoxPro 3.0 实用指南（第2版）［M］. 北京：机械工业出版社，1996

④文集析出文献书写示例

英文：名姓缩写 如：Sander E. M.

作者. 论文篇名——论文集名［C］. 出版社，出版年

如：王承绪，徐辉. 发展战略：经费、教学科研、质量——中英高等教育学术讨论会论文集［C］. 杭州：杭州大学出版社，1993

⑤新闻文献书写示范

作者. 文献名［N］. 报刊名，时间

如：李劲松. 21世纪的光电子产生［N］. 科学时报，2001.02.19

⑥专刊文献书写示范

作者. 专刊名［P］. 专利国别：专利号，出版日期

⑦电子文献书写示范

作者. 电子文献题名. 出版者或网址，发表时间

三、毕业论文（设计）装订规范

1. 毕业论文（设计）文本按下列次序装订成册：

封面；

毕业论文（设计）任务书；

毕业论文（设计）目录；

中文摘要及关键词;

外文摘要及关键词;

正文;

参考文献;

封底。

2.封面要依据学院提供的标准格式认真填写,做到工整美观。

13.中南大学网络教育毕业论文(设计)任务书填写说明

一、毕业论文(设计)任务书是学校下达给学生的一种教学文件,是学生在指导教师的指导下独立从事毕业论文工作的依据。此任务书由指导教师负责填写,学院主管院长审查签字后作为正式任务下达给学生。

二、任务书必须针对每个学生下达,若是几人共同完成的题目,必须是每人各有专题,各有侧重。选题要恰当,任务要明确,难度要适中,分量要合理,使每个学生在规定的时限内,经过自己的努力,可以完成任务书规定的设计研究内容。

三、任务书一经下达,即不得随意改动。

四、填写基本要求

(一)毕业论文(设计)内容要求栏

1.工程设计类课题

明确设计具体任务,设计原始条件及主要技术指标;设计方案的形成(比较与论证);该学生的侧重点;应完成的工作量(论文、图纸、译文及计算机应用要求等)。

2.软件开发类课题

明确软件开发的具体任务;弄清系统的现状及其发展趋势;建立仿真模型;编写计算机程序;上机调试与结果分析,应完成的工作量要求(论文、译文、程序等)。

3.实验研究类课题

明确课题的来源,具体任务与目标,国内外相关的研究现状及其评述;该学生的研究重点,研究的实验内容、实验原理及实验方案;计算机应用及工作量要求(论文、文献综述报告、译文等)。

4.文科类毕业论文

明确课题的任务、方向、研究范围和目标、查阅文献、收集资料并整理分析，了解相关的研究历史和研究现状，要求完成的工作量（论文文献评述、译文等）。

（二）文献查阅指引栏

在确定了毕业论文题目和明确了要求后，指导教师应给学生提供一些相关资料和相关信息，指导学生收集主要参考资料和参考文献。

（三）毕业论文（设计）进度栏

毕业论文（设计）指导教师，可参考下列时间比例安排毕业论文工作进度计划。

1. 设计、研究类题目

（1）实习、调研、收集资料、方案制定，约占总时间的 20%；

（2）主体工作（设计、计算、绘制图纸、实验及结果分析、论文撰写等），约占总时间的 70%；

（3）答辩、成绩评定，2 周左右。

2. 文法、经管类题目

（1）实习、调研、资料收集、归纳整理，约占总时间的 40%；

（2）形成提纲，撰写论文初稿，修改定稿，约占总时间的 50%；

（3）答辩、成绩评定，2 周左右。

14. 中南大学现代远程教育学历证书发放管理暂行规定

为了适应高等教育管理改革的需要，维护学历证书的严肃性，确保学校网络教育人才培养质量，根据《中华人民共和国教育法》和教育部《高等教育学历证书电子注册管理暂行规定》等文件精神，结合我校实际，特制定本规定。

一、毕业资格审查

1. 凡取得网络教育学籍的学生，德育合格，同时在学校规定的修业年限内，完成专业培养方案规定的学分者，审定为毕业生。

2. 凡在有效学习年限终止时，已修完本专业教学计划规定的课程，但未获得规定的毕业学分者，审定为结业生。

3. 在修业年限内未修完培养方案规定的学分而退学者，审定为肄业生，发给肄业证书。

二、证书颁发

1. 学校将审定的结果报有关部门批准后,向学生颁发相应的毕业、结业或肄业证书。毕业、结业证书应办理电子注册手续。

2. 凡按结业处理的学生,在修业年限内,可向学校申请一次重修考试,获批准后参加在校学生相应课程重修考试。若全部成绩合格,可向学校申请换发毕业证书。学校各有关部门审核通过后,在规定时间向上级教育主管行政部门提交申请材料,经上级教育主管行政部门批准后,方可将申请学生注册为毕业生,并由学校发给毕业证书。毕业证书上的毕业时间即为换发毕业证书的日期。

3. 结业生换发毕业证书后申请补授学位的问题,按相关文件的规定办理。

4. 逾期不向学校提出申请者,不再受理上述证书的换发手续。

5. 学生遗失毕业证书,一律不再补发。

三、本规定自公布之日起施行,由网络教育学院负责解释。

2014 年 10 月

15. 中南大学现代远程教育电子公告服务系统 "沁园春 BBS"站、聊天室管理规定

中南大学现代远程教育电子公告服务系统"沁园春 BBS"站和聊天室(以下简称站室)是为网络老师、学生、学院和学习中心提供的网上双向交互的手段,师生可以利用本站室进行学习交流、发表意见、建议和日常联系。为了使本站室切实起到提高教学质量、反映师生意愿、加强联系的作用,同时维护网上公共秩序和社会稳定,特制定本管理规定。

一、本管理规定依据国家信息产业部《互联网电子公告服务系统规定》、国家教育部《高等学校计算机网络电子公告服务管理规定》以及《中国教育和科研计算机网管理办法》《中国教育和科研计算机网用户守则》制定。

二、本站室由中南大学网络教育学院负责管理,并由学院主管院长、各部室负责人和有关人员组成管理委员会,管理委员会执行主任由学院信息及技术资源部分管院长兼任,并指派学院有关人员担任 BBS 总版主和聊天室管

理员。同时接受有关主管部门依法实施的监督检查。

三、BBS 站每个讨论区实行版主负责制。只有本站的使用者,且为学校现代远程教育在籍学生可以申请为本站某讨论区的版主。版主申请时必须向学院提交一份真实的申请表(附件),管理委员会审查批准,由执行主任任命,并报学校网络信息工作领导小组备案。

版主的责任为:每天必须针对所管理的讨论区进行管理,向精华区提交本版的精华文章、删除或移出不应在该版出现的文章、建立版内正常的讨论秩序、举行版内投票等相关事务。版主可以建立其相应讨论区的管理规则,经过管理委员会同意批准后生效。版主有权依本规定和所自定的讨论区管理规则,执行其管理权力。

四、对因不尽责等原因而遭人检举的版主,一经核实则由总版主首先发信口头警告,如果情况仍未改善,执行主任可取消其版主资格,并取消其再申请本站任何讨论区版主职位的权力。

五、版主辞职必须在辞职日起 15 天前提出,并在辞去该版主后的 3 个月内不得再申请为该版版主。

六、版主辞职、毕业或者被取消后,在副版主的人员当中,由管理委员会讨论决定新的版主人选,同时可视情况受理新版主的申请。

七、在本站室注册、同意本站室规定者将成为本站室合格使用者。注册者注册资料必须真实,不能使用不文明、不健康、不恰当的英文账号名称和昵称,不能使用名人的真实姓名或字号或者其他容易产生歧义而引起他人误解的注册名称。若经查实注册资料不真实者,将予以停止其合格使用者资格,并进行删除其账号的处理。

八、本站室合格使用者享受本站室合格使用者应有的一切权利。本站室合格使用者的个人资料受本站室保护,本站室不接受个人查询他人的基本资料,校方和其它单位要作个人资料查询必须经过学院主管院长批准。

九、本站室合格使用者应遵守国家有关的法律、法规,并对其在本站室发表的言论和信息负责。对于公开宣称自己不遵守站室规定者,予以除名处理。

十、不得利用本站室危害国家安全、泄露国家秘密,不得侵犯国家社会集体的和公民的合法权益,不得利用本站室制作、复制、发布和传播有下列内容的信息:

(1)违反宪法所确定的基本原则。

(2)危害国家安全、泄露国家秘密、颠覆国家政权,破坏国家统一。

(3)损害国家机关信誉和利益。

(4)煽动民族仇恨、民族歧视，破坏民族团结。

(5)破坏国家宗教政策，宣扬邪教和封建迷信。

(6)散布谣言，扰乱社会秩序，破坏社会稳定。

(7)散布淫秽、色情、赌博、暴力、凶杀、恐怖或者教唆犯罪。

(8)侮辱或者诽谤他人，侵害他人合法权益。

(9)含有法律、行政法规等所禁止的其他内容。

(10)进行商业广告行为。

对在本站室发表上述信息，视情节暂停其账号使用或删除其账号，并按有关法律、法规、规定，报请主管部门进行处理。

禁止随意到 BBS 任何讨论区版面上发布灌水文章，经过劝告仍不理会者，停止其账号及一切权力。对其它违反本规定的言行，学院有权作出其它相应的处理。使用者因为违反本规定而触犯中华人民共和国法律的，一切后果自己负责。

十一、如遇系统维修、升级等时，学院将事先公告。

十二、本规则自公布之日起实行。修订和解释权属中南大学网络教育学院。所有使用者有权提出对本规则的修订意见》。

2014 年 10 月

图书在版编目（ＣＩＰ）数据

网络教育与网络学习／范太华主编 ． --长沙：中南大学出版社，
2013.9

ISBN 978 - 7 - 5487 - 0968 - 8

Ⅰ.网…　Ⅱ.范…　Ⅲ.网络教育－高等学校－教学参考资料
Ⅳ. G434

中国版本图书馆 CIP 数据核字（2013）第 218319 号

网络教育与网络学习
（第二版）

范太华　主编

□责任编辑　谭晓萍
□责任印制　易红卫
□出版发行　中南大学出版社
　　　　　　社址：长沙市麓山南路　　　　邮编：410083
　　　　　　发行科电话：0731 - 88876770　传真：0731 - 88710482
□印　　装　长沙德三印刷有限公司

□开　　本　730×960　1/16　□印张15.5　□字数274 千字　□插页2
□版　　次　2016 年 3 月第 2 版　□2018 年 3 月第 3 次印刷
□书　　号　ISBN 978 - 7 - 5487 - 0968 - 8
□定　　价　30.00 元